中国上市公司会计信息舞弊识别研究

秦江萍 著

经济科学出版社

图书在版编目（CIP）数据

中国上市公司会计信息舞弊识别研究 / 秦江萍著. —北京：经济科学出版社，2013 年 11 月

ISBN 978-7-5141-3433-9

Ⅰ. ①中… Ⅱ. ①秦… Ⅲ. ①企业研究-上市公司-会计信息 Ⅳ. ①F239. 63

中国版本图书馆 CIP 数据核字（2013）第 234760 号

中国上市公司会计信息舞弊识别研究

秦江萍 著

经济科学出版社出版、发行 新华书店经销

社址：北京市海淀区阜成路甲 28 号 邮编：100142

总编部电话：010-88191217 发行部电话：010—88191522

网址：www.esp.com.cn

电子邮件：esp@esp.com.cn

天猫网店：经济科学出版社旗舰店

网址：http://jjkxcbs.tmall.com

北京九州迅驰传媒文化有限公司印装

880×1230 16 开 17.25 印张 270 000 字

2013 年 12 月第 1 版 2013 年 12 月第 1 次印刷

ISBN 978-7-5141-3433-9 定价：38.00 元

（图书出现印装问题，本社负责调换。电话：010-88191502）

摘　要

经济越发展，会计越重要；会计越重要，会计信息舞弊的危害性就越大。会计信息舞弊的危害程度取决于会计信息使用者对会计信息舞弊行为的市场反应与识别能力，从一定意义上说，会计信息舞弊行为的危害程度与会计信息使用者对会计信息舞弊行为的市场反应与识别能力呈负相关。由此引发我们深入思考和研究的问题是：**在我国这样一个“新兴+转轨”的证券市场中，投资者和注册会计师是否能够识别我国上市公司的会计信息舞弊行为并对之做出市场反应？能否利用公开可得的财务数据和非财务数据构建上市公司会计信息舞弊行为的识别模型，以提高会计信息使用者对会计信息舞弊行为的市场反应与识别能力？**而目前国内外对这些问题关注较少，已有的少量研究也未达成共识，有些方面的研究甚至还是空白。因此，研究我国上市公司会计信息舞弊行为的市场反应与识别问题具有重要的理论价值和实践意义。基于此，本书借鉴经济学、管理学、会计学、统计学、伦理学、心理学、法学等多学科知识，运用理论联系实际，规范分析与实证分析相结合、定性分析与定量分析相结合的方法，对我国上市公司会计信息舞弊识别问题进行了深入研究，其主要工作与创新之处可概括为以下四方面：

1. 明确界定和辨析了会计信息舞弊及其相关概念，澄清了会计信息舞弊及其相关的会计错误、盈余管理、会计操纵等概念之间的关系；从契约理论、博弈理论、委托代理理论、产权理论、内部人控制理论、有限理性理论、行为动力理论、人格结构理论的视角阐释了引发上市公司会计信息舞弊的理论根源；从会计信息观、有效市场假说和功能锁定假说，分析了会计信息对市场具有相当的影响力，企业管理当局能够影响会计信息质量并影响市场。

2. 依照“会计信息舞弊泛滥，制度缺陷使然”这一逻辑，从我国股票市场制度背景出发，演绎出“我国股市不会对上市公司会计信息舞弊行为做出明显市场反应”的假说，并以沪深股市舞弊公司为研究样本，分别采用超额收益法和多元线性回归法实证检验了我国股市对上市公司会计信息舞弊行为的市场反应表现为：上市公司年报中隐藏的会计信息舞弊信息不具有市场传导效应，投资者对于上市公司年报中隐藏的会计信息舞弊信息并未多加关注，不仅不能识别而且还被虚假信息所误导，从而不能“透过会计数字看本质”；在此基础上进一步分析了我国股市未对上市公司会计信息舞弊行为做出明显市场反应的原因在于：我国上市公司会计信息披露的整体有效性较低、多数中小投资者“幼稚”和“无知”、投资者集体的非理性、证券市场的不规范等，并提出了培养信用意识，构建信用体系；加强上市公司会计信息披露的立法和监管；严格立法，重拳打击“庄家”；积极培育机构投资者；提高投资者使用会计信息的能力等政策建议。

3. 通过对考察样本和控制样本的参数和非参数的检验以及对各变量的相关性分析，构建了以审计意见为因变量的 Logistic 回归模型，对会计信息舞弊和审计意见的关系以及基于会计信息舞弊的审计意见影响因素进行了实证分析，研究发现：注册会计师在一定程度上能够对的会计信息舞弊行为发表非标准无保留审计意见，而且随着时间的推移，非标准无保留审计意见与会计信息舞弊的相关性更强，审计质量有所提高；资产负债率、上年的审计意见类型、非核心收益比率、现金负债比率和总资产周转率指标与审计意见具有显著相关性，“十大”会计师事务所的舞弊审计质量要优于“非十大”会计师事务所，客户资产规模与非标审计意见呈正相关关系，但是结果并不显著。为此，提出了进一步提高注册会计师发现重大错弊的能力、切实消除审计费用率对审计意见的潜在影响、扩大会计事务所规模、加强对现金流量表的审计等政策建议。

4. 运用均值 t 检验和中值 Wilcoxon 秩和检验的统计分析方法，建立了全面反映企业财务特征、关联交易特征和公司治理特征，包括资产负债率、现金债务总额比、销售利润率、净利润现金保证率、调整后每股现金流量、总资产周转率、应收帐款周转率、存货周转率、存货占资产的比重、应收账款占流动资产的比重、其他应收账款占总资产的比重、Herfmdahl 指数、董事会规模、审计意见等对我国会计信息舞弊行为具有显著解释力的识别指标体系，并以参数估计、非参数估计、LPM 模型和 Logistic 模型等为统计分析手段，分别构建了适合我国资本市场的，基于公开披露的财务数据和非财务数据的区别舞弊公司和非舞弊公司的 LPM 识别模型和 Logistic 识别模型，并以沪深股市舞弊公司的年报为研究样本，比较了 LPM 识别模型和 Logistic 识别模型对会计信息舞弊的识别效果，提出了改变证券管理制度中以盈余数字为核心的参数体系、在年报信息披露中增加每股现金指标、进一步完善上市公司法人治理结构、持续关注舞弊公司的征兆、密切关注上市公司关联方交易的合理性、充分发挥注册会计师的经济警察职能等相应的政策建议。

目 录

第一章 绪 论

1.1 研究背景与问题

1.1.1 研究背景

经过几百年的发展，现代市场经济已成为一部十分精巧且极为复杂的资源配置机器，而证券市场则是这部机器的核心组件。无论从宏观经济（即资本优化重组）的角度看，还是从微观经济（即对企业经营者进行有效的约束和激励）的角度看，证券市场对投资效率都有着举足轻重的作用。证券市场本质上是一个信息市场，投资者在向企业投资时面临不了解投资项目优劣的“信息问题”，而投资后又面临管理者侵占外部投资者利益的“代理问题”，信息问题和代理问题严重阻碍了资本市场资源的有效配置，而信息披露是解决这些问题的关键（Healy，2001）。会计信息本身从数字的抽象意义上看，仅仅是数字（Littleton，1953），但将之赋予特殊的使命后，由于其具有“经济后果”（Zeff，1978），它就代表着生存和利益（Levitt，1999）。因此，资源配置的主要依据是上市公司披露的会计信息，上市公司希望通过信息披露获得投资人认可，投资者希望通过信息披露取得决策信息，而市场监管者则希望通过信息披露质量提高资本市场配置效率。现代证券市场的有效性是建立在信息披露制度基础上的，信息对证券市场的价格发现和价格均衡具有直接作用和决定性意义。国内外证券市场信息披露实践表明：上市公司对外公开披露的信息80%以上是会计信息（周勤业、卢宗辉、金瑛，2003）。在证券市场运作过程中，要使社会资源得到合理配置，会计信息起着相当重要的导向作用，有时，甚至成为决定性的因素（李若山、金彧昉，2001）。市场经济中会计信息具有许多潜在经济后果，它通过影响会计信息使用者的决策行为，从而影响社会中经济利益的分配及经济资源的配置，这大大提高提高了会计信息对决策的能动作用，会计信息日益成为其用户作出合理决策、配置有限资源的有效工具。而在证券市场日益发达的今天，由于现实的、潜在的投资者与债权人及其它利益相关者的数目急剧膨胀，会计信息的使用者越来越多，正如吴水澎教授所指出："就会计信息使用者而言，若不加限定的话，则确有不胜枚举之感，诸如投资者、债权人、有关政府管理部门（如财政部门、税务部门、工商行政管理部门、统计部门、物价管理部门、行业管理部门等）、管理当局、雇员、供应商、客户、证券经营机构、经济研究机构、新闻机构等皆可视为会计信息使用者。（吴水澎，2000）"在这样的背景下，会计信息的经济后果无疑变得越来越突出了。从宏观的角度看，企业（特别是上市公司）提供的会计信息是一种"社会公共产品"，它与会计信息使用者的决策行为、对企业经济价值与社会价值的评价、政府对微观企业的控制、企业经营管理者的廉政建设等都密切相关，并将直接或间接影响社会经济资源的分配。从微观的角度看，会计信息是企业理财的基础和重要依据，是管理者、投资者和债权人等改善经营管理、评价财务状况、做出投资决策、防范经营风险的主要依据。因此，会计信息是经济信息的基础，会计信息的质量决定了经济信息的质量，进而影响经济工作决策的质量。真实的会计信息对于企业本身，甚至于整个国民经济都有着不可估量的作用。企业会计信息的质量，不仅影响到与企业有利益关系的投资者、债权人等群体的经济利益，而且影响到整个国家的社会经济秩序。会计信息是具有经济后果①的， 自从会计信息作为由企业内部向外部传递经济讯号的媒介以来，会计信息舞弊就与之形影相随。随着各国证券市场的兴起与高速发展、全球资本市场一体化的加速，会计信息的社会影响日益扩大，会计信息舞弊现象也日益盛行与蔓延，中国会计面临"诚信危机"，美国会计也陷入"信用沼泽"，注册会计师公信力降至低谷[1]，资本市场正在经历一场难以忍受的诚信危机，会计信

① 所谓会计信息的经济后果，是指会计报告将影响企业、政府、工会、投资者和债权人的决策行为，这些个人或团体的行为又可能对其它团体的利益产生影响。简单的说，就是不同的会计准则和不同的会计程序导致各个主体不同的利益分配格局。会计信息的经济后果可以概括为四点：一是能够影响投资者之间财富的分配；二是能够影响经济中所发生风险的累计水平并可能影响该风险在不同利益关系人之间的分布；三是可以通过社会财富在消费与投资之间的自然配置，能够影响经济中的资本构成率；四是能够影响投资在企业之间的配置。

息舞弊则是罪魁祸首。

a. 国外上市公司会计信息舞弊现象回顾

从国际背景来看，会计信息舞弊是一个全球性的问题，世界各国都不同程度地存在会计信息舞弊现象。21 世纪以来，舞弊问题似乎已成为全球性的焦点问题，甚至可以认为是这个时代的重要特征，其影响之广、对全球经济的冲击之深，已到了登峰造极的地步[2]。2000 年，安永会计师事务所对 15 个国家 10000 个大公司的高级管理人员进行的调查表明：被调查公司中超过 2/3 的公司在过去的一年中经历过舞弊案件，且最后仅有总价值的 29%得到恢复[3]。就个案而言，据史载，早在 1720 年股份公司刚刚出现时，英国就爆发了世界上首例上市公司会计信息舞弊案——南海公司事件①，这一事件在英国朝野上下掀起了一场轩然大波，最终导致《泡沫公司法》的出台，以至于股份公司被禁 100 年之久，让英国经济陷入停顿。会计理论界认为，对南海公司事件的调查与审核开创了民间审计的先河，成为民间审计史上的重要里程碑，也可以看成是对会计信息舞弊的一种正式回应[4]。而因董事通过高估资产价值、低估负债、错误地反映资产负债表项目来隐蔽自身偿债能力的虚弱，导致了 1878 年英国格拉斯哥市银行的破产。1925 年美国又发生了斯特恩公司舞弊案[5]。1929 年美国股市的崩溃以及由此引发的长达 4 年的全球经济危机，其根本的原因当然是资本主义制度内部矛盾的总爆发，但（罗宾斯等公司）的会计信息舞弊行为也起了推波助澜、火上浇油的作用[6]。虽然在过去的 200 多年里，由此催生的现代审计技术得到较大发展，同时世界各国也普遍建立和完善了财务会计准则，使会计信息的真实性有了很大的保障，但上市公司会计信息舞弊案件仍时有发生，

① “南海公司”创建于 1710 年，以发展南大西洋的贸易为目的，获得了专卖非洲黑奴给西班牙美洲的 30 年垄断权，兼营捕鲸业。该公司最大的特权是可以自由地从事海外贸易活动，但它 10 年没有取得任何成功。后来得到议会的批准，以国家公债约 1000 万英镑换作公司的股票，国家债权人换作公司的股东。1713 年与西班牙缔结了乌特来克条约，由公司供应非洲黑奴给西班牙美洲，公司享有特权。由于这项计划的提倡者把美妙的前景吹上了天，以至在全国掀起了一股投机狂热。成千上万的人赌博似的购买该公司股票，根本不顾后果，致使该公司股票在 1720 年 4 月至 7 月间由 120 镑涨至 1020 镑。公司利用这股狂热，提出了各种眼花缭乱的计划，其中某些计划虽鼓舞人心，但大多数是荒唐的或虚幻的。不久，几家公司同时控告南海公司，英国人才恍然大悟，一切都是骗局。股票价格马上一落千丈，南海公司宣告破产，从而使数以万计的债权人和股东蒙受损失。

有时甚至非常严重。20 世纪中叶以来，西方发达国家发生的上市公司会计信息舞弊案更是屡见不鲜。以美国为例，20 世纪 70 年代先后发生了巨人零售、权益基金、马蒂尔等公司的会计信息舞弊案；从 1981 年到 1986 年，在所有向美国证券交易委员会（以下简称 SEC）提交财务报告的公司中，有 1%的公司被指责为披露了欺诈性的财务报告[7]；SEC 在 1986 年和 1987 年检举的证券违法犯罪案高达 312 件和 303 件，其中与财务报告舞弊相关的案件比重在 40%到 50%之间[8]；20 世纪 90 年代以来，美国公司的会计信息舞弊更为猖獗，财务报告舞弊案件平均每年以 15%的速度增长，上市公司会计信息舞弊丑闻曝光的范围和规模超过了大萧条以来的任何时期，从 1995 年到 2001 年，共有 772 家公司公开承认会计数字有重大错误，公司纠正财务报告的案例由每年 50 例增加到 150 例，股票市场的泡沫推波助澜，把近年来出现的这种趋势推向高潮，山登、阳光电器、朗讯科技等公司的会计信息舞弊案就是典型代表；2001 年，美国能源航母“安然公司”以迅雷不及掩耳之势戏剧性地轰然倒地，成了一艘“泰坦尼克号”，进而牵出美国近几年最大的骇人听闻的会计信息舞弊丑闻，并将会计信息舞弊推向了高潮；安然事件余波未平，在这艘“泰坦尼克号”沉没所形成的漩涡中，2002 年之后又相继爆发出“环球电讯”、“施乐”、“泰科国际”、“奎斯特电信”、“莱德艾德”、“凯马特”、“世通”、“美国在线时代华纳”、“默克制药”、“阿德尔菲亚传播”、“甲骨文软件”、“英克隆”、“玛莎·斯图沃特”、“南方保健”、“废品管理”、“美国国际 （AIG）”、“麦道夫”、“雷曼兄弟”、“萨蒂扬”、“房地美”等公司一系列极具震撼力的会计信息舞弊丑闻，形成了多米诺骨牌效应。即使一些令人肃然起敬的跨国公司如“微软”、“思科”、“波音”、“通用电气”等业届巨无霸也频频传出不规范会计问题的丑闻。美国《CFO》杂志 2002 年 8 月 1 日公布调查报告：在过去 5 年里，美国大公司中 1/6 的 CFO 们受到来自上司的压力，被迫出具虚假财务报告[9]。2002 年，美国审计总署（以下简称 GAO）应国会的要求，对 1997 年至 2002 年上半年上市公司因会计信息舞弊导致报表重编进行了专题研究，并发表了《财务报表重编：趋势、市场影响、监管回应和面临挑战》的研究报告。报告显示：过去 5 年多，在纽约股票交易所、纳斯达克和美国股票交易所挂牌交易的 8494 家上市公司中，因会计信息舞弊或其它不规范会计问题而重编财务报表的上市公司竟然达到 845 家，约占全部上市公司的 10%！重编财务报表的上市公司数量在逐步增多，并由 1997 年的 92 份、1998 年的 102 份、1999 年的 174 份、2000 年的 201 份，增加到 2001 年的 225 份(见图 1-1)。2002 年，Weise 评级公司在调查了 7000 家公司后发布的报告称，有多达 1/3 的美国上市公司可能存在捏造盈利报告的问题，信用危机正震撼华尔街[10]。此后，美国报纸的经济新闻版仿佛丑闻明细表，几乎经常有不同的会计信息舞弊丑闻和负面消息传来。这绝不是一种巧合，它与美国宏观经济形势的变化密切相关[11]。从某种意义上说，假账丑闻是在为经济过热时政府和企业犯下的错误“还债”[12]。尽管美国自认为有着全世界最完善的证券监管体系，有着最透明的信息披露制度，但依然无法阻止一系列大型会计信息舞弊案件的发生，这些会计丑闻把美国推向了一个异常尴尬的境地，不仅使美国股市大跌，令广大投资者和债权人损失了数以万亿的财富，还使美国民众对会计界和公司界失去了信任，并对世界资本市场产生了深刻的影响，使全球资本市场都笼罩在了会计信息舞弊的浓重阴影之中。

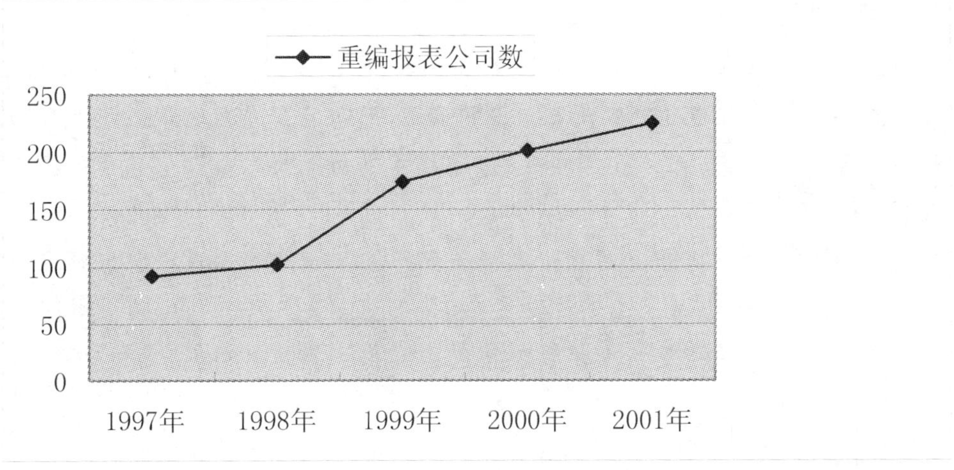

图 1-1　1997～2001 年美国因会计违规重编报表公司数的增长趋势

在美国这样一个市场经济最发达、制度建设最完美、市场规则最健全、公司治理最完善、会计水准最高的国家，尚且出现一连串上市公司会计信息舞弊事件，更何况其它发展程度不及美国的国家。在全球化的今天，没有人可以屏蔽在风雨之外，更何况华尔街这样的狂风暴雨。继美国频曝一系列会计信息舞弊丑闻之后，曾被誉为比利时新经济时代“楷模”的L&H公司、法国传媒及公用事业巨头威文迪环球公司、澳大利亚电讯公司、被称为欧洲版安然事件的意大利帕玛拉特事件又紧步后尘被频频曝光，其涉及金额之大、时间之长都是非常罕见的。

b. 国内上市公司会计信息舞弊现象回顾

当美国的资本市场正承受着因上市公司会计信息舞弊而产生的诚信危机时，我国的资本市场同样也不平静。从国内外证券市场的发展来看，上市公司会计信息舞弊不仅存在于国外成熟的资本市场，也存在于我国年轻的资本市场，并成为一种社会公害。从国内背景来看，我国证券市场开市以来，在市场容量上取得了长足的发展，现已成为推动中国经济发展的生力军和主力军，其在经济生活中的作用也日益凸显，已经成为国民财富的重要源泉。一批新兴产业借助资本市场实现了跨越式的发展，展示了资本市场优化资源配置，促进经济转型升级的重要功能。较之银行和其它金融体系，它能更迅速、更经济的动员、分配和转移社会资金；能大范围和迅速扩展经济活动中的信用关系，分散和降低信用风险并把信用风险价值化、货币化，从而实现资金运动和信用发展的一体化[13]。而资本市场的有效运行和健康发展又有赖于完善的信息披露制度尤其是会计信息披露制度。资本市场越发展，信息披露越重要。随着资本市场规模的扩大及其在经济生活中作用的增强，其对会计信息质量的要求也越来越高。但毋庸讳言，作为一个新兴资本市场，我国证券市场在取得巨大成就的同时，也存在很多不足，既有历史原因和遗留问题，也有发展过程中带来的新矛盾，其中会计信息舞弊就是制约我国证券市场发展壮大的一个突出问题。在我国的资本市场上，围绕着有关部门制定的新股发行、再融资保持上市资格等刚性监管指标，利润充盈的绩优公司粉饰报表以藏匿收益，利润微薄和经营亏损的绩差公司粉饰报表以度过难关[14]。可以说，伴随着股票市场的形成，我国上市公司会计信息舞弊事件也一直层出不穷，丑闻迭起，CEO 利润、CFO 收入、书记工资、主任成本、厂长费用、经理效益比比皆是[1]。

先是 20 世纪 90 年代初期建市伊始的“深圳原野”、“长城机电”、“海南新华”三大会计信息舞弊案件，随后 1997 年到 1998 年又发生了“琼民源”、“红光实业”、“东方锅炉”新三大会计信息舞弊案件。新世纪伊始，蹒跚前行了十年的中国证券市场已开始显出疲态，随着监管力度的加强，原先一直包装很好的各种谋划、骗局和谎言开始显山露水，越来越多的会计信息舞弊事件如同雨后春笋般“崛起”，势如破竹，手段一个比一个高明，技术一个比一个高超，胃口也一个比一个大。2000 年“郑百文”、“黎明股份”、“猴王股份”案件的余震还未完全消失，2001 年又曝出“蓝田股份”、“麦科特”、“大庆联谊”会计信息舞弊案，“银广夏”风暴更是将会计信息舞弊推到了高潮。2002 年中又有“世纪星源”、“内蒙宏峰”、“纵横国际”、“ST 春都”、“珠峰摩托公司”接受中国证监会的调查以及“锦州港”、“宇通客车”走上了会计信息舞弊的审判台。2003 年，随着董事长艾克拉木的“人间蒸发”，“啤酒花”也传出会计信息舞弊的丑闻。之后，大玩数字游戏的“ST 国嘉”也自食苦果，退市大吉。2004 年，“新疆德隆”、“ST 达曼”会计信息舞弊案又见诸报端。2005 年，又有“科龙电器”、“银河科技”、“ST 天一”、“秦丰农业”、“ST 金荔”、“ST 巨力”、“ST 圣方”、“大冶特钢”、“天津磁卡”、“天香集团”等上市公司被列为“2005 年度十大财务舞弊公司排行榜”。2005 年之后，又有“闽福发”、“明天科技”、“悦达投资”、“广东明珠”、“桂林集琦”、“ST 华源”、“ST 鲁北”、“夏新电子”等财务丑闻。2011-2012 年的上市公司财务造假可从上交所和深交所对“熊猫烟花”、“ST 百科”、“ST 天润”、“承德露露”、“彩虹精化”、“振东制药”、“美达股份”、“万福生科”等公司的公开谴责中见端倪，更让市场震撼的，无疑是 2012 年的“万福生科”、“紫光古汉”、“绿大地”、“康芝药业”等公司的财务造假。2013 年中国证监会又通报了“珠海中富”、“恒顺电气”、“友利控股”等 6 家上市公司信息披露违法违规。类似的案件不胜枚举，真可谓”野火烧不尽，春风吹又生”。以上所列举的案件可谓是我国股市空前但未必是绝后的会计信息舞弊典型，我国上市公司会计信息舞弊的现状由此可“窥一斑而略见其全貌”。事实上，如果考虑到上市公司会计信息舞弊的高度隐蔽性，不是所有的会计信息舞弊都能被发现，而且已发现的会计信息舞弊也并非都公布，现已被揭露曝光的上市公司会计信息舞弊仅仅是冰山一角，而那些没有被揭露曝光者，估计也为数不少，实际发生的会计信息舞弊数目可能更多，情况让人不寒而栗。可以说，尽管我国上市公司经过多年的治理与监管，但其从未远离财务丑闻，会计信息舞弊问题仍似一个难以医治的顽症困扰着我国证券市场的发展。

如果上述事例难免以偏概全的话，权威部门透露的少量数字，也许可以从另外一个侧面反映我国上市公司会计信息舞弊的严重程度。据统计，自我国证券市场成立至 2003 年 5 月 31 日，共有 45 家上市公司因财务报告舞弊行为受到处罚（绝大部分受到中国证监会的处罚，也有个别受到财政部的处罚），约占上市公司总数的 4%，其中涉及的资产规模、关联机构数量与虚构利润总量均达到惊人的程度[15]。国家审计署 2001 年组织力量对 1290 家国有控股企业的资产负债损益情况进行审计发现，虽然企业总体经济效益明显好转，但会计报表严重不真实的企业占 68%[16]。2001 年 1 月，普华永道发布了关于“不透明指数”的调查报告，该报告显示，中国的会计信息不透明指数为 86，仅次于南非（90），位居 35 个国家之首，远远高于不透明指数最低的新加坡（29）和美国（36）[17]。2002 年，英国特许公认会计师公会（ACCA）在对中国上市公司的透明度进行调查后也得出了同样的结论。另外，财政部自 1999 年 7 月以来发布的一系列《会计信息质量抽查公告》均表明，我国国有企业会计信息失真不仅普遍，而且严重①。而据有关经济监督机关反映，查出的会计信息失真问题中属客观原因造成的会计错误仅占 1.3%，绝大多数是由于会计信息舞弊造成的[18]。我国的上市公司基本上是由国有企业改制而来，国有企业的会计信息失真可以在一定程度上反映出上市公司会计信息舞弊问题。事实上，如果考虑到上市公司会计信息舞弊的高度隐蔽性，不是所有的会计信息舞弊都能被发现，而且已发现的会计信息舞弊也并非都公布，现已被揭露曝光的上市公司会计信息舞弊仅仅是冰山一角，而那些没有被揭露曝光者，估计也为数不少，实际发生的会计信息舞弊数目可能更多。这一切似乎在告诉我们，尽管我国上市公司经过多年的治理与监管，但会计信息舞弊问题仍似一个难以医治的顽症困扰着我国证券市场的发展。

c. 研究上市公司会计信息舞弊问题的紧迫性

由上述回顾可见，上市公司会计信息舞弊现象已经跨越国界，成为

① 参见《财政部会计信息质量抽查公告》第一号至第十五号。

世界性的难题，其行为有异曲同工之妙——“财务指标注水，会计报表化妆”，“虚言与妄为齐飞，假表共烂账一色”。面对愈演愈烈的上市公司会计信息舞弊及其严重的恶性经济后果，世界各国都做出了积极回应，不仅在学术上加以探讨，而且在实践中加以治理，监管机构也出台了一系列规范上市公司信息披露的法律和法规，提出了一系列治理财务报告舞弊的新措施，例如，美国政府先后颁布了 1933 年《证券法》(Securities Act)和 1934 年《证券交易法》(Securities Exchange Act)，对证券的发行和交易、公司财务状况的披露、财务报告的审计等问题作了明确的规定。2002 年 7 月，美国布什总统签署了《2002 萨贝恩斯—奥克斯利法案》，其主要内容包括：成立独立的公众公司会计监管委员会；加强注册会计师的独立性；加大公司的责任；强化财务披露；加大违法处罚力度等。针对美国的安然事件、世界通信公司等会计丑闻，英国特许公认会计师协会（ACCA）也发表声明指出，发生在美国的这些会计丑闻再次向全球会计行业敲响了警钟，表明进行相应改革已迫在眉睫。为此，ACCA 建议：一是加强审计委员会的透明度和独立性，具体措施主要包括：如果注册会计师任职超过五年或七年，审计委员会必须向公众说明原因；审计委员会应该每年就外聘注册会计师的独立性发表评估报告，并对注册会计师提供的非审计服务进行说明；审计委员会应对公司的风险管理和内部控制提出评估报告。同时，还应按审计委员会所有成员参与公司事务的程度来决定其薪酬，而不应与公司股价或短期业绩挂钩，以杜绝由此引发的利益冲突。二是引入以原则为基础的会计准则。除了加强公司治理、提高注册会计师的执业水平外，采用以原则为基础的会计准则相对于以详细规则为基础的准则，较不容易出现漏洞，更有利于恢复投资者对企业的信心。ACCA 还敦促全球会计界重点关注注册会计师的独立性，并建议限制注册会计师为审计客户提供内部审计、财务制度咨询等非审计服务。为有效防范会计信息舞弊，我国政府有关管理部门也先后制定并颁布了数十项相关的法规与制度，如《企业财务会计报告条例》（国务院）、《企业会计准则》、《股份有限公司会计制度》、《会计基础工作规范》（以上为财政部）、《上市公司信息披露编报规则与格式》（中国证监会）等。1999 年 10 月 31 日，第二次修订的《中华人民共和国会计法》正式发布，并要求自 2000 年 7 月 1 日起施行。新《会计法》的修订、颁布与实行，被认为是旨在规企业范会计行为、改善我国会计信息质量、杜绝会计信息舞弊现象的发生。与之相适应，财政部又于 2000 年 12 月发布了《企业会计制度》和《企业年度汇总会计信息报告制度》，并对《债务重组》、《非货币性交易》等准则进行实质性修订。2006 年 2 月 15 日，财政部又发布了包括 1 项基本准则和 38 项具体准则在内的企业会计准则体系。新准则较以往更加特别地强调会计信息的可靠性。在 39 个会计准则中 86 次出现“可靠”二字，表明新准则对会计信息可靠性的倚重。

所有上述努力，无疑对抑制各自国家的上市公司会计信息舞弊现象都起到了积极的作用。然而，会计信息舞弊符合成本利益比较原则，只要舞弊的成本大大低于舞弊的收益，舞弊者就有“博奕”的理由和冲动[19]。会计信息舞弊是一种功利性很强的行为，它往往能在短时间内给舞弊主体带来巨额回报。马克思在评论资本时说过：“一旦有适当的利润，资本就胆大起来。如果有 10%的利润，它会到处被使用；有 20%的利润，它就活跃起来；有 50%的利润，它就铤而走险；为了 100%的利润，它就敢践踏一切人间法律；有 300%的利润，它就敢犯任何罪行，甚至冒绞首之险。”其实，会计信息舞弊何只是“300%的利润”，其利润可能呈几何级数放大，尤其在我国上市公司股本规模偏小，市盈率居高不下的市场环境下，会计信息舞弊的财富效应更是超乎寻常，简直就是无穷大，况且不致人死地就无绞首危险，所以，现实中，在大股东掏空上市公司、操纵股价，或迎合新股上市融资和配股，或避免特别处理或退市处理等利益的驱动下，被利益冲昏头脑的上市公司明知存在极大的风险，仍然不顾一切人间道德法律，趋之若鹜、前仆后继、疯狂地、肆无忌惮地、不择手段地实施会计信息舞弊以获取暴利。因此，上市公司会计信息舞弊案可谓“长江后浪推前浪，前浪死在沙滩上，后浪继续推前浪，前浪又死沙滩上”。由此，我国证券市场才不断上演“刚通报了张家界，又冒出了麦科特，刚处罚了 ST 黎明，又惊爆银广夏丑闻”等闹剧。加之，上市公司会计信息舞弊源于不同利益相关者的利益冲突，其存在的基本条件是契约摩擦和沟通摩擦，在现代市场经济中，不可能完全消除利益冲突、契约摩擦和沟通摩擦，尤其是在信息交流方面，代理人永远都会拥有一部分永远都不可能被委托人或其它会计信息使用者完全知晓的私人信息，从而也就无法透过法律、规则和人力完全消除上市公司的会计信息舞弊行为。换言之，在纯粹的市场条件下，会计信息产生的帕雷托最优，甚至帕雷托改进都是不可能出现的[20]。因此，会计信息舞弊是客观存在的。安永会计师事务所2002年度对金融欺诈进行的调查发现，会计信息舞弊的发生没有明显的地区性、行业性和规模特征。这又说明会计信息舞弊是普遍存在的，它并不限于出现在某些地区、行业或一定规模的企业中。

由于会计信息具有经济后果，相应地，会计信息舞弊具有经济后果也是顺理成章的。在市场经济条件下，证券市场的存在，使得委托方与受托方关系变得极为不确定。双方关系是否建立与解除，在很大程度上要依赖于会计信息所反映的内容，会计信息的经济后果性变得更加突出。一项小小的错误会计信息，可能会导致整个社会几万、几十万、甚至几个亿的错误流向。例如：1998年，上海贝岭微电子公司在上市公告中，将盈利预测的每股0.39元误登为0.43元，使当日上市的股票价格飙升到16元多，上市第二天上午，作出更正公告，股票立即下跌至15元左右，以1000万股换手率计算，导致资金损失约为1000万元左右，会计信息经济后果性可见一斑[21]。难怪美国会计理论家Zeff指出："会计报告将影响企业、政府、工会、投资人和债权人的决策行为……，不同的准则将生成不同的会计信息，从而影响到不同主体的利益，包括一部分人受益，另一部分人受损。[22]"我们将会计信息舞弊的经济后果定义为会计信息舞弊对企业、股东、政府、债权人等决策行为的影响。笔者认为，会计信息舞弊对企业、债权人、政府、投资者等的决策及资源配置都具有影响，尽管影响程度尚不能确定。会计信息舞弊是违背真实性核算原则的行为，其行为的目标和结果均使真实性的原则受到破坏，并出现或导致了会计信息的严重失真。会计信息失真，就等于会计信息失去价值，会计工作丧失生命。犹如劣币驱除良币，失真的会计信息驱除真实的会计信息，这比会计信息匮乏更具有危害性①。正如美国前证交会主席Arthur Levitt所说"如果公司对其业绩、现状及未来发展不能向投资者提供有效信息，那么危害就会接踵而至：股东与公司间

① 美国注册舞弊审核师协会主席Steve.W.Albrecht曾言，"从他人那里不合法地取得某样东西主要有两天途径：第一，是举着枪对着他人威逼其将东西交出来；第二，是欺骗他人，从而使其将财产交给你，这两条途径分别叫抢劫与舞弊。尽管抢劫比舞弊的暴力程度要高得多，同时也更加吸引人们的注意力，但是由舞弊所带来的损失却远远超过了抢劫。"

的信任被动摇，投资者趋于忧虑，股价无缘无故波动，作为资本市场基石的信用受到考验。[23]” 近年来众多会计信息舞弊案件的发生导致公司的破产、投资者的重大损失和注册会计师的名誉扫地便是明证。经济越发展，会计越重要；会计越重要，会计信息舞弊的危害性就越大。会计信息舞弊事件虽不是呈指数增长，但会计信息舞弊造成的危害却是呈指数增长。失真的会计信息必然会导致经济决策的失误和经济秩序的混乱，从而带来恶性经济后果，造成帕累托低效或无效。肆无忌惮的上市公司会计信息舞弊行为更是贻害天下，不仅导致公司股票价格的崩溃，造成投资者的巨额损失，公司自身也遭受毁灭性打击，不是被破产清算，就是陷入困境，更重要的是将数十年辛苦积累的信誉毁于一旦①。与此相连的是，与上市公司有业务往来的机构也深受其害，包括为其提供贷款的银行和其它金融机构；为上市公司提供商业信用的上游供货商；与上市公司签订购销合同的往来客户；根据虚假财务报告虚报的资产而签订购并合同的收购方等等。当然与上市公司相关的中介机构如证券承销商、证券分析师、会计师事务所、律师事务所、证券评级机构等也会因此声誉受损，蒙受经济上的损失，尤其是为舞弊公司提供审计服务的会计师事务所也一并跌入深渊——无论是曾为全球“五大”事务所之首的安达信，还是国内的业界翘楚中天勤，均成为“陪葬品”。而对上市公司的高层管理人员而言，不仅会被证券监管机构裁定为市场禁入者，而且往往还要承担相应的民事和刑事责任。对公司的普通员工来说，凡是参与了养老基金、员工福利计划或者持有本公司股份的员工在经济上也将遭受重大打击。而最无辜的是那些诚实的雇员和高级管理人员，他们会因此受到牵连而影响职业生涯的前程。这不仅严重干扰证券市场的正常秩序，更使证券市场的基本功能难以正常发挥。从市场功能来看，上市公司会计信息舞弊歪曲了市场价格对实际价值的反应，破坏了证券市场的资源配置功能；从国际竞争能力来看，上市公司会计信息舞弊影响了市场环境建设，削弱了证券市场的国际吸引能力；从市场效率来看，上市公司会计信息舞弊削弱了市场信心，加大了市场波动，在极端情况下甚至直接威胁证券市场的生存和发展。

---

① 根据 COSO 的统计，舞弊发生后约有 50%以上的公司发生了重大股权变更、21%的公司被交易所摘牌、31%的公司破产。

佩雷菲特教授（2001）[24]在全面考察了荷兰、英国、美国和日本的经济奇迹后满怀信心地预言：下一个经济奇迹将出现在中国，我们期待着中国奇迹，毫无疑问，这个奇迹即将成功。但是，没有高质量的会计信息，市场上会计信息舞弊迭起，这个奇迹又怎么可能出现呢？我国著名会计学家杨时展教授提出的“天下欲乱计先乱，天下欲治计乃治”的精辟见解，警示我们必须高度重视上市公司会计信息舞弊问题。坐而论道，不如起而行之，作为一名会计教育工作者，面对这样一个世人瞩目、上至国家总理下至普通百姓都关注的焦点问题，没有理由熟视无睹、充而不闻，而应积极思考，潜心研究。我国上市公司会计信息舞弊形势之严峻，危害之巨大，迫使我将目光锁定在已为政界、学界和实务界关注很久、但仍愈演愈烈的我国上市公司会计信息舞弊问题上。

1.1.2 研究问题

按照有效资本市场理论，在一个相对有效（比如：半强式有效）的资本市场上，会计信息使用者能够识别上市公司的会计信息舞弊行为并对之做出市场反应。或者说，上市公司单纯通过会计信息舞弊行为是无法瞒骗资本市场的。因此，上市公司管理当局要实施会计信息舞弊行为必须有一个前提条件——会计信息使用者不能识别隐藏于上市公司年报中的会计信息舞弊行为并对之做出市场反应，否则，公司管理当局不仅得不到实施会计信息舞弊行为的各种收益，还要冒被排除出经理人市场之外的风险。当前我国正处于一个特殊的历史时期，这个时期既是一个转型时期，又是一个信息化和工业化并进的时期，同时还是由国家化经济迈向国际化经济时期，我国证券市场并不是商品经济发展到一定阶段自然演进的产物，而是在传统计划经济体制下萌芽，在社会主义市场经济体制框架下孕育，伴随经济转轨的脚步快速成长起来的政府为推动国有企业改革而外生创造的交易体系。虽然它的建立和发展对增加企业融资渠道、推进国有企业的改革和促进国民经济的健康运行起到了积极的作用，但是，目前它主要还是成为有关当局实现国有企业产权重组和产业结构调整的政策性工具，还没有实现社会资源的有效配置，也没有形成有效的上市公司的外部监督约束机制。我国证券市场虽然已经历了十几年的发展，但目前仍是一个典型的“新兴[①]+转轨[②]”的市场，转轨经济和新兴资本市场的双重特点决定了我国证券市场离一个符合市场经济运行规律的规范市场有相当差距，还远未达到相对有效的状态。国内外的许多研究成果也表明，我国的证券市场目前仅达到弱式有效状态。作为转轨经济过程中引入的制度安排，我国上市公司的出现不是古典企业制度发展的自然结果，而是在改造计划经济企业制度的过程中被嫁接到企业中去，并被赋予改革国有企业的使命[25]。在这种市场环境中，上市公司会计信息舞弊现象更为严重，并已成为影响我国证券市场健康发展的“毒瘤”。我国上市公司会计信息舞弊的普遍性和严重性表明市场对虚假会计信息的市场反应和识别能力不高，使得虚假会计信息有一定的生存土壤。若会计信息使用者不能识别上市公司的会计信息舞弊行为并对其做出市场反应，他们对虚假绩效水平的认同将通过股票市场信息传递机制最终造成上市公司股票市场价值与实际价值的背离，这种背离将严重影响资源的有效配置，其影响程度取决于会计信息使用者对会计信息舞弊行为的市场反应与识别能力，从一定意义上说，会计信息舞弊行为对资源有效配置的影响程度与会计信息使用者对会计信息舞弊行为的市场反应与识别能力呈负相关。因此，如何提高会计信息使用者对会计信息舞弊行为的市场反应与识别能力，便成为世界各国会计审计界关注的热点和难点问题之一。由此引发我们深入思考和研究的问题是：

在我国这样一个“新兴+转轨”的证券市场中，股票市场是否能够识别我国上市公司的会计信息舞弊行为并对之做出市场反应？如果能够识别并做出市场反应，其可能的原因是什么?如果不能够识别并做出市场反应，其可能的解释又是什么？

能否从公开可得的财务数据与非财务数据中选取有效的指标构建上市公司会计信息舞弊行为的识别模型，计算出目标上市公司会计信息舞弊的概率值，从而结合其他方面的信息，以提高会计信息使用者对目标上市公司会计信息舞弊风险的预警和识别能力？

就笔者对文献资料的检索来看，对上述问题的研究尚付阙如。为此，

---

① 所谓“新兴”，是指中国股票市场的发育成长历史还不长，处于“发展中”，因而市场规模的增长被视作衡量发展程度的一个重要“变量”。

② 所谓“转轨”，一方面是指处在转轨的大环境之中，另一方面是指本身处在不断调整和转型之中，因而发展过程的曲折往复和此起彼伏的争论是股票市场的“常态”。

本书拟在国内外已有研究的基础上，进一步将会计信息舞弊问题与我国的特定背景相联系，研究我国上市公司会计信息舞弊行为的市场反应与识别问题。

本书以我国上市公司为研究对象，将研究范围锁定在与我国上市公司会计信息舞弊行为市场反应和识别相关的事项上，主要是基于以下考虑：

首先，从会计信息舞弊与上市公司之间关系的国际比较来看，在全球市场上，首例会计信息舞弊案源于1720年英国的南海公司事件，会计信息舞弊问题的首次出现是从上市公司开始的，继而才波及到其它组织之中。就中国证券市场而言，股市是会计信息舞弊事件的集中爆发地，对会计信息舞弊问题的关注亦从沪深证券交易所成立不久的1993年开始。因此我们可以推断二者之间或许存在某种程度的联系：因会计信息舞弊问题而使证券市场失灵现象变得突出，而证券市场失灵又促使会计信息舞弊问题显性化。

其次，正如Loebbecke，Eining, Willingham（1989）的研究所表明，上市公司比一般的公司更容易出现舞弊，而且，由于上市公司股权的分散性，使得投资者具有广泛的社会化特征，上市公司提供的会计信息就其影响深度与广度而言，亦远非一般企业所及。因此，上市公司会计信息舞弊的经济后果性极为突出[22,26]，研究这一课题的重要现实意义不言而喻。

再次，相对其它企业而言，我国上市公司运作要规范一些，会计信息也在有关网站和证券报上公开披露，数据资料容易收集。再者，现代财务会计理论研究离不开资本市场，财务会计理论研究成果应首先体现在资本市场上的企业中，然后才是其它企业，如果上市公司的某些财务会计问题不能与理论相符，其它企业就更难了。因而选择上市公司作为研究对象具有一定的代表性。

最后，企业在本质上都是“一组契约的有机连结”，因此，如果抽象掉上市公司这一契约安排的特殊性，本书的分析方法亦适用于一般企业会计信息舞弊问题的研究。上市公司是企业中最优秀的群体，是现代企业制度的先行者，是带动行业成长和促进国民经济发展的中坚力量，上市公司会计信息舞弊的研究结论对非上市公司也具有借鉴意义。

在我国，股票可以选择在两个证券交易所（上海证券交易所和深圳证券交易所）中任一交易所上市。笔者认为，无论是上海股市，还是深圳股市，均存在会计信息舞弊现象，我们没有理由相信，分处于沪深两个市场的投资者的投资心态会有多大差异，而对相似的会计信息舞弊信息，其股票的市场反应会大相径庭。因此，本书把沪深股市作为一个整体，考察我国上市公司会计信息舞弊行为的市场反应与识别。

将研究对象进一步限定在我国上市公司，其原因在于：我国证券市场诞生于从计划经济向市场经济转轨的过程中，转轨经济和新兴资本市场的双重特点决定了我国证券市场离一个符合市场经济运行规律的规范市场还有相当的差距。在我国这种不完善的市场经济条件下，即在我国证券市场管理机构及监管制度不健全、管理人员相对缺乏、股民投机意识强等约束条件下，上市公司会计信息舞弊动机更强烈。虽然西方会计学术界对上市公司会计信息舞弊问题的持久关注形成的研究成果对治理我国会计信息舞弊问题有重要的借鉴作用，但由于中国股票市场有着极其特殊的个性，国外的研究成果不能类推到国内，对任何在西方国家股票市场成功的经验，我们都不能不顾中国国情、不加分析地照抄照搬。因此，本书又进一步将研究对象限定在我国上市公司，将研究范围锁定在与我国上市公司会计信息舞弊行为市场反应和识别相关的主要事项上。

1.2 研究目的与意义

1.2.1 研究目的

本书通过对在我国这样一个“新兴+转轨”的证券市场中，市场是否能够识别我国上市公司的会计信息舞弊行为并对之做出市场反应以及如何从公开可得的财务数据与非财务数据中选取有效的指标构建上市公司会计信息舞弊行为识别模型的研究，探讨我国上市公司会计信息舞弊的市场反应与识别问题，旨在探讨根据对以前披露的存在会计信息舞弊行为的上市公司公开可得的财务信息数据和非财务数据的分析，揭示舞弊公司在舞弊前后存在的一些共同特征和基本规律，分析出哪些指标对于识别会计信息舞弊行为具有较大的作用，并利用这些特征和指标来判别未来最有可能发生会计信息舞弊行为的公司，试图得到对会计信息使用者具有指导意义的结论，以期为政府立法、监管层监管、投资者决策、银行信贷和利益相关者进行相关决策提供理论参考，为会计信息舞弊行为的识别、实时监控和综合治理提供决策依据，从而最大限度地减少上市公司会计信息舞弊行为的误导效应，提高会计信息使用者对会计信息舞弊行为的市场反应与识别能力。

1.2.2 研究意义

经过几百年的发展，现代市场经济已成为一部十分精巧且极为复杂的资源配置机器，而证券市场则是这部机器的核心组件。无论从宏观经济（即资本优化重组）的角度看，还是从微观经济（即对企业经营者进行有效的约束和激励）的角度看，证券市场对投资效率都有着举足轻重的作用。证券市场本质上是一个信息市场，投资者在向企业投资时面临不了解投资项目优劣的“信息问题”，而投资后又面临管理者侵占外部投资者利益的“代理问题”，信息问题和代理问题严重阻碍了资本市场资源的有效配置，而信息披露是解决这些问题的关键[27]。会计信息本身从数字的抽象意义上看，仅仅是数字[28]，但将之赋予特殊的使命后，由于其具有“经济后果”[29]，它就代表着生存和利益[23]。因此，资源配置的主要依据是上市公司披露的会计信息，上市公司希望通过信息披露获得投资人认可，投资者希望通过信息披露取得决策信息，而市场监管者则希望通过信息披露质量提高资本市场配置效率。现代证券市场的有效性是建立在信息披露制度基础上的，信息对证券市场的价格发现和价格均衡具有直接作用和决定性意义。国内外证券市场信息披露实践表明：上市公司对外公开披露的信息 80%以上是会计信息[30]。在证券市场运作过程中，要使社会资源得到合理配置，会计信息起着相当重要的导向作用，有时，甚至成为决定性的因素[31]。市场经济中会计信息具有许多潜在经济后果，它通过影响会计信息使用者的决策行为，从而影响社会中经济利益的分配及经济资源的配置，这大大提高提高了会计信息对决策的能动作用，会计信息日益成为其用户作出合理决策、配置有限资源的有效工具。而在证券市场日益发达的今天，由于现实的、潜在的投资者与债权人及其它利益相关者的数目急剧膨胀，会计信息的使用者越来越多，正如吴水澎教授所指出：“就会计信息使用者而言，若不加限定的话，则确有不胜枚举之感，诸如投资者、债权人、有关政府管理部门（如财政部门、税务部门、工商行政管理部门、统计部门、物价管理部门、行业管理部门等）、管理当局、雇员、供应商、客户、证券经营机构、经济研究机构、新闻机构等皆可视为会计信息使用者。[32]” 在这样的背景下，会计信息的经济后果无疑变得越来越突出了。从宏观的角度看，企业（特别是上市公司）提供的会计信息是一种“社会公共产品”，它与会计信息使用者的决策行为、对企业经济价值与社会价值的评价、政府对微观企业的控制、企业经营管理者的廉政建设等都密切相关，并将直接或间接影响社会经济资源的分配。从微观的角度看，会计信息是企业理财的基础和重要依据，是管理者、投资者和债权人等改善经营管理、评价财务状况、做出投资决策、防范经营风险的主要依据。因此，会计信息是经济信息的基础，会计信息的质量决定了经济信息的质量，进而影响经济工作决策的质量。真实的会计信息对于企业本身，甚至于整个国民经济都有着不可估量的作用。企业会计信息的质量，不仅影响到与企业有利益关系的投资者、债权人等群体的经济利益，而且影响到整个国家的社会经济秩序。当证券市场传达的会计信息给是经过了一定的会计信息舞弊时，会计信息使用者以这种会计信息作为决策依据，就会导致严重的不良经济后果，我国上市公司一系列会计信息舞弊事件已经为我们做了注释。可以预见，随着证券市场对市场经济建设的作用日益增大、与社会公众经济生活的利益联系日益密切，人们对中国股票市场的发展越来越关注，对会计行为、会计信息质量的需求也越来越高，会计信息舞弊行为的市场反应与识别问题日益成为一个具有广阔前景的学术研究领域，而且财务预警系统属于微观经济预警的范畴，具有重要的经济研究价值，无论在国际还是国内都处在一种前沿性和创新性研究阶段[33]，尤其是当前会计信息舞弊滋事国内外，产生一系列不良经济后果之际，研究上市公司会计信息舞弊行为的市场反应与识别问题无疑在理论上和实践上都具有非常重要的意义。

a. 理论意义

（1）有利于从更高层次上认识会计学性质，并完善和发展会计信息决策有用性理论

会计理论界对会计到底是一门科学还是一门艺术的争论由来已久，但

现行实务中的一些令人困惑的做法让人们觉得会计越来越象是一门魔术。同一个企业，经过会计信息舞弊，将“红色业绩”（亏损）变成“蓝色业绩”（盈利）简直易如反掌，这方面的案例不胜枚举。从会计理论的需要看，会计信息的决策有用性是财务会计的立身之本，如果会计信息不具有决策有用性，会计理论体系也将土崩瓦解，会计终究有一天会沦落为“魔术”，人们有理由质问财务会计本身是否有继续存在的意义，或者应该进行彻底的变革，届时，会计休矣！会计信息的决策有用性主要体现在会计信息的相关性和可靠性上，会计信息舞弊行为的市场反应与识别既涉及相关性又涉及可靠性，因而与会计信息的决策有用性密切相关。因此，本研究对于从更高层次上认识会计学的性质和会计信息舞弊的形成机理与作用机制、对于完善和发展会计信息决策有用性理论和丰富实证会计理论、对于进一步完善公司治理结构及建立规范的现代企业制度均具有重要意义。

（2）有利于丰富和发展会计行为理论，并促进行为会计学科的发展

随着社会组织和经济结构的日趋复杂，当今会计理论的研究领域，已由重视会计的纯技术的“商业语言”转移到人文性、社会性的行为科学上来。研究领域从“物”到“人”的转变，标志着对会计的认识进入一个新的时代。而借鉴和吸收西方会计实证理论，逐步开展对会计行为的研究必将成为未来会计研究的重要领域。会计行为的研究，已成为会计学中最新的也是最有希望的研究领域，甚至有独立成科的趋势，其中上市公司的会计行为的不规范问题尤其受到重视。会计信息舞弊是一种违规的会计行为，目前我国许多不正常和非理性现象的出现，证券市场泡沫泛滥、股市行情背离国民经济的发展、股票价格波动异常、股票内在投资价值的暴涨暴跌、股市近年来持续低迷、下跌通道似乎深不见底，社保基金、QFII[①]相继入市，但证券市场仍然波澜不惊、泡沫泛滥，会计信息舞弊行为难辞其咎，如何规范上市公司会计行为也成了理论界和实务界的一个普遍的难题。本研究对丰富和发展我国的会计行为理论、促进行为会计学科的发展具有重要意义。

① QFII 是指合格的境外机构投资者。《合格境外机构投资者境内证券投资管理暂行办法》（以下简称《办法》）第二条指出，本办法所称合格境外机构投资者,是指符合本办法规定的条件,经中国证监会批准投资于中国证券市场，并取得国家外汇管理局额度批准的中国境外基金管理机构、保险公司、证券公司以及其它资产管理机构。

（3）有助于丰富我国会计信息舞弊的基本理论，进一步完善会计、审计准则

从博弈论的角度分析，规则的制定和执行在某种程度上是规则的制定者和执行者之间的一种博弈行为。由于受到一定时间和空间环境条件的制约，任何一项规则都不可能尽善尽美，因此，当一项新的规则出台后，规则的执行者都将会结合自己的实际情况进行分析，寻找规则的漏洞和缺陷以谋求局部和个人利益的最大化。当现行规则难以调整这种利益关系的时候，规则的制定者就会充分吸收规则执行者的"智慧"对规则做出修订以使其在原有的基础上进一步完善；当经济环境发展变化到修订后的规则无法规范的时候，一套崭新的规则也就为期不远了。会计、审计准则的制定和修订也遵循上述博弈规律。纵观发达市场经济国家，对证券市场与上市公司会计行为的规范和研究一直主导着会计学术研究的重心与方向。在我国，证券市场的兴起和蓬勃发展，直接推动了我国会计、审计改革的进程，不仅发展和修正了会计、审计目标，而且促进了会计、审计准则的诞生与完善，规范了会计信息的披露。随着会计、审计改革的深入进行，证券市场不断扩张，证券市场对会计、审计改革的推动作用将更加显着。完善证券市场会计监管与审计监督势必成为我国经济界关注的重大问题，其中上市公司的会计信息舞弊行为尤其受到重视。会计信息舞弊行为的市场反应与识别是会计信息监管所关注的重要方面，本研究有助于丰富我国会计信息舞弊的基本理论，分析会计信息舞弊的经济后果以及监管政策的有效性，从而提高投资者的决策准确性，同时也有助于监管当局有针对性地制定相关的法律法规，改善对我国会计信息质量的研究和会计信息质量概念框架的建设，更重要的是有助于将研究成果运用于指导会计监管，尤其是帮助会计、审计准则制定者发现准则的不完善和漏洞，为相关会计政策、法规的制定和修改提供建议，为提高会计、审计质量提供新的思路，进一步完善会计、审计准则。此外，本研究也有助于公司治理结构的完善、组织行为与控制、绩效评估与报酬计划、证券市场监管等一系列理论问题的解决。

b. 实践意义

（1）有利于完善我国证券市场信息披露制度，提升证券市场的有效性

美国大法官路易斯·布兰戴斯在其所著《他人的金钱》中提出一句名

言："公开是救治现代化社会及商业弊病的良药，阳光是最好的防腐剂，灯光是最好的警察"。作为公开原则的具体体现，充分有效的信息披露是保证资本市场有效运转的基石。因此，证券市场运行的有效性和安全性，很大程度上依赖于市场信息的质量，一旦信息失真，资金流向将被误导，政府在经济运行中的调控功能将被弱化，中小投资者的投资欲望和信心会被挫伤，从而造成证券市场的低迷和动荡，甚至会危及市场经济的信用基础，引发一系列市场混乱。证券市场的基础是信息披露，而信息披露的核心是会计信息的相关性和可靠性。证券市场的成熟程度和效率就在于会计信息使用者的正确决策依赖于公开、公平、公正的市场信息，尤其是会计信息。许多学者从不同角度对我国证券市场的有效性问题进行了实证研究，其中，大量的研究成果表明：我国证券市场目前仅表现出弱式有效的特征。我国现阶段的资本市场是一个新兴的市场，也是一个有着明显制度转型特征的市场，市场的有效性更弱。本研究对于判别我国资本市场是否符合有效市场假说具有重要意义，能为政府管理部门从宏观的角度建立一套适合我国上司公司特点的证券市场信息披露制度和提升证券市场的有效性提供借鉴和指导。

（2）有利于增加会计信息透明度，增强会计信息的决策有用性

会计信息是经济决策的基础，所有会计信息使用者均对其寄予厚望，希望藉此提高其决策的科学性。当前我国上市公司会计信息舞弊泛滥，会计信息透明度不高，已经到了必须严加治理、严加惩治的程度。因此，本研究不仅可以帮助监管部门考察年报是否得到股票市场的充分关注，帮助投资者进行投资决策和对于公司价值的评估，减少正式公布日市场的大幅波动，增加会计信息透明度，而且可以为证券监管部门、投资者和审计职业界等会计信息使用者提供重要的决策依据，从而增强会计信息的决策有用性。这对于监管层加强打击力度，提高监管效率；投资者避免"年报地雷"，减少投资损失；审计师控制审计风险，减少法律诉讼都具有重要的实用价值。对监管者而言，本研究不仅有助于监管当局洞察会计信息舞弊行为对市场的影响，而且有利于监管当局准确识别公司的盲目融资，同时也有利于监管当局针对上市公司常用的会计信息舞弊手段和显示会计信息舞弊信号的指标，设计出有效防范上市公司会计信息舞弊的规章制度，净

化我国证券市场的投资环境；对投资者而言，本研究可以使投资者理性认识上市公司的会计信息舞弊行为，使其在纷繁复杂的会计信息中方便地识别出会计信息舞弊的风险，从而做出正确的投资决策；对注册会计师而言，本研究将对其甄别虚假会计信息，确定审计风险提供一定的参考。更重要的是如果监管层、投资者、和审计师能用这些定量的手段及时有效识别虚假财务报告，那必将改变舞弊者的预期，使其舞弊时心有余悸，从而减少舞弊行为的发生。

总之，会计信息舞弊是一个国际性问题，不仅国外有，国内也有；不仅成熟市场有，新兴市场也有；会计信息舞弊也是一个历史性问题，不仅过去有，现在有，将来也不会消失。从长远以及从我国证券市场健康发展的角度来看，随着我国市场经济体制的完善，现代企业制度的运行，宏观管理的间接化，财务管理权限的自主化，核算制度的准则化，必然带来企业会计行为的变化。只有明晰了会计信息舞弊风险的存在，以及这种风险是否为投资者所警惕和投资者面对风险所作出反应的特点及原因，并不断提高会计信息使用者对会计信息舞弊的市场反应与识别能力，才能在目前上市公司会计信息舞弊泛滥的情况下，维护投资者尤其是中小投资者的利益，最终达到完善会计信息披露制度，发展我国证券市场的目的。党的十八届三中全会审议通过的《中共中央关于全面深化改革若干重大问题的决定》指出，“经济体制改革是全面深化改革的重点，核心问题是处理好政府和市场的关系，使市场在资源配置中起决定性作用和更好发挥政府作用”。真实、公允的会计信息是市场在资源配置中起决定性作用的根本保障，也是政府完善宏观调控和加强市场监管的重要基础。本书的研究成果将为改变我国现阶段由于上市公司内部控制失效而导致的会计监督名存实亡、会计管理和控制日益弱化、会计信息失真愈演愈烈的现状，从而有利于为证券市场健康发展提供真实、公允的会计信息，全面提升我国会计信息质量，为政府完善宏观调控和加强市场监管提供决策依据，保障证券市场在资源配置中决定性作用的发挥。因此，立足于我国现状，对上市公司会计信息舞弊行为的市场反应与识别进行系统、科学的研究，不仅具有较高的理论价值，而且具有重要的实践意义。

1.3 研究内容与结构安排

1.3.1 研究内容

Beaver（1996）[34]指出，杰出的会计研究很可能是理论、经验分析和制度背景相结合的产物。因此本书严格遵循从提出问题到运用相关理论工具分析问题，最终解决问题（获取结论）的路线展开研究，研究思路循着绪论→文献评述→理论透视→识别检验→识别模型构建→总结与展望等逐章推进。

遵循以上研究思路，本书在逻辑上分为四大部分七章内容，各部分涵盖内容如下：

第一部分（第一章），作为开篇之论，主要是提出研究背景与问题，阐明研究目的与意义，说明的研究内容与本书框架，介绍本书研究方法与技术路线。

第二部分（第二章、第三章），从文献回顾与评述和会计信息舞弊的理论透视两面展开分析，为进一步研究我国上市公司会计信息舞弊行为市场反应与识别提供规范性的理论支持。首先，从会计信息舞弊行为市场反应的检验、舞弊公司的特征、识别会计信息舞弊行为的风险因素和会计信息舞弊行为的识别方法四方面对国内外相关研究文献进行梳理与评述，提出我国当前应当关注会计信息舞弊行为市场反应与识别问题的研究。然后，在正确辨析会计信息舞弊及其相关概念的基础上，从理论上阐释上市公司的会计信息舞弊行为，并分析会计信息观、有效资本假设和功能锁定假说。

第三部分（第四章、第五章、第六章），实证研究我国上市公司会计信息舞弊行为的识别问题。首先，实证检验股市能否识别出我国上市公司年报中隐藏的会计信息舞弊行为，分析判断投资者是否被上市公司年报中隐藏的会计信息舞弊信息所误导；其次，实证检验注册会计师能否识别出我国上市公司年报中隐藏的会计信息舞弊行为，分析判断注册会计师的职业水平和审计质量；最后，构建我国上市公司会计信息舞弊行为的识别模型，并对模型进行检验与分析

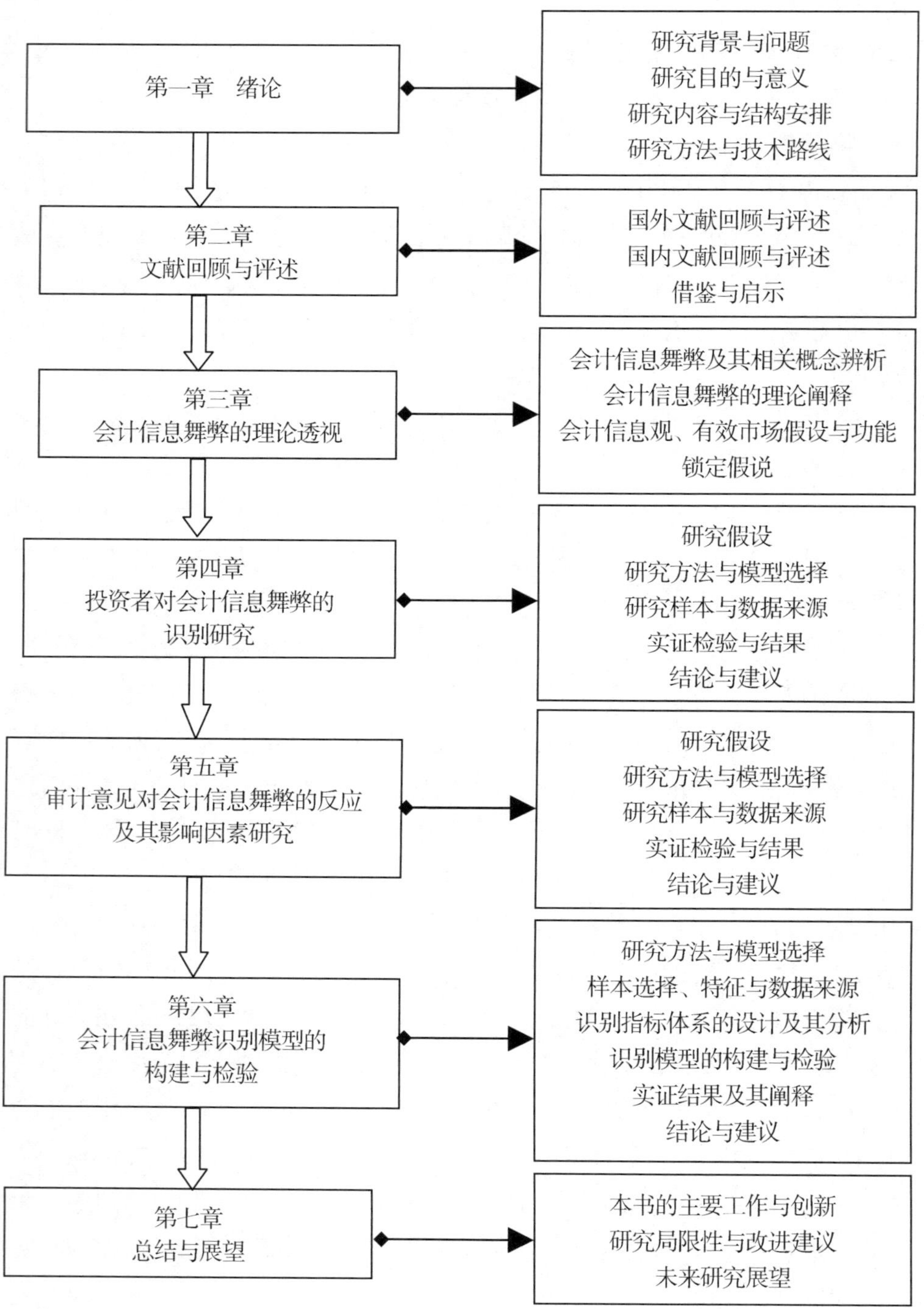

图 1–3　研究内容与结构安排

第四部分（第七章），总结和梳理全文的主要工作，归纳出本书的创新与拓展之处，分析研究的局限性与改进建议，并提出未来上市公司会计信息舞弊问题的研究方向。

1.3.2 结构安排

本书结构安排如图 1-3 所示。

1.4 研究方法与技术路线

1.4.1 研究方法

基于上市公司会计信息舞弊问题的复杂性，本书拟借鉴经济学、管理学、会计学、统计学、伦理学、心理学等多学科的知识，运用理论联系实际，规范分析与实证分析相结合，以实证分析为主、规范分析为辅的研究策略，对我国上市公司会计信息舞弊行为的市场反应与识别问题进行系统地研究。具体结合方式是：实证研究以规范研究为基础，规范研究以实证研究为前提，即在采用规范研究法从文献回顾与评述、会计信息舞弊的理论透视两方面展开分析的基础上，运用实证法研究上市公司会计信息舞弊行为市场反应的检验和上市公司会计信息舞弊行为识别模型的构建，以从经验上验证以得出“是如何”的实证研究结论；然后再在实证研究结论的基础上，运用规范法进行研究以得出“应如何”的规范研究结论。

1.4.2 技术路线

本书的技术路线是：首先，运用规范分析法对国内外上市公司会计信息舞弊行为市场反应与识别的研究文献进行回顾和评述，对上市公司会计信息舞弊进行概念辨析与理论阐释，分析会计信息观、有效市场假说和功能锁定假说，并从我国股票市场制度背景解析会计信息舞弊行为的市场反应，为进一步研究我国上市公司会计信息舞弊行为的市场反应与识别提供理论支持。其次，在上述规范分析的基础上，选取 1999~2002 年的 28 家舞弊上市公司为研究样本，选择能较好地衡量市场反应的模型，对上市公司会计信息舞弊行为的市场反应进行实证检验；在分析我国上市公司会计信息舞弊征兆与特征的基础上，构建我国上市公司会计信息舞弊行为的识别模型，并以沪深股市 1998~2003 年舞弊 39 家舞弊公司的 50 份年报对模型进行检验与分析。最后，按照合乎事理的逻辑，对如何提高我国证券市场对会计信息舞弊行为的市场反应与识别能力，进行主观判断和推理，规范性地提出相应的政策建议。

1.5 小结

会计信息舞弊问题自 20 世纪 70 年代以来受到广泛关注，进入 90 年代则愈演愈烈而成为世界性“公害”。我国上市公司会计信息舞弊对股市有何影响？市场是否能够识别上市公司的会计信息舞弊行为并对之做出市场反应？如何识别上市公司的会计信息舞弊行为？这些都是悬而未决并亟需解决的理论和实践问题。我国社会主义市场经济实践对会计信息舞弊行为市场反应与识别问题的研究提出了更高的要求，中国迅速变化的资本市场也为学者更为深入地考察上市公司会计信息舞弊行为市场反应与识别问题提供了绝佳的研究机会，我国上市公司会计信息舞弊行为的市场反应与识别问题，无论在理论深度还是对策建议的效果与可行性方面都需要进一步深化和拓展。为此，本书主要结合会计信息舞弊的一般规律和我国证券市场的特殊制度背景研究我国上市公司会计信息舞弊行为的市场反应与识别问题。本章是整个著作的开篇部分，主要是提出研究背景与问题，阐明研究目的与意义，说明的研究内容与结构安排，介绍本书研究方法与技术路线。

第二章　文献回顾与评述

上市公司会计信息舞弊问题自 20 世纪 70 年代以来受到广泛关注，进入 90 年代则愈演愈烈而成为世界性“公害”。会计史上出现的重大会计信息舞弊案件，实际上成为催生和完善会计规则和独立审计制度的重要因素，也引发了会计理论界和实务界对会计信息舞弊的研究和探索[35]。历史从哪里开始，思想进程也应该从哪里开始。我们看历史，能够据过去以推知未来[36]。通过检索相关文献发现，迄今为止，国内外对会计信息舞弊问题已经在规范研究和实证分析两个层面上进行了多方位的研究，并形成了大量的研究成果，研究成果涉及了会计信息舞弊的多个方面。然而，早期的研究主要集中于会计信息舞弊的动因、手段、防范与治理三方面。1999 年，Healy and Wahlen[37]的一份文献评述改变了这种局面，它促使研究者开始较多地从资本市场的视角探讨这一问题，上市公司会计信息舞弊的市场反应与识别遂成为一个倍受关注的课题。经文献检索发现：国内外主要是从会计信息舞弊行为市场反应与识别的检验、舞弊公司的特征、识别会计信息舞弊的风险因素以及会计信息舞弊的市场识别方法四方面开展研究的，本章也主要从这四方面回顾与评述国内外会计信息舞弊市场反应与识别方面的有代表性的相关研究文献，并借鉴国外的研究成果，提出我国开展会计信息舞弊行为市场反应与识别研究应当关注的主要问题。

2.1 国外文献回顾与评述

2.1.1 文献回顾

a. 关于投资者对会计信息舞弊行为市场反应与识别检验的研究

由于会计信息舞弊的复杂性、隐蔽性和难以计量，国外直接开展投资者对会计信息舞弊行为市场反应与识别检验的研究较少，而更多开展了投资者对盈余管理（或盈余操纵，下同）行为市场反应与识别检验的研究。但由于盈余管理和会计信息舞弊是“假账”问题的不同层次，会计信息舞弊是盈余管理的极端形式，过度的盈余管理就是会计信息舞弊[38]，所以，盈余管理市场反应与识别的研究成果对会计信息舞弊市场反应与识别的研究具有一定的借鉴意义。本部分主要回顾与评述国外关于投资者对盈余管理市场反应与识别检验的研究成果。

由于西方国家资本市场产生时间较长，学术界较早注意到了上市公司盈余管理市场反应与识别的研究。在现阶段，美国在这一领域的研究成果颇丰，独领风骚，值得参考。美国许多较早的研究显示，在有效资本市场上，市场可以有效识别上市公司的盈余管理行为。例如：Hand（1992）[39]的研究表明，投资者能够辨认进价上升期间那些为了税收利益而采用后进先出法的公司，并且对这些公司报告盈余的下降反应温和。Beaver（1989）[40]，Wahlen（1994）[41]，Beaver and Engel（1996）[34]，Healy and Wahlen（1999）[37]等对银行业“贷款损失应计项目”的研究表明，股票回报与贷款损失准备的正常变更呈负相关关系，与非正常的贷款损失准备呈正相关关系。Wahlen（1994）对此进一步研究发现，拥有低得反常的贷款损失准备的银行呈现出更差的未来盈余和现金流量表现。其解释是，投资者认为正常的货款损失准备反映了货款组合的管理水平，但怀疑那些低得反常的货款损失准备的公司操控利润，因此对其报告的业绩大打折扣。Petroni（1992）[42]，Anthony and Petroni（1992）[43]，Atiase（1998）[44]，Beaver and McNichols（1998）[45]，McNichols and wilson（1998）[46]，Petroni et a1（1999）[47]等对非正常风险财产投保人索赔准备修订相联系的股市回报的研究取得了相似的结果。Subramanyam（1996）[48]的研究也表明，会计盈余信息（可控性应计利润）具有相当的增量信息含量，会计盈余信息对股票价值产生影响。Hirst and Hopkins（1998）[49]采用实验研究方法，对有经验的财务分析师进行了一次行为实验，以检测哪些情况下他们更可能发现并剔除证券投资已实现收益的策略性时间安排，他们发现，对全面收益的清晰披露增强了财务分析师识别盈余管理的能力并增进了他们对财务报表注释披露的评价水平，因此， 当财务报告使盈余管理更透明时，市场可以有效识别上市公司的盈余管理行为，盈余管理不大可能影响资源配置。虽然资深的财务分析师在给股票定价时不一定能完全发现盈余管理，但当财务报表清楚地展现被操纵项目的余额和事实时，他们更可能识破盈余管理。

然而，国外最近的一些研究却对市场可以有效识别盈余管理的观点提出挑战。例如，对股份发行期间的盈余管理的研究表明，那些在季节性股票发行年份拥有导致收益增加的非预期应计项目的公司的股票随后会有明显欠佳的业绩表现[7]。Teoh，Welch and Wong（1998a & 1998b）[50]以及 Teoh，Wong and Rao（1998）[51]的研究也发现了在初始上市发行时类似的情况。这些发现说明，即使实施盈余管理的公司披露自己的会计信息，除了精明的市场参与者（如财务经理、财务分析师等）以外，广大中小投资者是无法理解会计政策对股票价格的真正意义的，即大部分投资者是不能完全识别盈余管理的。在初始股票发行前，一些管理者高估盈余，试图增加投资者对公司未来业绩的预期和提高股票发行价格，投资者可能会因未识别增发新股时的盈余管理而以高价购买新股；随后，公司盈余管理的逆转使投资者大失所望，当投资者发现这种盈余管理时，就会对公司的财务管理水平和盈利能力做出悲观的预测，从而做出与管理层预期相反的反应，最终导致高估的股价开始下跌，以致一些被广泛进行财务剖析的股票呈现负面表现。实证表明，在股票发行前进行的盈余管理确实影响了股价。公司信息披露失去可信度，而极端形式的盈余管理被披露时，还将受到资本市场参与者的惩罚。西方其它基于资本市场的研究结果显示，盈余管理被用来迎合财务分析师和管理部门的预期（即公开的盈余预测）。另外几项有关 IPO 前后的收益表现的研究也提供了类似的经验证据。例如，Loughran and Ritter（1997）[52]的研究发现，公司在 IPO 当年的报告收益达到最高水平，随后将下降。Aharony， Lin and Loeb（1993）[53]，Friedlan（1994）[54]发现了公司在 IPO 年份收益表现与盈余管理密切相关的证据。例如，Aharony， Lin and Loeb（1993）[53]的研究发现，IPO 当年的操控性应计利润处于最高水平，并与未来的净收益和经营现金流量负相关。Friedlan（1994）[54]透过分析会计信息在 IPO 定价中的作用，借助修正后的 DeAngelo 模型，证明了在公开募股之前发行公司采用过增加收益的应计方法。他的这一研究结果与 Healy（1985）[55]，DeAngelo（1986）[56]的研究结果都显示了 IPO 公司财务报表的编报者操纵其报表以影响财富分配。因此，这些研究说明，股票发行之前的盈余管理确实影响股价。

几项其它研究调查了当盈余管理被指认或被发现之后的市场反应。例如，Foster（1979）[57]的研究显示，被 Abraham Briloff 在财务报刊上批评误导财务报告的公司在消息发布当天的股票价格平均下降 8%；Dechow，Sloan and Sweeney（1995）[58]的研究显示，那些因盈余管理问题受到证监会调查的公司在初步宣布有盈余管理行为时，股价平均下降了 9%；Sloan（1996）[16]的研究显示，当期盈余包括大量应计项目的公司的未来股票回报为负，而当期盈余包括少量应计项目的公司的未来股票回报为正；Beneish（1997）[59]的研究显示，在违背公认会计原则的后两年，公司获得了明显的负的非正常回报；Xie（1999）[60]以 Sloan（1996）的样本和方法进行重复研究后指出，这些结果主要应归因于操控性应计利润的波动而不是非操控性应计利润的波动，操控性应计利润的波动与盈余管理的动机相一致。对这些发现的一个解释是：投资者并不能完全识别操控性应计利润所反映的盈余管理，于是，那些通过盈余管理提高利润的公司的股价会下降，而那些通过盈余管理降低利润的公司的股价会上升。Chambers（1999）以 1976~1995 年间 20 年的数据为样本，采用扩展的 Jones 模型，并通过五种不同的独立方法对盈余管理是否造成资本市场资源配置失当进行了经验检验。研究结果表明，盈余管理的确造成了资本市场资源配置的失当。他同时还对研究期间每年由于股票定价失当所涉及的美元总金额进行了估计，结果表明由于盈余所造成的财富转移不仅在统计上显着，而且在经济上显着。总之，他们的研究都得出一个同样的结论：投资者并不能识别盈余管理现象，也就是说盈余管理行为确实影响了投资者，影响了资源的有效配置。

总之，已有的研究文献表明，有关投资者能否识别盈余管理、盈余管理是否对股价有实际影响的证据之间尚存在冲突。几项最近的研究表明，存在投资者不能识别盈余管理的情况，即信息的市场传导效应有时是很不明显的[61]。相反，在其它案例中，特别是在银行业和财产保险行业，呈现出投资者明辨盈余管理的情况。对上述研究成果存在明显冲突的一种解释是：作为监管的结果，银行业和保险公司的投资者可以接触到与关键的应计项目密切相关的广泛的披露，这些披露能够帮助投资者对任何盈余管理的可能性做出更准确的估计。

b.关于舞弊公司特征的研究

（1）关于舞弊公司动机特征的研究

由于会计信息舞弊是盈余管理的一种极端形式，盈余管理的动机为会计信息舞弊动机的研究提供了文献资料。已有研究表明，国外舞弊公司会计信息舞弊动机主要有政治成本动机、提高股票价格动机、外部融资和债务契约动机、管理报酬动机。

关于政治成本契约动机：研究者主要从行业监管和反托拉斯监管等方面对会计信息舞弊进行了研究。例如，美国对一些行业（如银行、保险和公用事业）的监管是直接与会计数据挂钩的。Mayer 研究了商业银行管理人员的盈余管理行为，研究结果发现，当商业银行的资本充足率有可能达不到规定下限时，银行管理人员为了减少管制成本和避免违反负债契约，会调整应计会计计量方法以增加帐而盈余，提高资本充足率。许多学者对监管调查是否增加会计信息舞弊的可能性进行了检验。Cahan（1992）指出，受到反托拉斯监管调查的公司在被调查当年报告了使收益减少的非预期应计项目。Jones（1991）发现申请进口减免税行业的公司趋向于在申请当年递延收益。Watts & Zemmerman[62]的研究表明，公共消费品（如汽油）价格的不正常上升导致公司的利润增加，会引起公众及政界的关注，政府进而会通过立法手段对公司加以控制。因此，销售这些公共消费品的公司通过会计信息舞弊减少当期利润的政治成本动机更为强烈。另外，Jerry and Ching-Wu Wang（1998）[63]的研究表明，1990 年波斯湾危机时期，美国石油加工企业为了避免政府对油价的急剧上升征收意外获利税，普遍采取了一些会计信息舞弊手段来调低当期利润；而对于另外一些希望寻求政府帮助和保护的上市公司，它们也有动机进行会计信息舞弊来降低公司的盈利，以达到政府扶持和保护的目的。

关于提高股票价格动机：Friedlan（1994）[54]，Teoh，Welch and Wong（1998）[50]等的研究表明，企业在公开上市前最近的会计年度中确实通过会计信息舞弊增加了会计盈余，从而使股票以较高价位上市发行。股票上市后，仍然存在利用会计信息舞弊来影响股票价格的可能。Ball and

Brow（1968）[64]和 Rayburn（1986）[65]的研究结果表明：股票市场价格的预期变化与其后公布的会计报表的实际数字是一致的。

关于外部融资、债务契约、内幕交易、管理报酬动机：Dechow，Sloan and Sweeney（1996）[66]选取在1978~1990年间因利润操纵受到美国SEC处罚的92家样本公司，检验了利润操纵的动机和后果。其研究结果表明，受到SEC处罚的公司进行利润操纵的重要动机是渴望以较低的成本进行外部融资和避免违反债务契约。但没有系统的证据证明管理人员操纵利润是为了进行内幕交易和提高自己的报酬。Summers and Sweeny（1998）[67]选取51家舞弊公司与51家非舞弊公司的配对样本，通过建立 cascaded logit 模型检验了财务报告舞弊与内幕交易的关系。研究发现，这两个样本的内幕交易变量和重要的财务报表控制变量存在着差异。在舞弊期间，舞弊公司的内部人通过重要的卖出活动（如增加交易次数、交易股数、交易金额等）减少了对本公司股票的持有。研究结果表明，内幕交易活动可以作为一种风险因素用于外部审计人员评估舞弊发生的可能性。Healy（1985）[55]的研究指出：有分红计划的企业管理者更倾向于提高当期报告盈余，使获得的红利增加。国外的许多实证研究也表明，这种基于分红计划的管理报酬契约会驱使管理人员通过舞弊使会计盈余向有利于自己的方向发展。在发达的市场经济中，由于已建立了完善的、竞争激烈的经理人市场，经理人十分关注自己在经理人市场的定价。当企业经营业绩不佳时，公司高层经理人员的职位就会受到威胁，他们为了增强职位保障往往会实施会计信息舞弊。Beneish（1999）[68]利用 probit 模型，将操纵利润的四个动机（内幕交易、报酬理论、外部融资的要求、债务契约）作为自变量，将是否舞弊作为因变量，研究了由于虚增利润受到美国证交会处罚的上市公司动机。研究结果却与 Dechow，Sloan and Sweeney 的结果不同，该研究发现，受处罚公司的管理者在利润被操纵期间，更倾向于出售他们所持有的股票和优惠购股权，出售股票的行为都发生在股票价格很高的时期。该研究未发现操纵利润与债务契约或是外部融资成本的关系。研究结果表明，对公司管理者交易的监督有助于发现利润操纵行为发生的可能性。研究者还分析了当利润操纵行为被发现后，公司管理者所遭受到的职位上的和金钱上的损失。研究表明，操纵利润的公司被发现后，公司的管理者在职位上的损失（如辞职、被解雇）与样本公司没有显着差异。SEC 不大可能对高估利润公司的管理者的内幕交易施加处罚，除非管理者将他们股票的出售作为公司股票出售的一部分。不论是职位上的损失还是 SEC 的经济上的处罚，都不能有效地阻止操纵利润公司的管理者在公司出现业绩下滑时出售他们的股票。

（2）关于舞弊公司治理结构特征的研究

公司治理结构是一整套指导和控制公司运作的制度安排，其含义可以从狭义和广义两方面去理解。狭义的公司治理结构仅包括公司的内部治理结构，是指建立在委托代理关系基础之上的股份公司，为了解决委托代理合约的不完全性问题和实现股东利益最大化，而对董事会、监事会和经理层三者之间的制衡关系、决策机制及激励机制做出的一种制度安排，包括股东大会、董事会、监事会、激励机制。广义上的公司治理结构除内部治理结构外还包括为保证公司内部治理结构有效运作和科学决策的外部监控机制，如控制权市场、经理人市场、外部审计等①。那么，在什么样的公司治理结构下更容易发生会计信息舞弊呢？国外从规范和实证两方面对公司治理结构与会计信息舞弊的关系进行了研究。

规范研究方面：美国著名的 Treadway 委员会在其划时代的“1987 报告”中，通过对会计信息舞弊成因的分析，建议从公司治理结构方面采取如下四道防线来防止会计信息舞弊：高层的管理理念；业务经营中的内部控制；内部审计；外部独立审计[69]。Barker，Donald and Michael（1976）[70]的研究认为，应对高层管理人员建立控制系统，或通过审计委员会的复核等预防高层管理人员的舞弊行为。Elliott and Jacobson（1986）[71]的研究认为，管理当局应通过确保控制环境、董事会、审计委员会和内部审计的有效性，以预防和发现会计信息舞弊。规范研究的成果表明产生会计信息舞弊的主要原因在于公司薄弱的治理结构。

实证研究方面：Beasley（1996）[72]运用 logistic 回归方法对董事会成员构成与会计信息舞弊之间关系的实证研究表明，舞弊公司董事会成员中外

① 传统的公司治理大多只是关注公司内部的治理结构安排，而实际上外部监控机制对于完善和优化公司内部治理结构是必不可少的重要环节，它与公司内部治理共同作用才能保证公司治理的有效运行。

部董事的比例显着地低于非舞弊公司，即外部董事的比例与会计信息舞弊的可能性显着负相关，公司董事会中的外部董事所占的比例越大，越能降低会计信息舞弊发生的可能性，但审计委的存在和组成并不显着地影响会计信息舞弊发生的可能性；董事会中外部董事的任期增加、持股比例增加、在其它公司任职减少使会计信息舞弊发生的可能性下降；董事会规模小，会计信息舞弊发生的可能性下降。Beasley（1998）[73]对舞弊公司和非舞弊公司董事会构成的进一步比较研究发现，舞弊公司的董事会在构成、任期、持股水平、在审计委员会中的作用方面与非舞弊公司有很明显的差别，与前述结论基本一致。

而 DeFond and Jiambalvo（1991）[74]对公司治理特征与会计错误发生的关系的 logistic 回归分析发现，高估盈利与松散的股权结构呈正相关，与审计委员会呈负相关，单变量检验肯定了审计委员会的重要性。COSO（1992）的报告《内部控制——整体框架》从董事会这一公司治理视角分析了会计信息舞弊问题。该报告发现，舞弊公司独立董事所占比例比非舞弊公司小；舞弊公司董事会中灰色董事的比例大于非舞弊公司；舞弊公司外部董事和独立董事的任期比非舞弊公司短；舞弊公司外部董事和独立董事所持股权比例比非舞弊公司低；舞弊公司设置审计委员会的比例低于非舞弊公司，因而审计委员会能够加强董事会对管理当局的监督，更好地分析和理解公司的财务报告问题。Loebbecke and John（1992）[75]的研究也得出了与 COSO 报告相似的结论。 Dechow，Sloan and Sweeney（1996）[58]的研究表明，公司薄弱的治理结构是导致会计信息舞弊的“催化剂”，在薄弱的公司治理结构下，公司的董事会很有可能被管理者所控制，很有能由总经理兼任董事长，总经理很有可能是公司的创建者，很少设立审计委员会，很少有外部的大宗股票持有人，也即如果内部董事占全体董事的比例越高，或公司董事长与总经理是同一人，或公司未设立审计委员会等，该公司越可能进行会计信息舞弊。Dwright（1996）[76]研究了公司治理结构的特点与财务报告质量的关系。其中用于计量公司财务报告质量的指标是分析师对公司信息披露的评价和违反美国证券交易委员会（SEC）会计与审计起诉公告（AAERs）的出现。实证结果表明，财务报告被分析师评级较高的公司，在董事会中尤其是审计委员会中有较低比例的内部董事和灰色董事，而违反美国证券交易委员会（SEC）会计与审计起诉公告（AAERs）公司的审计委员会有着较高的内部董事和灰色董事，也即审计委员会中的内部董事和灰色董事所占的比例与公司财务报告的质量负相关。McMullen，Dorothy，Raghunandan and Rama（1996）[77]的研究发现，舞弊公司设置审计委员会的比例低于非舞弊公司，内部董事持有公司较高比例的股权。La Porta 等（1998）[78]的研究表明，股权集中度与会计信息舞弊正相关。COSO（1998）的报告《财务报告舞弊：1987－1997》指出，舞弊公司的规模相对较小，而舞弊公司内部控制环境方面的特点在于：公司的高层管理者常常参与舞弊；注册会计师普遍参与舞弊，公司更换注册会计师审计人员的频率较为频繁；大多数的审计委员会一年只开一次会或根本没设审计委员会；董事会被公司的内部人和“灰色”董事①所控制，他们持有公司较多的股份，又很少是其它公司的外部董事；公司的董事和（或）管理者的亲戚关系很普遍，公司的创立者和现任的 CEO 在公司有重要的权利。Chtourou 等（2000）[79]发现董事会规模与会计信息舞弊负相关。Beasley，Carcello，Hermanson and Lapides（2000）[80]通过对 1987 年发生在三个不稳定行业——高科技行业、保健行业、金融服务行业的 66 家会计信息舞弊公司的分析后发现，与同行业未舞弊的公司相比较，舞弊公司都有着非常薄弱的公司治理机制；科技行业和金融服务行业的舞弊公司较少设立审计委员会，而且这三个行业的舞弊公司都有着较少的独立董事和独立的董事会；科技行业和保健行业有较少的审计委员会会议，这三个行业的舞弊公司都缺乏足够的内部审计的支持。Carcello and Neal（2000）[81]也指出，对一些陷于财务困境的公司而言，独立董事在审计委员会中的比例越大，注册会计师在其审计报告中对公司能否持续经营表示意见的可能性就越大。该研究支持蓝带委员会 1999 年关于建立完全独立的审计委员会的提议。Abbott，Parker and Peters（2002）[82]分析了舞弊公司审计委员会特征后发现，审计委员会的独立性和每年的开会次数与财务报告舞弊呈显着负相关，审计委员会中财务专家的缺少与财务报告舞弊呈显着正相关。显然，其研

---

① 所谓“灰色”董事是指与公司或公司的管理者有某种关系的外部董事。

究结果进一步强调了蓝带委员会提出的关于提高公司审计委员会独立性的重要性以及财务专家在审计委员会中的必要性。显然，上述研究与Beasley的结论不一致。

（3）关于舞弊公司财务特征的研究

国外学者在检验舞弊公司的治理结构特征时，也检验了舞弊公司的财务特征。

Groveman（1995）[83]的研究认为：高估存货、采用激进的会计处理方法和不恰当的收入确认方式、少计准备和损失、低估成本和费用、非正常的交易以及关联方之间的交易可以作为会计信息舞弊的指示器，如果这些情况出现，审计人员应该持怀疑态度并进行进一步的调查，以确定会计信息舞弊是否存在。Persons（1995）[84]的研究表明：行业是影响会计信息舞弊的一个重要因素，计算机及数据处理服务行业、科学和医药仪器制造行业和家庭用具及电气设备制造业和计算机制造业等行业的会计信息舞弊比较集中。他在运用Stepwise-logisitic方法的研究中发现：舞弊公司比非舞弊公司有更高的财务杠杆、更低的资本周转率、其流动资产的比例更高，其中绝大部分是存货和应收账款，公司规模通常较小。此外他还发现被SEC采取强制行动的公司中，有大约75%的公司高估应收账款和存货，而因存货而卷入法律诉讼的审计师频率高出很多。Dechow， Sloan and Sweeney（1996）[66]研究发现，与控制样本相比，舞弊公司报告了更多的应计利润，舞弊公司的经营活动现金净流量/总资产的比值较低。Summers and Sweeney（1998）[67]对内幕交易与会计信息舞弊之间关系的实证研究发现，在舞弊发生前一年，舞弊公司明显有较高的存货周转率、较快的销售增长和较高的总资产报酬率；内幕人（即经理人员） 为了保护或增加自己的财产，会在舞弊财务报告被发现或舞弊财务报告带来负面影响以前进行有益于自己利益的股票交易行为。因而，他们认为，内幕交易是预示舞弊潜在可能性的信号，可以通过内部人交易变量和公司具体财务特征区别舞弊公司和非舞弊公司。Lee，Ingram and Howard（1999）[85]对应计部分（盈余减去经营活动现金流量之差）在揭示会计信息舞弊中的作用进行分析和论证后发现，会计信息舞弊与高水平的应计部分相联系，包含“净利润-经营活动现金流量”这一解释变量的模型的预测力显着高于不包含这一解释变量的模型，即“净利润-经营活动现金流量”在判别会计信息舞弊时是一个重要的信号。当然，如果结合存货、应收账款等项目的分析，将会产生更好的效果。不仅如此，舞弊公司的自由现金流也低很多，与非舞弊公司比较，舞弊公司通常发行更多的权益类证券、有更高的财务杠杆、有更多的应收账款余额和更高的销售增长率、有相对其资产更高的市场回报和市场价值，但其资产和销售绝对额通常较小。Bell and Carcello（2000）[86]logistic 回归分析的结果表明，虚弱的内部控制环境、公司的高速成长、不理想的或者与长期趋势不一致的获利水平、过度强调盈利预期的管理层、欺骗或逃避审计师的管理层、对财务报告野心勃勃的管理层等都是会计信息舞弊中具有显着性的风险因素。 Joseph T Wells（2000）研究认为：绝大多数舞弊财务报告的披露涉及到对资产、重大事项、管理舞弊、会计政策变更、关联方交易等5类事项的故意遗漏。对财务报告舞弊颇有研究的美国 Coopers & Lybrand（2000）会计师事务所，总结出 29 面“红旗”，当出现这些“红旗”的时候，就需要格外关注公司管理当局是否有舞弊的可能，其中涉及到舞弊公司的财务特征有：现金短缺、负的现金流量、营运资金及/或信用短缺，影响营运周转；融资能力（包括借款及增资）减低，营业扩充的资金来源只能依赖盈余；成本增长超过收入或遭受低价进口品的竞争；发展中或竞争产业对新资金的大量需求；单一或少数产品、顾客或交易的依赖；夕阳工业或濒临倒闭的产业；因经济或其它情况导致的产能过剩；现有借款合约对流动比率、额外借款及偿还时间的规定缺乏弹性；迫切需要维持有利的盈余记录以维持股价；主管有不法前科记录；存货大量增加超过销售所需，尤其是高科技产业的产品过时的严重风险；盈余品质逐渐恶化等。

就国外研究来看，不论是规范研究还是实证研究都证明了公司治理结构是会计信息舞弊的根本原因，但是在公司治理结构对会计信息舞弊的影响的实证研究方面，由于样本的限制，研究绝大部分是以案例分析的方式出现，仅有的几篇实证研究也主要是从股权结构、董事会特征两方面对会计信息舞弊的影响进行研究，没有公司治理的其它方面（监事会特征、激励约束等）对会计信息舞弊的影响的研究，使这方面的研究不全面系统。

c. 关于识别会计信息舞弊风险因素的研究

舞弊风险因素也被称作“红旗”，是指公司的经营环境中可能存在故意错报高风险的症兆。这些“红旗”的特征比其它特征更能指示舞弊存在的可能性，其作用是增加独立审计师对管理者产生舞弊动机的职业关注，提高其对舞弊风险领域的警觉。注册会计师一旦发现这些“红旗”，就应该执行适当的审计程序，以尽量发现和揭露舞弊行为。至于哪些因素是舞弊风险因素，美国 AICPA 和许多学者都进行了分析和研究，总结出了一大批认为能够显示会计信息舞弊的“红旗”标志。

Albrecht & Romney（1986）[87]以问卷调查方式证实了“红旗”可作为公司会计信息舞弊的征兆，实践也证明了 86 个“红旗”具有显着的指示器作用。他们的研究发现，许多良好的预警指标都与管理人员的个人素质有密切关系，例如关键执行人员独断专行等；同时，许多针对公司的指标，如业务经营显着恶化等，却并不显着也不可测。而 Treadway Committee（1987）的报告认为：财务报告舞弊通常与那些正处在财务困难中的公司联系在一起。Cottrell and Albrecht（1994）[88]对卫生保障行业的研究表明，可识别的会计信息舞弊征兆分为会计处理方法前后不一致、内部控制不力、财务分析异常、高级管理人员生活方式变化、高级管理人员行为变化、秘密消息或抱怨等六类。Albrecht、Wernz and Williams（1995）[89]从经验的角度提出了管理舞弊的征兆：如经营业绩的异常、某些可能预示特定动机的管理当局的特征、组织结构的异常以及与外部交易主体之间违规关系的存在等。他们还指出了会计、控制和组织结构方面的一些征兆，比如基础会计资料的违法违规、错误的会计账户以及内部控制的不力、过度复杂的组织结构等。他们还认为，通过分析财务报告能够发现一些征兆，比如，财务报告中出现的一些无法解释的变化、在一个充满危机的基础上经营、报告有利收益的迫切需要、一些非同寻常的大额和获利丰厚的交易、收益质量的不断降低、高额负债或者其它利益负担以及无法及时收回应收账款或者其它现金流量问题。另外，费用增长速度快于收入增长速度、依赖于单一产品或巨额法律诉讼、经常更换外部审计师、管理层频繁变动、关联交易、与客户或供应商之间不同寻常的关系等也是舞弊的征兆。Beneish(1997)[59]、Beneish（1999）[68]对舞弊公司和非舞弊公司进行比较研究发现，违背 GAAP 的公司比那些没有违背 GAAP 的公司年轻、杠杆特征更加明显、增长速度更高、股价表现更差。所以，他认为，公司的历公司历史、财务杠杆程度和增长速度以及股价的表现可作为初步判定会计信息舞弊的风险因素。而且，应计利润对总资产的比例与违背 GAAP 年份的违背值呈负相关关系，而与违背 GAAP 之前的应计值更可能成正相关关系。因此，应计利润与总资产的比例之间的正相关关系也是财务报告舞弊的一种征兆。另外，Beneish 研究会计信息舞弊与某些财务报表变量之间的关系还发现，公司应收款项大幅增加、产品毛利率异常变动、资产质量下降、销售收入异常增加和应计利润率上升也是会计信息舞弊的征兆。同时，Beneish 的研究也发现了经理人员在盈利高估时倾向于销售他们所拥有的股份或执行期权，因此他认为监控经理人员的交易行为可能有助于发现高估盈利的相关信息。

AICPA 的 SAS No. 82（1987）和 SAS No.99（2002）准则，都特别列示了识别舞弊风险的因素。SAS No.82 从管理当局的特征及其对控制环境的影响力、经营特点、行业状况、财务的稳定性等方面列举了一系列与管理当局舞弊有关的典型风险因素，比如：盈利目标过度夸张并在这些目标基础上设计管理当局薪酬奖励机制；管理当局过分关注股票价格及盈利趋势，不惜通过运用不当的会计处理方法维持一定的股价和盈利趋势；管理当局给执行人员定下过高的财务目标和预期；在经营活动无法产生足够现金流量的情况下仍然出现盈利甚至盈利的增长；资产、负债的计量，收益、费用的确认以大量的会计估计为基础，这些估计大量运用主观判断；重大关联方交易的发生。当这些风险因素存在时，公司出现会计信息舞弊的可能性大大增加。尽管美国注册会计师协会审计准则委员会认为这些风险因素不能被简单地按重要性排序，或者计入有效的预测模型，但是 Barbara A Apostolou（2001）[90]还是通过对 140 名审计师（其中：43 名来自“五大”、50 名来自地区事务所、47 名是内部审计师）的调查，对 SAS No.82 中涉及的风险因素按重要性进行了评估，结果发现，通常情况下，管理当局的特点及其对控制环境的影响力是反映公司舞弊的最重要的警告信号，其次是经营特点、财务的稳定性，最后是行业状况。SAS No.99 也在其附录中分别列举了与舞弊动机或压力有关的风险因素、与舞弊机会有关的风险因素和与舞弊态度或自我合理化有关的风险因素。首先，管理层有动机或面临着压力，为管理者舞弊提供了原因；其次，有环境的存在，如缺乏控制，管理者凌驾于控制之上等，这为管理者舞弊提供了一定的机会；最后，管理者能为他们的舞弊行为寻找到合理的理由。一些管理者的态度、价值观等使他们故意或蓄意地进行不诚实的行为，然而一些诚实的管理者在面临着足够大的压力下，在一定的环境里，也会发生舞弊。动机或压力越大，管理者越能为自己的舞弊行为找到合理的理由。

d. 关于会计信息舞弊识别方法的研究

由于会计信息舞弊行为一般非常复杂和隐蔽，对于会计信息舞弊的判定研究始终缺乏实质性的突破。大量研究证实，分析性程序是一种应用十分广泛而且颇为有效的审计方法，尤其在识别会计信息舞弊方面作用相当明显，相当比例会计信息舞弊案件的曝光最初源于分析性程序中发现的线索，而且从大量会计信息舞弊案件事后看，只要实施简单的分析性程序就可以察觉舞弊的端倪[91]。如 Coglitore and Berryman（1988）[92]和 Calderon and Green（1994）[93]证明，简单的分析程序是识别会计信息舞弊的有效工具，它能揭示财务报告项目的显着变化和异常关系。AICPA 的 SAS No. 56 明确要求审计人员“在审计计划阶段和结束阶段必须实施分析性程序”。

然而，会计信息舞弊行为日益复杂，简单的分析性程序越来越力不从心，财务学者们开始求助于统计判定模型或复杂模型。Loebbecke，Willingham（1988）分析了大量的 AAERs，以确定可能的舞弊风险因素。他们建立了一个模型（以下简称 L/W 模型），认为在以下三种状况下，可能发生会计信息舞弊，即：企业产生舞弊的内部条件（C）、管理层舞弊的动机（M）和管理层的道德观念（A）。审计人员根据 L/M 模型，要对公司实体允许发生舞弊程度的情况进行判断，要注意管理当局有无动机实施舞弊以及管理当局的价值观如何，他们是否可能故意实施会计信息舞弊行为。Loebbecke，Eining，Willingham（1989）选取 77 家舞弊公司，根据每一个舞弊红旗在舞弊案件中的出现次数，用单变量卡方检验测试了上述 L/W 模型中的三类舞弊的识别能力，研究发现，77 个舞弊案件中的大部分（88%）都至少存在着 L/W 模型中的三种舞弊因子中的一种。但是因为样本中只有被发现后的舞弊案件，因此不能评价该模型的判别力。Bell，Szykowny and Willingham（1993）[94]选取了 77 家舞弊公司和 305 家非舞弊公司，建立了一个可以预测舞弊总体概率的模型，对每一个舞弊红旗在舞弊公司和非舞弊公司报告中出现的频率进行了卡方检验，以测试舞弊红旗在舞弊公司和非舞弊公司报告中的出现频率是否有显着性差异。研究结果表明，预测能力较强的舞弊红旗按相对重要性依次排序为：企业内部条件，包括内部控制薄弱、重大难以审计的交易、快速的增长、公司与员工存在利益冲突、组织结构分散而且缺乏有效的控制、决策由一个或少数几个立场一致的人控制、管理层没有经验、有争议的会计处理较多；动机，包括过于重视利润目标、盈利能力不足或不一致、面临不利的政策或法律环境；管理层的态度，包括管理层说谎或推脱责任、过于重视利润目标、对财务报告持激进态度、管理层不诚实、管理层经常与注册会计师发生争执、快速增长、性格古怪、员工与公司存在利益冲突、在业内有不良声誉、对监管机构或法规不尊重。但是，这个预测模型的总体正确率只有大约 49%，不能使会计师事务所感到满意。Bell & Carcello（2000）[86]选用了与 Bell， Szykowny and Willingham（1993）[94]相同的方法和样本，建立和测试了一个 Logistic 回归模型，以评价舞弊财务报告发生的可能性。在该模型中，重要的风险因素包括：薄弱的内部控制环境、公司快速的发展、盈利能力与同行业不一致、管理层过分强调满足盈利目标、管理层说谎或推诿责任、公司的性质（上市公司或非上市公司）、薄弱的内部控制与激进的管理层的相互作用等。该模型在评估舞弊公司的风险时比注册会计师的判断要准确的多，而在评估非舞弊公司时，二者不存在显着的差异。

Ameen and Strawser（1994）[95]指出，审计人员在实务中运用最为广泛的定量分析程序是简单的模型，这种分析程序往往将报告值与期望值相比较，并针对研究结果提出建议。复杂的模型可让审计人员和会计信息使用者同时考虑公司财务状况和经营成果的各个方面，利用舞弊公司和非舞弊公司过去的数据，用模型判别公司是否具有舞弊的动机和可能。Persons（1995）[84]运用逐步 Logistic 回归模型成功判定了大部分的会计信息舞弊，并指出会计数据包含甄别会计信息舞弊的有效信息。Boatsman et al（1997）[96]，Hansen et al（1997）[97]利用模型评估舞弊风险和无辅助条件下评估舞弊风险系统进行比较分析，一个共同的发现是：与不采用辅助系统的独立审计师相比，采用模型判断舞弊与事实更相符。Green and Choi（1997）[98]以财务指标为输入变量，采用人工神经网络（ANN）技术构造了建立在原始财务数据基础上的会计信息舞弊判别模型，并发现这一模型将大大改善独立审计师发现舞弊行为的能力，且在以随机样本为基础使用时非常有效，并建议审计师在审计初始阶段使用该模型。Fanning and Cogge（1998）[99]采用人上神经系统网络构造侦察管理者舞弊的模型，模型包括 8 个具有较高侦察能力的变量。在审计的初始阶段，审计人员可以根据这一技术建立的模型判别财务报告是否存在舞弊，并据此增加现场作业的实体性检验。但由于这一技术采用“黑箱”体系结构，这些模型缺乏解释能力，并且模型还需要输入大量的数据和大量的时间。Eining et al（1997）[100]研究认为，逻辑模型和专家系统是较为精确的审计决策模型，将有助于审计人员识别管理舞弊风险。但也有研究指出，虽然依靠决策支持系统评估舞弊风险最有效，但因决策结果和决策支持系统所涉及的技术特点，导致独立审计师不愿意依靠决策支持系统评估舞弊风险，特别是当独立审计师的专业技能及表现欲增加时，这种不情愿就越明显。Boatsman et al（1997）[96]的研究表明，随着独立审计师对其判断的自信心上升，他们就越来越不愿意依赖决策支持系统。另一技术是美国印第安纳大学 Beneish（1997）[59]教授提出的概率分析方法。与 ANN 模型不同，概率分析法更容易被掌握，实施的成本更低。模型产生的利润操纵指数由组合后的财务变量值得到，进而转化为利润操纵可能性。其研究采用了财务报告中的六个变量来抓住财务报告失真的信息，以估计模型的判别能力。Summers and Sweeny（1998）[67]利用 51 家舞弊公司与 51 家非舞弊公司的配对样本进行比较，通过建立 cascaded logit 模型，检验了财务报告舞弊与内幕交易的关系。研究结果发现，这两个样本的内幕交易变量和重要的财务报表控制变量存在着差异。在舞弊期间，舞弊公司的内部人通过重要的卖出活动（如增加交易次数、交易股数、交易金额等）减少了对本公司股票的持有。研究结果表明，内幕交易活动可以作为一种风险因素用于外部审计人员评估舞弊发生的可能性。Beneish（1999）[68]还提出利用会计数据判别上市公司是否存在会计信息舞弊的思想，他以 1987~1993 年间受美国证监会处罚的 74 家公司为会计信息舞弊样本，以其它上市公司为正常样本，基于 8 个财务指标建立了 Probit 回归预测模型（会计信息舞弊识别模型），该模型的准确预测率达到 75%，并在实际中得到了一定程度的运用。Bell & Carcello（2000）[86]以来自 KPMG 审计实务中的 77 个实施舞弊的公司和 305 个未实施舞弊的公司为样本，运用

Logistic 回归模型证明了基于经验数据的预测模型对于舞弊公司的判定成功率比经验丰富的审计师表现远远出色。外部审计人员可用这一模型估计财务报告发生舞弊的可能性。在最终的回归模型中包含的重大风险因素有内部控制的不力、公司的高速增长、不理想的或者与长期趋势不一致的获利水平、管理当局对实现盈利预计的过度强调、向审计师传递虚假信息或者躲避审计师的管理当局、所有权结构以及在财务报告态度的进取性和内部控制虚弱之间的相互作用情况。Spathis，Doumpos and Zopounidis（2002）[101]以希腊舞弊公司与非舞弊公司为样本，采用多标准分析、单变量和多变量统计技术建立了包含 Z 计分值和不包括 Z 计分值的模型识别舞弊性财务报告的可能性。其研究表明：多标准判别协助方法比传统的 Logistic 回归和 Probit 回归判定方法更有效，财务信息的研究对判别财务报告舞弊非常有帮助。结果也显示了财务比率(如负债/总资产、存货/销售收入、净利润/销售收入、销售收入/总资产)在识别财务报告欺诈中的重要性。Lin，Hwang and Becker（2003）[102]根据收益指标和收益趋势构建了基于模糊神经网络的会计信息舞弊判定模型，实证结果表明它可以有效地减少审计师的偏见或弥补审计师的不足。

注册会计师在进行审计时，通过对被审计公司的重要舞弊风险因素进行评估，可以尽早识别公司的舞弊行为，降低审计风险。“红旗”信号对注册会计师发现公司的舞弊行为比较有效，但是注册会计师所分析的大量信息，尤其是管理层的态度等信息，对于广大投资者和监管部门而言，都是非公开信息，也是不可观测的。因此广大投资者和证券监管部门利用“红旗”信号来识别上市公司财务报告舞弊具有一定的难度。

e. 关于审计意见对会计信息舞弊的反应及其影响因素的研究

关于审计意见与盈余管理的关系，西方学者已经进行了大量的研究，但关于盈余管理的计量方法不一样，并且得出的研究结论也不一致。

许多研究发现审计意见与盈余管理是有关联的，审计师是能够识别企业的盈余管理，并通过审计意见传达给投资者的。比如：Eli，Ferdinand 和 Judy（1998）将盈余管理与审计意见联系起来考察。在该文中，他们首先检验了不同的盈余管理检测模型的效率，然后将其与审计意见类型联系起来。他们发现企业的盈余操纵程度越高就越有可能被出具保留意见的审计报告。其潜在逻辑是：盈余操纵扭曲了会计信息、增加企业的可能风险；在有效的审计市场上，注册会计师应能审计出企业的盈余操纵情况。因此，企业盈余操纵程度越高，被出具有保留意见的可能性越大。随后，Becker等（1998）研究发现审计限制盈余管理的作用是随审计质量的变动而变动的，较高审计质量更易发现和报告会计错误和违规。Francis 和 Krishnan（1999）认为：具有较高应计利润的公司，更有可能被出具非标准无保留意见，通过对大样本美国上市公司的研究，他们找到了支持其论点的证据。Bartov 等（2000）等利用 Jones 模型和修正 Jones 模型，也验证了可控应计利润与审计意见之间的相关关系。

但是，也有部分学者得到了相反的结论。Vander 等（2003）对比利时非上市公司和上市公司盈余管理进行研究，发现在存在调低利润盈余管理行为的审计中，原“六大”会计师事务所的审计质量高于其他会计师事务所，说明会计师事务所的规模对审计质量有影响。但是，该结论在对调高利润行为的审计中却没有得到验证。Marty 等人（2004）对大样本美国上市公司的审计意见内容进行了具体研究，探讨了企业收到的非标意见是否与非正常应计利润有关。他们发现：只有在收到了“持续经营能力”审计意见的上市公司中，非标意见与非正常应计利润之间有关系，并且这些公司具有可能由于严重的经济压力而导致的较大的负应计数。他们的研究否定了收到非标准审计意见的上市公司要比收到标准审计意见的上市公司的盈余管理程度大的结论。

国外学者对于注册会计师审计意见影响因素的研究相对较早，研究所涉及的指标包括与注册会计师事务所有关的因素以及与客户有关的因素，主要的研究成果如下：

Mutchler 和 Williams（1990）；Joey（1993）得出在上一期被出具“非标”意见的公司更容易在后续年度当中被出具“非标”意见。

DeAngelo（1981）；Beaker et al.（1998）研究得出了会计师事务所的规模对审计意见的类型有影响，前“五大”更有可能对存在财务危机的企业出具非标准的审计意见。但是，Charles 和 Stanley（1996）研究却表明，规模大的会计师事务所比规模小的事务所所界定的重要性水平高，即同样的变更利润影响数，大规模事务所出具非标意见的比例比小规模事务所的要小。他们的解释是小规模事务所缺乏明确的重要性的判断依据，就倾向于发表非标准审计意见来降低其审计风险。

Chen 和 Church（1992）；Louwers（1998）研究得出审计师变更，上市公司危机程度严重，上市公司危机显性化（出现净亏损、债务违约、涉及法律诉讼）时，审计师不仅比较容易察觉公司持续经营危机，而且相对容易说服客户从而出具“非标”意见。Defond 和 Subramanyam（1998）的研究也发现，即使公司变更了审计师，后任审计师仍会对公司的报表持保留的谨慎的态度。

Defond et al.（2002）检验了非审计业务费用占审计费用的比重对持续经营疑虑的审计意见的影响。研究结果显示非审计业务占审计费用的比重并不会影响审计师出具的审计意见类型。回归分析的结果同时显示了控制变量中公司的破产指数和分红的大小以及上期的盈利状况对持续经营的审计意见有显著影响。

Charles 和 Stanley（1996）研究表明，被审计单位的资产规模也是影响注册会计师发表非标意见的因素之一。他们将不同规模的公司进行分组，结果表明：随着客户规模的增大，被出具非标意见的可能性也随之增大；卡方检验也显示这两组规模的公司，被出具非标意见与标准无保留意见的公司数目在 0.01 的水平上有显著差异。但是，上述研究对注册会计师为何出具非标意见（即非标意见的涉及事项）并没有专门说明。Bonmer et al（1998）的研究却得出了被审计客户的规模大小与审计意见的类型没有显著相关性。

Carcello 和 Neal（2000）研究了公司的审计委员会结构与持续经营疑虑的审计意见类型之间的关系，用 Logistic 模型进行回归分析的结果显示审计委员会的组成对会计师的审计意见有显著影响，审计委员会成员与公司关系越密切公司被出具持续经营疑虑意见的可能性就越小。该研究选择了债务违约、上期的审计意见类型、公司规模、公司的发展阶段等指标作为研究的控制变量，回归的结果显示债务违约和上期的审计意见类型与持续经营疑虑的保留意见是显著相关的，客户规模与持续经营疑虑的保留意见之间是负相关关系。

Reynolds 和 Francis（2001）以 1996 年经美国“五大”会计师事务所的

各分所审计的2439个存在财务危机可能性的公司为样本，定义客户的影响力为某客户的销售额占所有客户销售额的总和之比。然后在诸多其他控制变量的约束下，以某客户的影响力为自变量，以审计意见类型为因变量进行回归分析，检验公司对各事务所的影响与会计师出具的审计意见的相关性，研究客户对事务所各地分所的重要性与审计意见类型的相关性，结果显示客户的影响力与审计师是否出具标准意见的审计报告有着负的相关性。

2.1.2 文献评述

从以上国外文献回顾来看，国外在盈余管理市场反应与识别研究方面开展得较早，且已取得丰硕的研究成果和长足的进展，这不仅体现在研究的广度上，也体现在研究的深度上，且在实践中发挥了理论先行与实践指导作用。但就其对会计信息舞弊市场反应与识别研究内容而言，主要开展了会计信息舞弊行为市场反应与识别的检验、舞弊公司的特征、识别会计信息舞弊的风险因素以及会计信息舞弊市场识别的方法四方面的研究，在会计信息舞弊市场反应与识别检验的研究方面，更多的是从投资者对盈余管理的识别方面开展了与会计信息舞弊市场反应密切相关的盈余管理（或盈余操纵，下同）市场反应的研究，但这方面尚未取得一致的结论，有时甚至是相互矛盾的。就研究方法而论，既有规范研究又有实证研究，但大多主要集中于现状描述和理论分析层面，对盈余管理市场反应与识别影响因素的实证分析比较少，而且缺乏多重变量分析，笔者认为这也是研究结论相互矛盾的主要原因之一。另外，大量的实证研究都是重复一些前人已做过的工作，有创新的工作极少，研究的边际收益递减规律已经在起作用。

在舞弊公司特征、识别会计信息舞弊的风险因素以及会计信息舞弊市场识别的方法方面，从研究方法上，既有规范研究又有实证研究；从研究内容上，把舞弊公司的特征作为一种经验分析引入到识别会计信息舞弊的研究中来，使识别研究体现了强有力的预警功能，这有助于会计信息使用者提高反舞弊的技术水平，尤其对降低投资者投资风险和注册会计师审计风险方面有着极大的现实意义，也为研究我国上市公司会计信息舞弊识别、防范与治理提供了非常重要的借鉴，但国外的研究成果对解决我国上市公司会计信息舞弊识别问题有一定的局限性：首先国外的研究多是基于英美等少数发达国家，限制了研究结论的说服力；其次，研究是基于成熟的资本市场和完善的法律框架背景下，从而限制了研究结论的适用性；最后，把公司治理结构因素引入实证研究时，主要是从内部治理结构方面，多集中于股权结构、董事会特征两方面的研究，而对于外部治理结构的研究较少。

关于盈余管理与审计意见关系的研究，由于在盈余管理的计量上还存在比较大的争议，尚没有找到一个公认的完美可靠的计量方法，所以有关盈余管理与审计意见相关性的实证研究必然存在一定的缺陷，并且得到的结论也不一致。但是对我们本文研究会计信息舞弊这种极端的盈余管理行为和审计意见的相关性具有很好的借鉴作用，为我们的研究提供了思路。有关审计意见的影响因素的问题方面的研究，在因变量选择上，国外研究的重点主要集中于有关指标对注册会计师出具持续经营能力不确定审计意见的研究上，所以因变量一般为持续经营疑虑审计意见和无保留意见。国外文献涉及的自变量主要包括与注册会计师事务所有关的指标和与客户有关的指标。在模型选择上，主要采用了 Logistic 模型。对我国在审计意见的实证研究方面有着很好的借鉴作用。但鉴于国内外资本市场的差距，在一些变量选择和模型建立上，我们必须从本国实际出发。

2.2 国内文献回顾与评述

由于我国证券市场建立的时间较晚，在过去相当长的时期内，我国主要对会计信息失真问题进行了大量研究，对会计信息舞弊现象的关注只是近期的事，相对于国外较为丰富的研究成果，我国对上市公司会计信息舞弊市场反应与识别问题的研究刚刚起步，相关论文和专著的数量明显少于国外。

2.2.1 文献回顾

a. 关于投资者对会计信息舞弊行为市场反应与识别检验的研究

与国外一样，我国对会计信息舞弊行为市场反应与识别检验的研究也主要从投资者对盈余管理的识别方面展开。在我国，股市由市场分裂而形成的流通股新股发行机制是由“市盈率”来定价的，而市盈率定价机制是由新股发行企业业绩来确定，因此“业绩舞弊”就成为上市“圈钱”的捷径，出现了很多上市公司“一年上市、两年亏损、三年 ST、四年 PT、五年退市”的局面。公司上市后，配股又成为上市公司的最佳融资渠道，甚至亏损上市公司为了争取配股，也采取了会计信息舞弊办法，使证券市场的资源优化配置功能受到损害。

可喜的是，关于会计信息舞弊市场反应与识别及会计信息有用性的研究近几年在国内呈现出逐渐增加的趋势。会计研究实证方法的引入，更是从另一个角度推进了其研究的深度。例如，蒋义宏等（2002）[103]从 IPO 公司、亏损上市公司、配股管制和 B 股上市公司等几方面研究了中国当前上市公司利润操纵的问题。研究发现，上市公司在亏损年度“一次巨亏”和扭亏年度“一夜暴富”，会计信息失真从一个极端（虚增亏损）走向另一个极端（虚增利润）的现象，并首次提出了“上市公司会计信息失真的两个极端”这一观点；同时，王跃堂、罗慧（2001）[104]以我国资本市场的规范和发展提供政策建议为出发点，重点考察了西方盈余管理的资本市场观，并认为，我国证券市场监管政策之所以成为上市公司盈余管理的诱发因素，原因在于市场监管沿用了计划行政性的管理体制，因此要消除这些诱发公司进行盈余管理的政策因素，就必须继续推进监管政策的市场化改革。

同时，赵宇龙[105]的研究证实了我国的会计盈余资料具有信息含量，且找到了不支持我国证券市场具有半强式效率的证据；陈晓、陈小悦、刘钊[106]的研究证实，在中国 A 股这一独特的新兴资本市场上，盈余数字同样具有很强的信息含量，上市公司应主动披露公司的会计信息，不断改进信息披露质量以提高企业的市场价值；孙铮、王跃堂（1999）[107]以所有上市公司为样本，对其净资产收益率的分布进行统计检验发现，上市公司盈余操纵突出表现为“配股现象”、“微利现象”和“重亏现象”，其中“微利现象”的存在使得应被特别处理的公司未被特别处理，应被摘牌的公司未被摘牌，这必然使得市场风险剧增，资源被低效或无效占用，甚至被浪费；“配股现象”使得证券市场中有限的追加资源被不合理的分散化；而“重亏现象”的后果是扭曲了公司前后期经营的真实情况，误导投资者的判断和决策，进而也损害了证券市场的资源优化配置功能。王跃堂、孙铮、陈世敏[108]的研究指出，会计信息对于证券市场的投资者是有用的，执行的一系列的改革政策使得净资产的价值相关性显着提高，而会计盈余的价值相关性并未得到提高；张为国和徐宗宇（1997）[109]从《企业会计准则》的实施，特别是我国证券市场发展对实证会计研究，尤其是对会计政策研究的迫切需要出发，讨论了实证会计研究的性质、特点、必要性和可能性，认为建立会计准则为核心的我国会计改革，使企业拥有较大的会计选择权，从而为会计选择行为方面的实证研究提供了支持。朱伟骅（2003）[110]的研究发现，整体而言，对上市公司公开谴责的效果不明显，受公开谴责的上市公司的平均超额收益率 AAR 波动表现几乎和被谴责的信息没有很强的相关性，AAR 下降的一波通过了公告日，在随后 1 天左右达到波谷，之后就表现出回升趋势，可谓波澜不惊。说明公开谴责对上市公司而言，没有很大的惩戒作用，公开谴责对违规公司而言，所带来的成本要小于信息披露违规带来的收益，甚至多期博弈也难以遏制违规。高大为、魏巍（2004）[111]选取我国上市公司作为样本进行实证分析，得出了我国上市公司盈余管理与资本结构负相关，资产结构与资本结构正相关，公司规模指数与资本结构正相关，非债务税盾与资本结构负相关，公司成长指数与资本结构正相关等结论。

b. 关于舞弊公司特征的研究

虽然会计信息舞弊的产生具有一定的成因，但当这些因素存在时，它们会通过形形色色的方式表现出来，因此，我国开始研究舞弊公司的特征。但国内对于上市公司会计信息舞弊问题的研究主要是规范研究，而实证研究则比较少。

宋建峰（1998）[112]提出了盈余管理的三个动机假设，即公司管理当局自身效用最大化假说、违规假说和社会成本假说，他认为，虽然国内没有人对这些假设做过检验，但上述假设和经验观察相吻合。陆建桥（1999）[113]运用实证研究方法研究了我国亏损上市公司的盈余管理问题，研究结果表明，为了避免出现连续三年亏损而受到证券监管部门的管制和处理，亏损上市公司在亏损及其前后年度普遍采取了相应的能调减或调增收益的盈余管理行为。而且这些盈余管理行为主要是通过管理应计利润项目来达到的。

研究还发现，在各类可运用的应计利润项目中，亏损上市公司又主要是通过管理短期的、与营业活动有关的应计利润项目，如应收应付项目、存货项目来达到盈余管理的目的的。陈汉文、林志毅、严晖（1999）[114]从公司治理结构的角度对我国会计信息舞弊的深层原因进行了分析，他们指出，在我国现行的国有企业公司治理结构中，企业外部结构不健全，缺乏来自于市场和经理市场的竞争。在内部治理结构方而，国有资产管理部门扮演的是股东的角色，但又不是国有资本的真正所有者，他们在目标函数、行为方式等方而与真正的资本所有者不一致或至少不完全一致，他们更多地关注于自身的政绩与仕途；而国有企业的董事长是由国有企业的经理人员担任的，董事会其它成员也大多由企业内部人员兼任，董事会难以发挥监督和控制经理人员的作用。作为公司治理结构中一项重要制度的独立审计，由于诸多原因使得其“经济警察”的审计名实难符。在这样的公司治理结构下，企业会计信息舞弊便不可避免。杜滨（2001）[115]运用实证方法研究了中国证券市场为避免 ST、PT 命运或为获得配股资格的盈余管理现象，在判断是否存在盈余管理行为时，作者利用合并净资产收益率横截面分布各函数的光滑性以检验是否在各阀值点（净资产收益率 0%、6%、 9%、10%）处存在盈余管理行为，通过有盈余管理和无盈余管理时各年的净资产收益率分布得出在各阀值点处存在操纵利润的普遍性。作者在对上市公司用何种方法和手段管理盈余的研究中，使用了二元选择的 logit 模型，并模型化达到配股标准的可能性，发现关联资产重组和债务重组是最为显着和有效的盈余管理方法。阎达五，王建英（2001）[116]对可能存在利润操纵的上市公司进行总体财务指标特征分析，发现其中存在的规律：应收账款周转率、毛利率、资产质量指标、销售额增长指标、折旧率指标、费用率指标、资产负债率指标、应计项目占总资产比例等指标可为投资者分析上市公司是否存在会计信息舞弊提供有益的参考。陈信元，张田余，陈冬华（2001）[117]通过大量的统计研究，总结出了极有可能采取会计信息舞弊的公司的特征：前两年连续亏损，当年的业绩没有得到显着的改善的公司（为了避免被 ST 处理）；前两年平均净资产报酬率达到 10%，当年行业不景气的公司（为了争取配股资格）；资本运作和关联交易频繁的上市公司；业绩和股价波动厉害的上市公司；全行业亏损或全行业过度竞争的上市公司。郑朝晖（2001）

[118]遴选出十大上市公司管理舞弊案，根据这十家上市公司的会计信息舞弊情况，列举了舞弊公司的特征，提出我国上市公司基本存在的四类管理舞弊行为和注册会计师面临的主要舞弊风险点：资本运作和关联交易频繁的上市公司；业绩和股价波动厉害的上市公司；IPO 以及没有三分开的上市公司，全行业亏损或行业过度竞争的上市公司。陈晓翔（2001）提出几种较为实用的识别上市公司年报信息失真的办法：关联交易剔除法、不良资产剔除法、合并报表分析法、谨慎对待或有事项、审计报告不可忽视、偶然性因素排除法、仔细分析重点会计科目。门瑢（2002）[119]、李爽（2002）[120]、张启銮（2003）[121]、秦志敏（2003）[122]等都有类似的研究。章美珍（2002）[123]以银广夏舞弊案为例，分析行业政策频繁变化者、盈余减去经营活动所产生的现金流量的差值指标为负数者、一些非同寻常的大额和获利丰厚的关联方交易者、内部控制制度混乱者，其公司发生会计信息舞弊的可能性较大。刘立国、杜莹（2003）[124]从股权结构、董事会特征两方面，在国内首次对公司治理结构与财务报告舞弊之间的关系进行了实证研究。研究结果表明，法人股比例、执行董事比的研究表明，法人股比例、执行董事比例、内部人控制度、监事会的规模与财务舞弊的可能性正相关，流通股比例则与之负相关。此外，如果公司的第一大股东为国资局，公司更可能发生财务舞弊。因此要解决上市公司的会计信息失真问题，应该从完善公司治理入手。曹利（2003）[125]对我国上市公司财务报告舞弊特征的实证研究表明，高级管理人员尤其是上市公司的董事会成员持股多的上市公司更有可能发生财务报告舞弊；有着薄弱的公司治理结构的上市公司更有可能发生财务报告舞弊；财务状况表现异常的上市公司更有可能发生财务报告舞弊。娄权（2003）[15]采用描述性统计、两总体均值异方差假设 T 检验和二元 Logistic 回归的方法对我国上市公司财务报告舞弊的经验研究表明，规模较小和财务状况恶化的企业容易发生财务报告舞弊；同时，没有明显的证据表明高科技行业和受保护行业的企业容易发生财务报告舞弊。

c. 关于识别会计信息舞弊的风险因素的研究

2002 年 7 月 31 日，中国注册会计师协会专门制定了《审计技术提示第 1 号——财务欺诈风险》，详细列示了可能导致公司进行财务欺诈的因素，以及表明公司存在财务欺诈风险的“红旗”，这些“红旗”包括：财务稳定性或盈利能力受到威胁；管理当局承受异常压力；管理当局受到个人经济利益驱使；特殊的行业或经营性质；特殊的交易或事项；公司治理缺陷；内部控制缺陷；管理当局态度不端或缺乏诚信；管理当局与注册会计师的关系异常或紧张等。丁友刚、郝玉芹（2004）[126]认为，管理舞弊的信号是通过动机或压力、机会和价值观表现出来的。动机或压力方面的信号表现为：经济、行业或经营环境的恶化给企业的财务状况和盈利能力带来不利影响；管理者为实现第三方的要求和期望承受着巨大的压力；公司的董事或管理者的个人财富与公司业绩密切相关；高层管理者制定过高的销售或利润目标，而给中层管理者带来巨大的压力等。机会方面的信号表现为：行业的特殊性；公司治理结构的缺陷；内部控制的薄弱。价值观方面的信号表现为：公司管理当局未能有效地向员工宣扬公司的价值观和道德标准，或向员工灌输了不当的价值观和道德标准；公司或公司董事、高层管理人员有过违反证券法规或其它法规的不良记录，或因涉嫌舞弊、违法而曾被起诉；管理当局愿意使用不恰当的手法减少账面利润以逃避纳税；管理当局与注册会计师的关系非常紧张，如在会计、审计或信息披露问题上经常与注册会计师发生意见分歧；对注册会计师提出不合理的要求，如限定在极短的时间内完成审计工作或出具审计报告；干涉审计人员的审计工作，如对审计范围或人员安排施加影响。

d. 关于会计信息舞弊识别方法的研究

张子叶、邓菁晖（2002）[127]认为，注册会计师要识别和发现公司会计信息舞弊，必须做以下工作：评价内部控制并发现其薄弱环节，设想在已发现的内部控制薄弱环节上可能发生的舞弊行为；从账户余额中发现可疑点和例外情况，考虑舞弊风险因素对账户余额的影响；识别可疑和例外的交易（交易的时间、频率、地点和数量），考虑舞弊风险因素对交易的影响；区别会计分录中的错误、遗漏与舞弊，分别做出不同的报告和处理；跟踪支持交易的原始凭证，寻找可疑凭证，获取充分适当的会计信息舞弊审计证据；追踪组织账户中资金的流向，考虑会计信息舞弊风险因素对资金流向的影响；监测会计交易和金额中的不一致、例外和奇异之处，如应收账款的贷方余额、应付账款的借方余额、账外循环、账外账等，为发现会计信息舞弊行为提供线索。

杨英强（2003）[128]提出会计信息舞弊的识别方法包括分析性复核法、基本面分析法、现场调查法、虚拟资产剔除法、特殊报表项目分析法、审计意见分析法等。陈亮、王炫（2003）[129]以41家因营业利润操纵被公开处罚的上市公司为样本，从经验分析角度，运用单因素方差分析模型构建了针对营业利润操纵的识别模型，该模型对会计欺诈公司和正常公司的识别率分别为80%和93%。

方军雄（2002）[130]认为，分析性程序是适应投资者、分析人员的需要应运而生、不断发展的一种发现财务报告舞弊的有效方法。此外，他还以31家财务欺诈公司和60家非财务欺诈公司1996～1998年财务数据为研究样本，通过统计分析找出了最能够显著显示财务欺诈征兆的7个财务指标，包括：应收款项比率、应收款项周转率、资产负债率、速动比率、主营业务税金及附加比率、资产质量、管理费用和销售费用率，并以其中6个指标作为研究变量，分别应用LPM模型和Logistic模型构建了财务欺诈识别模型并发现后者的识别效果比较好。

张长海、陈险峰、吴顺祥（2005）[131]以29个舞弊财务报告和29个非舞弊财务报告为样本，采用了诸如单变量和多变量统计技术建立了识别虚假财务报告的模型，并且发现模型的正确识别率在75%以上。

e. 关于审计意见对会计信息舞弊的反应及其影响因素的研究

相对于国外审计意见与盈余管理关系的研究，国内研究开展得较晚，相关研究成果在2001年才陆续出现。研究的结论也不一致，以下将简要介绍具有代表性的文献。

Chen，Chen和Su（2001）以沪、深市1995-1997年的上市公司为研究对象，研究了审计意见与盈余管理之间的相关性，实证结果表明注册会计师揭示出了盈余管理。

章永奎和刘峰（2002）选取1998年128家被出具非标准无保留意见的公司和128家对照公司，通过横截面扩展琼斯模型计算可控应计利润作为盈余管理指标，发现审计意见和盈余管理具有显著相关性，大小所的相关系数有较大的差别。并且把资产负债率、盈利或亏损、总资产收益率这几个对审计意见有显著影响的变量纳入模型进行了敏感性测试，结论认为这几个变量没有对结果产生干扰。

何红渠等（2003）选取了沪市制造行业 2000 年和 2001 年两年期间被出具非标准无保留审计意见的公司以及相对应的配比公司，共 158 家上市公司作为分析样本，对审计意见揭示盈余管理水平的能力进行了实证研究。并且从公司的规模、盈利能力、财务杠杆、特殊监管政策下的定性特征四个代表审计意见影响因素的方面选取控制变量。最后得出如下结论：①两年期间非标准无保留审计意见的盈余管理绝对水平都高于标准审计意见下的盈余管理绝对水平，而且审计意见类型与盈余管理绝对水平有显著的相关性，说明该两年期间的审计意见具有一定的信息含量，能在一定程度上揭示出上市公司的盈余管理现象。②2001 年两种审计意见类型下的盈余管理绝对水平的均值差异显著，而在 2000 年间却不是很显著。可以认为与 2000 年相比，2001 年期间的审计质量得到了提高，或者说上市公司的盈余管理现象有所减轻。

李维安等人（2004）通过对 A 股上市公司进行实证研究，研究了中国上市公司通过非经营性活动进行盈余管理与收到非标准无保留意见之间的关系。研究表明审计师对于盈余管理还是具有判别能力的，并能给出相应审计意见，这说明经过这些年的审计制度改革，我国审计师水平已经有所提高；研究还得出净资产收益率（ROE）、资产周转率（TurnOver）和现金比率（CashR）、配股动机与非标审计意见负相关，负债比率（DebtR）与非标审计意见正相关；非标意见与规避亏损盈余管理动机显著正相关，说明审计师能够对此进行识别；上年度审计意见对于本年度审计意见有显著影响，说明审计意见具有一定的延续性。审计师规模（是否国内十大会计师事务所或者合资所）、属地、变更，以及客户重要性，对审计意见均没有显著影响。这些结论将帮助投资者和利益相关者更为客观深入地认识审计意见。

但是，也有部分学者得出了相反的结论，审计师并没有针对企业的盈余管理行为出具非标准无保留意见。

李东平等（2001）选定 2000 年 34 家变更审计师的上市公司以及 34 家控制样本公司进行研究，发现审计意见和盈余管理指标（应收账款变化率、存货变化率和非核心收益率）之间并无显著关系，得出了注册会计师没有针对盈余管理出具非标准无保留审计意见，注册会计师对盈余管理的风险考虑不足。

徐浩萍（2004）则选取了1998到2001在上海证券交易所上市的1448家公司，只是通过不同组别之间的t检验，发现审计师对盈余管理具有一定鉴别能力。相对操控的经营性应计利润而言，注册会计师在对以操控非经营性应计利润为手段的盈余管理行为的审计中表现出了较高的审计质量。另一方面，审计质量还和盈余管理的方向有关，虽然注册会计师对以增加利润为目的的正向盈余管理行为更加敏感，但是与对负向盈余管理行为的审计比较，并没有体现出更高的审计质量。

夏立军等（2002）以上市公司2000年度财务报告为研究对象，对上市公司审计意见和监管政策诱导性盈余管理的关系进行了实证研究，研究结果是：财务状况较差的公司容易被出具非标准无保留审计意见，但ROE处在“保配”和“保牌”区间的公司被出具非标准无保留审计意见的可能性并不比其他公司大。从整体上看，注册会计师并没有揭示出上市公司的这种盈余管理行为，注册会计师的审计质量令人担忧。

王跃堂等（2001）利用1997年和1998年期间被出具非标准无保留意见公司的数据，研究了脱钩改制对审计独立性影响。结论表明：脱钩改制前，注册会计师对达线公司的盈余管理问题持否定态度，只是力度不够显著。但脱钩改制后，注册会计师对达线公司的盈余管理不仅视而不见，而且明显对达线公司的审计意见倍加关照，越是达线公司就越不可能被出具非标准无保留意见。脱钩改制并没有提高审计质量，审计意见的可信性令人置疑。

国内关于审计意见影响因素方面的研究在近十年来也不少，Bao和Chen（1998）对可能影响审计意见的11个因素进行了检验，其结果表明：资产负债率、盈利或亏损、总资产收益率、上市地等因素具有显著影响。资产负债率高、总资产收益率低、企业亏损、上市地在深圳等因素对审计意见产生不利影响。

原红旗，李海建（2003）研究了会计师事务所特征与审计意见的关系，研究发现，目前影响我国上市公司审计意见的主要是公司本身的财务特征，会计师事务所的组织形式、出资方式和规模没有对审计意见产生明显影响。

陆正飞，童盼（2003）研究了审计师变更与审计意见的关系，在控制上期审计意见类别、资产负债率、净资产收益率等变量的情况下，回归分析显示，审计师变更与审计意见之间没有显著的相关性，同时他们也发现上期得到非标准审计意见的公司在变更审计师后仍被出具非标准审计意见的概率值和上期得到非标准意见没有变更审计师的公司仍被出具非标准意见的概率值相近。所以他们认为变更审计师并不能影响公司的审计意见类型。但是，杨鹤，徐鹏（2004）对前任审计师变更是否影响后任审计师的独立性进行了研究。研究结论显示审计师变更会影响审计意见类型。

方军雄等（2004）发现注册会计师在出具审计意见时非常关注客户的风险程度，越是出现亏损、被他人提起诉讼、股东占款比重和资产负债率越高，被出具非标的可能性就越大。没有发现有力的一致证据证明单个客户的收入是否影响到注册会计师的决策。

蔡春等（2005）从审计意见的形成过程研究了影响上市公司审计意见类型的因素。通过引入 Logistic 模型，选取了衡量公司管理质量的四个指标：公司资产规模、是否被 ST、资产负债率和总资产周转率，并加入公司 ST 因素对资产规模的影响函数，为衡量事务所的规模特征，选取了事务所的收入水平这一指标，同时引入了代表上年管理质量的上年审计意见类型、上市年限、代表管理质量变化的审计意见变革以及反映审计独立性变化的事务所变更等控制变量。得出以下结论：衡量上市公司管理质量的基本财务数据和指标等特征对审计意见类型存在显著影响，其中，资产规模、资产负债率对不同组影响相反；是否 ST、总资产周转率、上年度审计意见对不同组影响程度不同；事务所收入水平所代表的规模特征显著影响了负样本中公司的审计意见类型，事务所变更与审计意见类型负相关但影响并不显著。

李补喜，王平心（2006）以 2002 年披露年度财务报告审计费用的 A 股上市公司为样本，运用 Logistic 回归模型对审计意见的影响因素进行了实证研究。研究发现，影响注册会计师出具审计意见的因素包括审计费用率、资产负债率、净资产收益率以及净资产收益率是否位于微利区间，没有发现上市公司的资产规模和复杂性、会计师事务所规模及位于“保配”区间的净资产收益率等因素与审计意见的相关性。

2.2.2 文献评述

总的来看，随着资本市场的不断发展与完善，在短短的数年中，我国学术界已对会计信息舞弊的市场反应与识别进行了一系列有益的研究和探索，并得出了一些能够客观地揭示这一领域某些问题的经验数据，这些成果不仅有助于对我国会计信息舞弊做出更为客观的评价，也将为未来的制度改革提供有益的参考依据。但早期会计信息舞弊市场反应与识别的研究主要集中在规范性的研究上，而后续实证研究多选用将国外已有的模型略加改造后加以利用。由于我国证券市场建立时间较短，相关数据库不够完善，同时对于非上市公司的数据又往往难以取得，使得对国外模型的利用上受到很大限制，加之所采取的研究方法以及选取的样本不同，各种各样的实证研究结果迄今还有非常大的差别，现有的研究也难以形成有政策影响的研究结论；人们大多还都是采用的不够严密的方法将盈利划分为操纵过的和没有操纵的部分；对会计信息舞弊市场反应与识别的大多数实证研究也只限于某一时期或某一项目；并且，代理人隐瞒其操纵盈利的手法，也不利于收集会计信息舞弊实证研究所需的数据；另外，会计信息舞弊很可能是由多个因素导致的，而目前大多数的实证研究只着重于个别因素，研究结果当然不够理想。

在研究舞弊公司的特征、识别会计信息舞弊的风险因素和会计信息舞弊行为识别方法方面，国内大部分研究直接借鉴了国外的研究成果，综合运用归纳法、规范分析法、实证研究等多种研究方法，其中，应用财务指标的异常进行会计信息舞弊识别的研究普遍被研究者所采用，而研究结果主要是针对利润操纵而开展的，这些研究成果对我国上市公司会计信息舞弊的识别、防范与治理提供了有力的理论依据。但我国的对会计信息舞弊市场反应与识别研究也存在许多不足：除了我国的《独立审计具体准则第8号——错误与舞弊》指出了哪些情况会增加错误与舞弊的可能性之外，其它专门系统地研究会计信息舞弊市场反应与识别的文献较少，一些学者只是在其研究会计信息舞弊问题时涉及到会计信息舞弊市场反应与识别的内容，有些文章的观点主观，以偏概全。另外，根据西方的大量研究，与现金流量有关的相关财务指标，是显示上市公司会计信息舞弊动机和征兆的极具识别性的指标，但由于证监会 1998 年才开始要求上市公司公布现金流量表，1998 年以前的现金流量数据大多缺失或无法获得，因此国内相关的研究都不得不舍弃了对现金流量有关的会计信息舞弊识别指标的检验。而实际上，根据西方的大量研究，与现金流量有关的相关财务指标，是显示上市公司会计信息舞弊动机和征兆的极具识别性的指标。在我国，关于审计意见与盈余管理相关性的研究主要是借鉴国外的研究成果并结合本国的实情，选取一些财务指标和非财务指标作为研究的控制变量。但是他们得出的结论并不一致。有些学者得出注册会计师是能够识别出企业的盈余管理行为的，但是部分学者认为注册会计师并没有揭示出上市公司的一些盈余管理行为，注册会计师的审计质量令人担忧。那些有关审计意见的影响因素的问题方面的研究，在因变量选择上，国内研究的选择比较笼统，一般将审计意见分为标准无保留审计意见和非标准无保留意见。在自变量选择方面主要是借鉴国外的研究成果，自变量的种类同样也包括客户的财务和非财务指标，以及与事务所有关的指标。前者主要包括客户的规模、客户的公司治理结构、客户的一些异常的财务指标等等。后者主要包括事务所的规模、事务所的组织形式、事务所变更、前期的审计意见类型、非审计费用的比重等等。在统计模型的选择上，国内文献研究采用的只有 Logistic 模型。

不可否认，我国对会计信息舞弊识别的研究较之与国外仍有较大的差距。国内的研究方法中个案研究较多，综合性统计研究较少，规范研究较多，实证研究较少，仅有几篇通过实证方法研究我国上市公司会计信息舞弊市场反应与识别问题的，也都基本上是套用美国的实证分析方法。实际上，我国上市公司的会计信息舞弊具有中国特色，但遗憾的是目前学者对此研究较少。因此，全面系统地研究我国上市公司会计信息舞弊行为市场反应及其识别问题还须待以时日。

2.3 借鉴与启示

“他山之石，可以攻玉”，随着我国经济体制改革的深化与证券市场的不断成熟和市场化程度的不断提高，中国的会计环境正日趋复杂，会计作为国际商业通用语言，在国家经济开放过程中国际化速度非常之高，发达国家过去曾经出现和现在正在出现的许多会计问题也将很快在我国出现。上市公司会计信息舞弊就属于这样一个先在发达国家出现、盛行并在我国当前流行的一个问题，而且一经出现，就与我国特殊的政治、经济、法律环境结合在一起，表现出独有的新特点和新问题。国外上市公司过去或现在面临的问题，或许就是我国上市公司现在或将来要面临的问题。因此，国外已有的关于会计信息舞弊市场反应与识别的研究成果对研究我国上市公司会计信息舞弊市场反应与识别具有一定的启发和借鉴意义，这些研究成果无疑为我国进一步研究上市公司会计信息舞弊的市场反应与识别提供了一定的理论基础和研究方法。但我国的证券市场既是新兴市场，又属于转轨经济中的市场，所以无论与成熟市场（尤其是美国市场）还是与新兴市场相比都有较大的差距。对证券价格形成有较大影响的因素包括：⑴市场结构的制度性差异。我国证券市场在市场结构方面历经多次变迁，形成了某些结构性特点，例如针对个股的涨跌幅限定、不允许卖空买空交易、较大程度的依托计算机撮合指令的平台来完成交易。而且在制度不断完善的过程中，价格受影响的程度一直是受到各方关注的问题。⑵参与主体的差异性。机构投资者与中、小投资者在市场上的行为选择所依据的理念存在较大差异，所以二者在市场参与群体中的比例会对价格的信息表现过程产生不同的影响。与国外成熟的证券市场相比较，新兴证券市场在参与主体方面的差异显得相当突出，相应的规范制度方面也显示了一些特色。⑶公司的性质与行为差异。限制性股权结构是我国上市公司的主要特点，从更广的角度出发，我国上市公司股权结构的多样性以及公司行为因此受到的影响直接作用于价格的形成过程，比如公司对投资者利益的重视程度，甚至某些不规范的公司管理层的行为也会通过事件的形式在市场上表现出来。因此，尽管中外上市公司会计信息舞弊的结果都一样，但性质有区别、手段有高低，防范与治理对策自然也应有所不同。防范与治理会计信息舞弊犹如治病救人，只有对症下药方能有效。同样是会计信息舞弊，由于证券市场的交易环境不同，蕴涵的致病机理就存在着重大差别，因此，国外关于会计信息舞弊市场反应与识别的研究成果对解决我国上市公司的会计信息舞弊市场反应与识别问题有诸多不适之处，许多国外的研究成果无法移植到我国进行实质性操作，妄图直接套用国外的研究成果以求能对解决我国上市公司会计信息舞弊问题起立竿见影的效果，难免有激进之嫌。

综合国内外研究文献不难发现，盈余管理与会计信息舞弊既有差异又有相似性，会计信息舞弊是盈余管理的极端形式，我国许多上市公司往往借盈余管理之名，行会计信息舞弊之实，但国内外主要开展了上市公司盈余管理（或盈余操纵，下同）市场反应与识别的研究，对上市公司会计信息舞弊的研究呈现出两个层次，一是绝大多数的理论性研究局限于上市公司会计信息舞弊的动因、手段、防范和治理，很少涉足上市公司会计信息舞弊市场反应与识别的研究；二是简单的实证研究，对现有会计信息舞弊状况和问题进行分析，没有进一步研究上市公司会计信息舞弊的市场反应与识别问题，并且两个层次的研究显得有些脱节。我国上市公司会计信息舞弊愈演愈烈，主要是由于人们对会计信息舞弊认识模糊、研究滞后、识别不足、治理不力造成的。而与国外相比，国内这方面还处于萌芽阶段，对会计信息舞弊市场反应与识别的理论分析和实证检验目前仍是我国会计研究的空白和盲点，因此，上市公司会计信息舞弊行为市场反应与识别的研究还有十分广阔的空间，特别是在我国目前上市公司会计信息舞弊普遍存在且后果严重的情况下更有其重大的理论价值和现实意义。

在我国这样的转轨经济国家，由于国情和经济环境的特殊性，许多西方长期发展出来的会计理论及实证研究结果在中国可能不适用，即使可能适用，也必须按照中国的特殊国情作大幅度的修改[132]。会计改革应体现中国特色，这是由我国市场经济发展的现状所决定的[133]。在防范与治理我国上市公司会计信息舞弊问题上，除了借鉴国外的研究成果之外，必须考虑我国特有的制度背景和体制因素。在进行会计信息舞弊市场反应与识别研究时，既要借鉴国外已有的研究成果，更要结合实际情况有所创新。笔者认为，我国未来会计信息舞弊行为市场反应与识别的研究应在结合西方会计信息舞弊理论的基础上，结合我国的国情从中国资本市场的现状出发，从规范研究和实证研究两方面予以展开，可研究的问题包括：在我国这种“新兴+转轨”经济体制的国家中，市场是否能够识别上市公司的会计信息舞弊行为并对之做出市场反应？上市公司会计信息舞弊对股市有何影响？如何识别上市公司的会计信息舞弊行为？总之，我国社会主义市场经济实践对会计信息舞弊市场反应与识别问题的研究提出了更高的要求，中国迅速变化的资本市场也为学者更为深入地考察上市公司会计信息舞弊市场反应与识别问题提供了绝佳的研究机会，我国上市公司会计信息舞弊市场反应与识别问题，无论在理论深度还是对策建议的效果与可行性方面都需要进一步深化和拓展。

基于此，本研究主要针对目前我国在上市公司会计信息舞弊市场反应与识别研究方面的局限性与不足，运用目前可以获得的有关数据资料，在实证检验市场是否能够识别我国上市公司的会计信息舞弊行为并对之做出市场反应、审计意见对会计信息舞弊的反应及其影响因素的基础上，研究最能显示我国上市公司会计信息舞弊的特征，尤其是在变量的选择上考虑现金流量指标，构建了我国上市公司会计信息舞弊的识别模型。

2.4 小结

本章主要从会计信息舞弊行为市场反应与识别的检验、舞弊公司特征、识别会计信息舞弊的风险因素和会计信息舞弊市场识别的方法四方面回顾与评述国内外会计信息舞弊市场反应与识别方面的相关研究文献，并借鉴国内外的已有的研究成果，提出我国会计信息舞弊市场反应与识别研究应当关注的问题。对国内外会计信息舞弊市场反应与识别文献的回顾与评述表明，国内外直接开展会计信息舞弊市场反应与识别检验研究的较少，而更多开展盈余管理（或盈余操纵，下同）行为市场反应与识别检验的研究，但国内外在这方面的研究都未形成一致的结论。在舞弊公司的特征、识别会计信息舞弊的风险因素和会计信息舞弊市场识别的方法方面，国外研究成果颇多，涉及内容也比较全面，国内大部分研究直接借鉴了国外的研究成果，但多数停留在分析现有会计信息舞弊的状况和问题，较少开展上市公司会计信息舞弊市场反应与识别的实证研究，并且两个层次的研究显得有些脱节。我国上市公司会计信息舞弊愈演愈烈，主要是由于人们对会计信息舞弊认识模糊、研究滞后、市场反应不足、识别能力不高、治理不力造成的。因此，上市公司会计信息舞弊市场反应与识别的研究还有十分广阔的空间，特别是在我国目前上市公司会计信息舞弊普遍存在且后果严重的情况下，借鉴国内外已有的相关成果研究我国上市公司会计信息舞弊的市场反应与识别问题更有其重大的理论价值和现实意义。国内外会计信息舞弊市场反应与识别的相关文献为本书的研究提供了资料上的准备，并指明了该领域的研究前沿和方向。我国未来会计信息舞弊市场反应与识别的研究应在结合西方会计信息舞弊理论的基础上，结合我国的国情从我国资本市场的现状出发，从规范研究和实证研究两方面予以展开，以更好地解释我国上市公司会计信息舞弊的特有现象。

第三章　会计信息舞弊的理论透视

概念是反映事物本质属性的思维形式，科学研究的首要任务是对概念进行界定。只有准确界定所要研究的问题才能明确所研究的问题的内涵与外延，有的放矢深入地研究本领域的问题。任何一种现象都应当有其深刻的理论背景或理论上的解释，作为一种复杂的经济现象和重要的会计行为，上市公司会计信息舞弊也不例外。它既与诚信产生的前提——人性善、恶的理论假设有关，又与信用的伦理学基础、经济学性质密切相联，还可以从契约理论、博弈理论、代理理论、产权理论、内部人控制理论、有限理性理论、行为动力理论、人格结构理论等经济管理理论和心理学理论等角度予以阐释。对其进行概念界定和理论阐释有助于我们正确理解会计信息舞弊行为，从而更好地识别与防范会计信息舞弊。本章在辨析会计信息舞弊及其相关概念的基础上，从理论上阐释上市公司的会计信息舞弊行为，并分析会计信息观、有效市场假说和功能锁定假说，试图对会计信息舞弊问题有一个较为全面准确的认识，同时为第四章和第五章的实证研究打造一个扎实的理论基础。

3.1 会计信息舞弊及其相关概念辨析

对于会计信息舞弊现象，人们深恶痛绝。然而，人们往往只是从表面现象来看待会计信息舞弊，究竟什么是会计信息舞弊？理论界对其认识和理解的分歧很大，但有一点是肯定的，会计信息舞弊将导致会计信息失真。而导致会计信息失真的原因很多，会计错误、盈余管理、会计操纵、会计信息舞弊等，它们既相近，又有所不同，这些概念混在一起，使人们产生了诸多误解，甚至陷入了将它们等同视之的误区，这显然是很不恰当的。

由于国内外对会计信息舞弊的研究还处在探讨阶段，会计信息舞弊本身的定义及其内涵还未达成共识，在一定程度上，“会计信息舞弊”成为一个未经严格辨析却在传播媒体频繁使用的日常词汇。正确辨析这些相关概念，对于研究会计信息舞弊问题具有重要意义。

3.1.1 会计信息舞弊的涵义

各种文献中对会计信息舞弊这一概念的表述各式各样，未达成较为一致的定义，在名词上也不统一。相关内容的表述中采用了不同的概念：舞弊、组织舞弊、企业舞弊、会计错弊等，归纳起来有以下两类：

a. 概念上用舞弊，实质内容为会计信息舞弊

在彼得.琼斯《公共部门反舞弊及腐败》一书中，归纳了各会计团体对“舞弊”定义的共同点：为达到个人利益有意识地对财务报表及记录进行歪曲[134]。我国《独立审计具体准则第 8 号—错误与舞弊》将舞弊定义为：导致会计报表产生不实反映的故意行为。《会计错弊与查账技巧》一书也指出：所谓舞弊是指故意的、有目的的、有预谋的、有针对性的财务造假和欺诈行为[135]。这三个定义中的舞弊均指会计信息舞弊。

b. 将会计信息舞弊归并入组织舞弊、企业舞弊进行探讨

国际内部审计师协会（IIA）在内部审计准则 No.3（IIA Statement on Internal Audit Standards No.3）中，是将会计信息舞弊用特定术语“不正当行为”（irregularity）表示，并同非法经营行为（illegal acts）并列归属于组织舞弊。“不正当行为”这个术语，在 AI 注册会计师审计委员会的 SAS No.53 中定义为：“任何对财务信息的有意图地错误表述或故意忽略”，这实质是特指会计信息舞弊。在 IIA 的定义中还强调了行为主体及行为目的：“可以是组织内部或外部人员为了组织利益或为了损害组织利益而实施的行为。为组织利益而实施的舞弊行为通常是通过采用一种不公平或不诚实的方法欺骗组织外部利益集团从而获得利益，而行为人也可以由此获得间接的个人利益。损害组织利益的舞弊行为则通常是由雇员或外部人员做出的，在损害本组织利益同时获得个人私利。”我国有学者将企业舞弊定义为：企业职员或企业管理当局利用账务上、凭证上的处理技巧，或利用交易过程中非法活动等欺诈手法达到以窃取资财或粉饰（掩盖）其贪污盗窃行为为目的的一种违法乱纪行为[134]。这一表述中前半部分“利用账务上、凭证上的处理技巧”属于企业会计信息舞弊的内容。

笔者认为，舞弊是指被审计单位的管理层、治理层、雇员或第三方使用欺骗手段获取不当或非法利益的故意行为，完整意义上的会计信息舞弊定义应为：会计信息舞弊是行为人以获取不正当的利益为目的，有计划、有针对性和有目的故意违背真实性核算原则，违反国家法律、法规、政策、制度和规章规范，导致会计信息失真的行为。会计信息舞弊具有的特征为：会计信息舞弊是违背真实性核算原则的行为，其行为的目标和结果均使真实性的原则受到破坏，并出现或导致了会计信息的失真；会计信息舞弊是一种违反国家法律、法规、政策、制度和规章规范的行为，是与法律、法规所不相容的；会计信息舞弊是行为人有计划、有针对性和有目的故意行为，任何过失、偏误所导致的会计核算资料及其结果的不实，不属于会计信息舞弊的范围。此三项特征缺一要件便不是完整意义上的会计信息舞弊。

会计信息舞弊按舞弊对象不同有广义和狭义两种解释。会计信息舞弊的对象即会计信息，而会计信息有广义、狭义之分。狭义的会计信息仅指财务报告中披露的有关信息；广义的会计信息指借助于会计信息系统可以生成的信息，包括财务报告信息以及以财务报告所披露的信息为基础，进一步整理、加工产生的衍生信息（通常由财务分析团体、投资咨询机构来完成）。因此，广义的会计信息舞弊既包括财务报告舞弊，也包括财务报告衍生信息舞弊；狭义的会计信息舞弊仅指财务报告舞弊。从投资者的角度，广义会计信息对他们来说更为相关。正如大多数研究者的选择一样，本书取会计信息的广义解释，因而本书的会计信息舞弊主要是指广义的会计信息舞弊，既包括财务报告舞弊，也包括财务报告衍生信息舞弊。由于会计信息舞弊一般都是由管理层授意或指使的，所以在很多文献中，会计信息舞弊和管理管理舞弊也是通用的，本书也不例外。会计信息舞弊的具体表现见图 3-1。

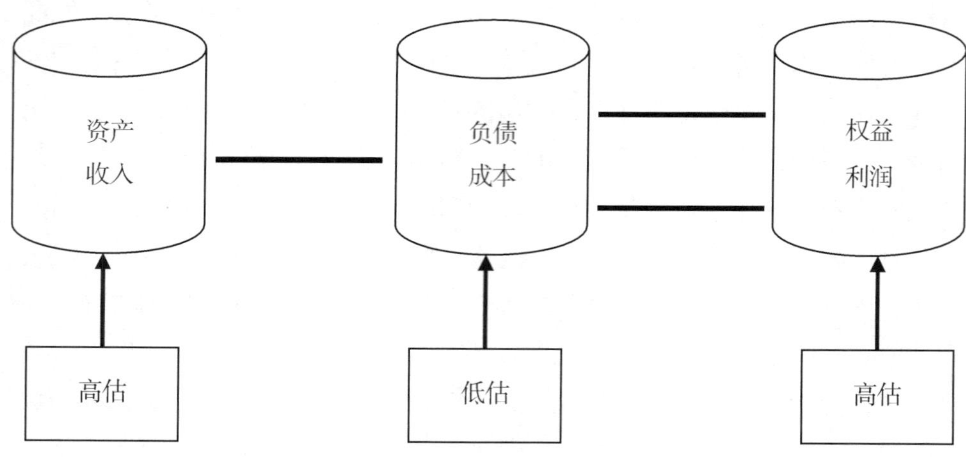

图 3–1　会计信息舞弊的具体表现

会计信息舞弊的概念是广泛的，至少应包含以下几个方面的涵义：

a. **会计信息舞弊的主体**。从现有的研究文献不难发现，会计信息舞弊的参与者无非是企业的经营者（管理当局）和会计人员，但唱主角的是经营者，因为他们是企业的经营决策者，拥有最终的决定权，是他们指使会计人员提供虚假会计信息，会计人员由直接受雇于经理，从自身利益出发往往不得不听命于经理。因此，企业经营者是会计信息舞弊的主体，应对会计信息舞弊行为承担主要责任。而没有企业经营者的指使，企业会计人员是不可能也没有必要主动提供虚假会计信息的，他们是不得已而舞弊，是会计会计信息舞弊的配角，对会计信息舞弊负次要责任。就我国的情况来看，上市公司的舞弊案件几乎都是由董事长及其成员主谋或是幕后领导的。也即我国上市公司的舞弊基大部分是管理舞弊。红光实业的舞弊是一起典型的管理舞弊案件。从证监会的处罚来看，该公司的董事长、董事以及总经理、财务部负责人等对红光实业的舞弊行为负有主要责任[136]。

b. **会计信息舞弊的客体**。从以上会计信息舞弊的定义中可以看出，会计信息舞弊针对的是对外披露的会计信息。实际上也可以对企业内部会计信息进行会计信息舞弊，只不过这样做实际上是自欺欺人，没有这个必要。因此，会计信息舞弊的客体主要是对外披露的会计信息。既包括数据化信息，又包括非数据化信息。数据化信息如资产负债表、利润表和现金流量表中的有关数据，非数据化信息如财务情况说明书、财务报表附注等。上市公司的财务报告主要有招股说明书、上市公告书、年度报告、中期报告和临时报告。对于非上市公司来说，主要是财务报告舞弊。从表 3-1 可以看出，年报舞弊是我国上市公司财务报告舞弊的主要类型。

表 3–1　1993~2002 年被证监会处罚财务报告舞弊的类型统计表

舞弊类型	年报虚假	中报虚假	上市公告书和配股说明书虚假	其它公告虚假
公司数	40	16	18	5
比例	50.6%	20.2%	22.8%	5.4%

资料来源：根据证监会的处罚公告统计整理。

c. 会计信息舞弊的目的。主观目的性是会计信息舞弊的主要特征之一，表现为其行为主体是有意识地、故意地谎报财务事实。不言而喻，经营者是从自身或企业的角度出发，是为了获得自身或企业的利益，他们决不会花费大量成本，绞尽脑汁地去服务于他人。因此，会计信息舞弊的受益人是企业经营者，会计人员受益很少或不受益，有时可能受害，而主要受害人是股东、债权人，甚至是政府。会计信息舞弊是为了符合私人或小团体的利益而损害公众利益，它违背了中立性原则。

d. 会计信息舞弊的手段。会计信息舞弊采取的手段通常是欺骗性的，这种手段的欺骗性是主观目的性的必然结果。为了实现会计信息舞弊的上述目的，一些上市公司采取篡改、伪造、掩饰、隐瞒等手段不惜违背会计准则、践踏国家有关会计法律法规而制造虚假会计信息。

e. 会计信息舞弊的后果。会计信息舞弊是有意识的一种较为隐蔽的行为，一般会导致与事实严重不符，其强烈的外部性会左右投资者的决策使投资者蒙受巨大经济损失；会计信息舞弊所制造的错误信息将严重误导各类决策者扭曲社会经济资源的合理配置，破坏市场运行机制。

会计信息舞弊也是有规律可循的，以美国为例，会计信息舞弊的规律表现为：会计信息舞弊是一种倾向于包括以动机、机会和利益为结构的理论；会计信息舞弊事件不是成指数增长，但会计信息舞弊损失却是成指数增长；有 90%多的会计会计信息舞弊是在财务审计中偶然发现的，而不是通过专门设计会计信息舞弊审计计划发现的；预防会计信息舞弊要有适当的控制，高度重视人的诚实性和合理安排雇员的工作待遇；会计信息舞弊更多的是因为缺乏控制，而不是控制不严造成的；由下级雇员所设计出的最普遍的计谋与各种支出有关，如应付款、工资和费用索赔等；由较高层经理设计出的最普遍的会计信息舞弊与利润有关，如推迟支出、提前确认销售收入、多报存货等；在电算化会计环境中的会计信息舞弊可以出现在信息处理的任何阶段，而输入会计信息舞弊是最普遍的。

3.1.2 会计信息舞弊及其相关概念的比较

a. 会计信息舞弊与会计错误

在我国《独立审计准则第 8 号——错误与舞弊》中，错误是指会计报表中存在非故意的错报或漏报；而与之相对应的舞弊则被定义为有意识地对财务报表金额及应披露内容的误述或忽略。笔者认为：会计错误，是指行为人（包括会计人员或其它有关当事人）在计算、记录、整理、制单及编表等会计工作中，由于业务生疏、工作疏忽或其它客观原因造成的非故意行为过失。它与会计信息舞弊即有联系又有区别。

会计信息舞弊与会计错误的区别在于：第一，性质不同：前者属于过失行为，而后者属于不法行为；第二，行为人不同：前者的行为人是企业的会计人员，而后者的行为人既包括企业的会计人员，还包括企业管理当局及其它相关人员；第三，动因不同：前者属于无意识的过失行为，而后者属于有意识的不法行为；第四，形式不同：前者一般是公开的，往往表现为账不平表不对，可以在正常业务程序中通过正常手段予以发现并进行纠正，而后者表现形式比较隐蔽，需要伴有一定形式的伪装和掩饰，一般必须通过专门技术方法才有可能发现和查证；第五，手段不同：前者的行为人没有采取故意手段，而是一种业务上的过失；而后者的行为人是以故意和非法手段，通过虚假的会计处理来达到预期的目的；第六，目的不同：前者的行为人并不以实现会计错误为目的，而后者的行为人则是以实现舞弊的结果为目的；第七，后果不同：前者产生的后果可能是实质性的，也可能是形式上的，其行为人及其所在单位并未从中得到任何益处，有时反而造成自身工作的损失和浪费，而后者产生的后果是实质性的，往往导致国家、集体、他人财产受损，且行为人或其所在单位从中获取了非法所得或利益。

会计信息舞弊与会计错误的联系在于：第一，二者具有相似的表现：与会计原则相悖，提供错误的数据，不正确的会计估计，造成会计信息失真等；第二，二者在查证技巧和防范措施方面比较接近，如进行复核、审计，建立和健全内部控制制度等； 第三，二者的区别并不是绝对的，会计错误如不及时发现并纠正，往往会被有不良目的的舞弊者所利用，演变为会计信息舞弊。

b. 会计信息舞弊与盈余管理

盈余管理是企业管理当局及其会计机构和人员，在会计专业标准与允许的范围内运用合法合规的手段，对会计信息进行“加工”，使其自身效用最大化或是企业市场价值最大化，从而达到令企业管理当局满意的财务会计结果的一种利弊兼存的长期管理行为。严格地讲，盈余管理是一个比较中性的词汇，主要是指在会计准则或制度许可的范围内的会计选择问题，是合规合法的，它虽然存在着一些弊端，如降低报表信息的真实性程度，使投资者无法根据财务报告做出最优投资决策，使投资者或债权人失去对企业的信任，导致企业声誉及今后发展受到负面影响等，但其并非有百害而无一利。实际上，对企业来说，盈余管理在一定意义上还能起到积极的作用，如它对达成有效契约具有促进作用，它在减少沟通摩擦，增加信息含量方面也会发挥积极作用。而会计信息舞弊通常是指故意违背有关法规或准则而导致会计信息失真的行为，它导致会计信息使用者做出错误的决策，严重损害使用者的利益，甚至危害社会的安定，因此可以肯定的说，会计信息舞弊造成的完全是负面效应。显然，盈余管理与会计信息舞弊之间仅隔一步之遥，超过了适当的限度，盈余管理行为就演化成会计信息舞弊。因而，会计信息舞弊与盈余管理的关系，类似于“逃税”与“避税”之间的关系：前者违规违法，是一种非法性操纵，所导致的是舞弊性会计信息失真，那么理性的经理人必然见好就收，因而大多是短期行为；后者合规合法，是一种合法性操纵，所导致的是制度性会计信息失真，因而大多是长期行为。笔者认为，会计信息舞弊和盈余管理具有层次性，上市公司往往先进行盈余管理，因为进行盈余管理不会受到惩罚，只有在进行盈余管理无望的情况下，才会选择会计信息舞弊，会计信息舞弊也具有一定的“无奈性”；在我国尚不成熟的证券市场上，盈余管理若不加以管理控制，超过合理、合法的度，就极易走向会计信息舞弊。

c. 会计信息舞弊与会计操纵

对会计操纵的理解可以分为三个层次：第一个层次，最狭义的概念：指在公认会计制度、会计准则和相关法律许可的范围内，对有关的会计数据进行有意识的处理或不恰当的忽略，使这些数据反映的是操纵者期望表达的状态而不是企业的真实状态，这种操纵是合法的会计操纵。第二个层次：在第一层次的基础上，还包括非法会计操纵，指违反当前会计制度、会计准则和相关法律法规等法定规范标准，如对财务报表中列示的数字、附注或其它内容进行有意识的错报或忽略，包括：对财务报表据以编制的会计记录或凭证文件进行操纵、伪造或更改；对财务报表的交易事项或其余重要信息的错误提供或有意忽略；与数量、分类、提供方式或披露方式有关的会计原则的有意误用。第三个层次：在第一、第二层次的基础上，还包括通过构造虚假的或非公允的经济交易事项来改变信息使用者对企业价值的判断。比如：通过关联交易提高交易价格，母公司对子公司进行非连续性补贴，进行非公允的资产互换，制造并不需要或并不存在的经济事项或交易等。此时，无论会计处理本身是否符合会计制度规范，以这些交易为基础而产生的财务信息都将使信息使用者对企业过去、现存或来来的价值和经营能力产生误解。从上述会计操纵的三个层次来看，第一层次与盈余管理概念相当，第二、第三层次实际上都包含了会计信息舞弊。从这个意义上说，不当盈余管理即会计操纵就构成了会计信息舞弊。

综上所述，如果我们将不能正确反映企业经营业绩和财务状况的会计记录定义为“假账”，那么“假账”问题则可以分为四个层次，分别是：会计错误、盈余管理、会计操纵和会计信息舞弊，它们之间的关系可用图 3-2 表示。会计错误只是会计报表中存在非故意的错报或漏报；盈余管理则是公司的管理者在编制财务报告或安排交易中利用职业判断，以误导利益相关者对公司业绩的看法，或影响以会计数字为基础的契约的结果；会计操纵则是利用会计准则中的漏洞和模糊定义达到特定的财务报告目的，是对会计准则的一种滥用；会计信息舞弊虽然也具有机会主义的动机，但它比会计操纵行为更为严重，其行为不仅超出了会计准则的框架，而且还可能触犯了法律。这四个概念从程度上来说是依次逐渐递进的，我们在使用时需经严格辨析并注意它们之间的联系与区别。

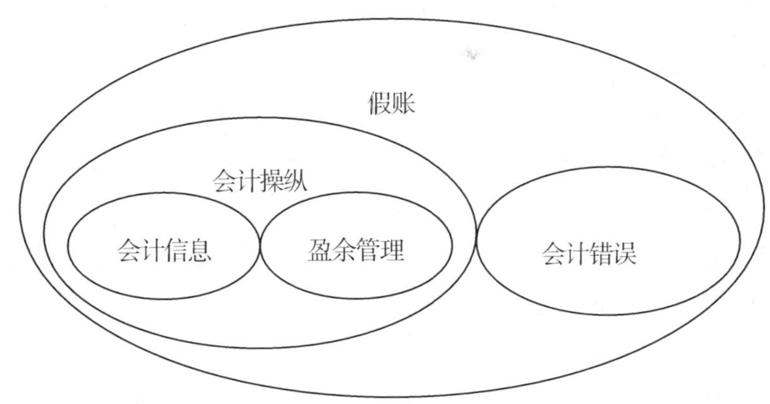

图 3–2　会计信息舞弊及其相关概念之间的关系

对会计信息舞弊的不同界定，反映了研究者各自的学术背景。以经济学、管理学、法学、社会学甚至政治学为学术背景，就可能有不同的角度和侧重。我们并不认为学术界在短时间里对会计信息舞弊的界定能够达成完全共识，有意义的正是这一探索过程。事实上，从不同的角度认识会计信息舞弊，可以丰富对会计信息舞弊理论的研究，深化人们对会计信息舞弊的认识。进一步的研究应该在尊重不同界定的基础上，侧重于会计信息舞弊对资源配置的影响过程和作用机制的探讨。

3.2 上市公司会计信息舞弊的理论阐释

会计信息舞弊成因复杂，形式多样。会计信息舞弊屡禁不止，必然有其存在的土壤和理论根源。以往的研究一般侧重于从会计管理体制和会计职业道德规范的角度考虑，较少运用经济管理理论分析会计信息舞弊的根源。本节试图从契约理论、博弈理论、委托代理理论、产权理论、内部人控制理论、有限理性理论、行为动力理论、人格结构理论等经济管理理论和心理学理论的视角阐释引发上市公司会计信息舞弊的理论根源，进而为提高会计信息使用者对会计信息舞弊的识别与反应能力提供理论依据。

3.2.1 会计信息舞弊：基于契约理论的阐释

契约论思想启蒙于古希腊，当时被作为反暴君派思想家的进行理论批判的武器，其中心思想是认为社会、国家及其制度、法律是人们缔结契约的产物。人们最初生活在没有社会和国家的自然状态之中，受自由意志支配，但是由于生存上的种种困境，人们自愿联合起来形成群体的力量，以更好的抵抗不可预见的灾害，从而与统治者即代理人订立契约，形成国家，其余的契约缔结者为被代理者，统治者或代理人根据所指定的行为约束条款和法律来保护群体的利益，那些愿意受到律令约束的被代理者，成为文明社会的公民。

契约理论是 20 世纪 30 年代以来形成的一种主流企业理论，根据契约理论，企业乃“一系列契约的联结”，这一系列契约“也就是劳动者、所有者、物质投入和资本投入的提供者、产出品的消费者相互之间的契约关系的结合”[137]，即构成企业契约主体的是具有某种偏好和经济资源的一些个人、群体和组织，具体包括：政府、管理者、股东、债权人、员工、消费者、供应商、审计人员等。在现代企业中，通过一系列联结的契约，各个具有独立利益关系的契约主体，将其所拥有的资源优势——资本、技能、服务、信息等投入到企业中，并希望从企业中得到相应的回报(如图 3-3[138])。显然，这些投入和回报均通过缔结和履行契约来实现，而会计在制定契约的条款以及在监督这些条款的实施中发挥着重要作用[62]，它通过计量各相关契约主体在企业中的投入，确定他们根据契约所应得到的回报，保护各契约关系人的权利和义务，并报告已签契约的履行情况，为后续契约的签订和评判提供共同知识，它不仅为契约的签订、履行和监督提供相关信息，而且还可以起到降低企业契约成本和交易费用、提高企业效率的作用。从这个意义上讲，会计是企业契约履行程度与效果的度量工具。企业到底实现了多少收益，按照企业契约规定各方能得到多少，都需要依赖会计对企业剩余进行计量由于信息不对称的存在，其它利益相关者无法直接确认经营者是否依法履行契约，是否损害了他们的利益，必然要求对契约的履行状况做出说明，这就是会计信息的披露。因此，没有会计，企业契约根本无法签订与履行。会计是企业得以形成的粘合剂，没有会计，企业将不复存在[46]，因而会计的本质就是一种特殊的经济契约[139]。

但是，在企业这个契约联结体中，利益相关者是多元化的，各个利益相关者既相互合作，又相互博弈。所以，会计信息一方面是精巧的会计机制的延伸，另一方面则是各种利益集团相互博弈的结果[103]。一方面，企业契约种类繁多，如股权契约、债务契约、报酬契约、税收契约和技术分成契约等等，不同契约之间不可避免地存在着利益冲突，比如，根据债务契约，企业在其未偿还该债务以前不得向股东支付股利，但这一要求与股东的股利支付要求是背离的。另一方面，在同一契约里，各契约关系人之间也存在利益冲突，比如，根据管理报酬契约，经理层倾向于任期内的短期效益，而股东关注的却是长期稳定的收益，这样，股东和经理人员之间就存在着利益冲突，类似的例子还有债权人与债务人之间的利益冲突、企业与政府之间的利益冲突等。另外，任何交易都可视为交易双方签订、履行和实施合约的过程[140]。由于交易费用的存在、有限理性的限制、机会主义行为的存在、行为的不确定性、计量和评价契约主体的多样性投入和回报存在一定难度以及缔约主体各方信息的非对称性，经济生活中的企业契约一般都是不完备的，即不可能在契约中把参与契约主体的所有权利和义务都规定下来，“在当前的法律制度状况下，合同在中国甚至比在西方更不完全”[141]。刘冬荣、刘建秋（2005）[46]认为，从企业契约与会计契约的安排规则中，我们可以找到会计契约安排与会计信息舞弊的一般逻辑。企业所有权契约安排决定企业经营者享有剩余索取权，剩余索取权的分享比例及企业剩余大小都依赖于企业的会计契约安排，而现行会计契约安排范式决定企业经营者享有剩余会计规则制定权，会计人员的会计规则执行相当残缺，很大程度上为企业经营者所控制，这样企业剩余的计量就基本上由经营者决定。这就相当于在一项以利益为目标的比赛中，经营者既当运动员，又可以制定比赛规则并且直接裁判比赛的结果，即充当了运动员和裁判员的双重角色。这样，企业经营者（也包括企业的其它实际控制者如董事会、大股东等）完全可以利用剩余的会计规则选择空间进行会计信息舞弊。由于经营者的效益目标函数不可能与企业其它所有者完全一致，在合理的经济人假设下，出于自身利益的考虑。经营者有可能通过命令、暗示的方式，要求会计人员粉饰会计信息，企业会计信息舞弊将不可避免。虽然存在独立的外部审计，但中外会计信息舞弊的现实情况说明，这不足以成为杜绝会计信息舞弊的充分条件。

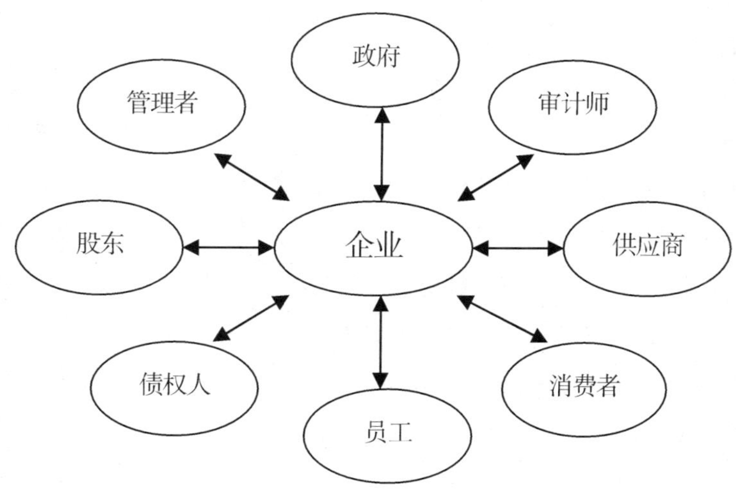

图 3–3 企业是一系列契约的联结

会计契约由作为显性契约的会计规则和作为隐性契约的会计诚信组成。会计诚信是企业契约体系中的一组隐性契约，它是企业契约签订与有效履行的基础，也是企业契约体系不完备的必然要求。会计诚信在企业契约运行中通过降低显性契约的交易成本和扩大契约机会集来达到提高交易效率的目的。从契约的角度考察，会计信息舞弊行为是会计诚信契约自动履行失败的结果。会计诚信的普遍失范，也用现实证明了会计契约安排的先天缺陷。从经济学理论分析，信息不完备与不对称、个人效用函数不一致、行为外部性导致的机会主义倾向，都可对会计诚信的失范做出较好的解释。然而，社会是一张契约网络的结合，企业契约的运行存在于特定的经济契约环境之中。在我国特殊的经济转轨过程中，报酬契约的隐性激励、债务契约流于形式、法律契约的软约束、政治契约的博弈性冲突和公司内部治理契约缺失，是造成我国会计诚信契约履约障碍特别严重的制度原因[142]。真实可靠的信息既是整个合约网络有效履行的一个基础，它本身又是诚信与否的标志。因为它要受到信息提供者——经理人和鉴证者——注册会计师等诚信程度的直接影响。而会计信息的质量又取决于法律的和非法律的会计规则本身是否有效，以及是否有一套保证其有效实施的机制。如果企业存在会计信息舞弊行为，合约将无法有效履行或需要法律介入后才能得到履行，这样就会大大地增加合约履行的社会成本。实际上，经理人是企业的控制者，会计信息也是由经理人来控制的。因此，经理人的诚信在整个企业合约履行中居于核心地位。经理人作为经济人，必然有其自身经济和非经济的利益追求。经理人的机会主义、道德风险和逆向选择等倾向都会成为股东、债权人及其它利害相关者面临的风险。而无论是会计信息的合法性管理，还是违法性舞弊，都会成为掩盖其它舞弊性经济行为的工具。因为没有会计信息舞弊，相关利益者获得的是关于企业财务状况和经营状况的真实信息，它们会根据这一信息，及时采取行动，如果存有其它违法性行为，也不可能长期被掩盖。例如，大股东会采取特殊的方式参与管理、改组董事会、更换经理等积极措施；更多的中小投资者则会采取抛售股票这种“用脚投票”的方法；债权人则会借助于借贷合约条款所规定的权利，约束企业投资、筹资、分配等行为；政府则可能通过法律介入追究当事人的法律责任[35]。

综上所述，现代企业是一系列要素使用权交易契约的联结，会计是企业契约的一个组成部分，它在本质上是企业契约履行程度与履行效果的度量，现代企业契约安排规定经营者享有企业剩余索取权，而会计契约安排规定经营者享有剩余会计规则制定权与会计规则执行权，这种经营者既分享企业剩余又控制剩余计量的制度安排，构成了会计信息舞弊的制度逻辑。由于契约的冲突与摩擦和契约本身的不完备性以及部分契约是以会计数字作为基础，使得那些契约关系人中能够影响和改变会计信息的人——主要是企业管理层，在面临利益冲突时，为确保自身的利益，会利用自己的信息优势，采取会计信息舞弊手法粉饰财务报告；其它契约关系人（如大股东）也可能会要求或默许企业管理当局实施会计信息舞弊，使财务报告以对自身最为有利的方式对外披露，以便契约的签订或履行朝着于己或于企业有利的方向发展，甚至出现损人利己的机会主义会计信息舞弊行为。在我国现实的契约环境中，报酬契约的隐性激励、债务契约流于形式、法律契约的软约束、政治契约的博弈性冲突和公司内部治理契约缺失，又造成我国会计诚信隐性契约的履约障碍。从会计契约的角度看，会计信息舞弊行为是会计诚信隐性契约自动履行失败的结果，这便是会计信息舞弊的契约理论渊源。

3.2.2 会计信息舞弊：基于博弈理论的阐释

博弈论，又称“对策论”，是20世纪40年代发展起来的经济学的一个分支，它是研究理性的决策主体之间发生冲突和合作时的决策以及这种决策的均衡问题。在博弈论中，参与人在他的战略空间内，其行动是自由的，不受他人的强迫，但博弈终了时，参与人的支付不仅与他自身所作的选择有关，而且还是其它参与人决策的函数，一个参与人决策的改变将会影响到一个博弈中的所有参与者，这就是说，参与者之间是相互作用和影响的。它将研究的重点投注于传统研究中忽略掉的，或为了简化讨论避而不谈的部分，即内部控制中各个方面行为或决策时相互之间的反应或反作用，也就是说策略和利益的互动性和相互依赖关系。博弈论不存在传统经济理论中由于上述忽略和回避造成的经济模型脱离实际的缺陷，因此在许多情况下它所得出的结论更加符合经济现实和更加具有应用性，对参与内部控制的各方的决策互动具有更强的指导作用（谢识予，2002）。从这个意义上讲， 博弈论是研究当一个主体的选择受到其它主体选择的影响，而且反过来影响到其它主体选择时的决策问题和均衡问题，其实质为：在经济主体理性的条件下，行为主体根据给定的条件及对方的行为（策略等），来决定自己的行为（策略），从而使自己的利益最大化[143]。博弈论原理表明，在博弈过程中，博弈各方可能会达成一定的协议，协议被遵守的前提是：遵守协议的收益大于破坏协议的收益，或者破坏协议的损失大于遵守协议的损失，否则，各方不会有遵守协议的兴趣[144]。根据博弈的定义，会计信息舞弊行为也是一个各方决策直接发生相互作用的博弈行为[42]。从博弈论的观点来看，会计信息舞弊博弈中，主体是企业管理当局，对方是企业的利益关系人，对方的策略是会计准则、制度和法律、法规。因此，可以说，会计信息舞弊的实质是企业管理当局追求利益最大化的一种博弈行为，会计准则、制度和法律、法规等，实际上是有关管理机构与企业管理当局达成的协议。从博弈论的角度讲，这种协议在一定条件下达到了纳什均衡，但在自身利益最大化的驱动下，博弈双方都有破坏协议、不遵守协议的动机。

因为，会计准则、制度和法律、法规等，是在特定条件下达成的协议，条件变化后，博弈各方原先的利益均衡状态会发生变化，理性的经济主体在计算遵守或破坏协议的收益后，会做出遵守或破坏协议的选择。条件的稳定是相对的，变化是绝对的。因此，企业管理当局为实现特定利益目标而选择会计信息舞弊的博弈行为是不可避免的。换言之，从广义的角度讲，只要存在通过博弈能使自身利益最大化的条件，就一定会有会计信息舞弊行为的出现，这从一定程度上说明会计信息舞弊屡禁不止的原因。

3.2.3 会计信息舞弊：基于委托代理理论的阐释

从本质上讲，信息经济学是非对称信息博弈论在经济学的应用，这里，非对称信息指的是某些参与人拥有而另一些参与人不拥有的信息，出现非对称信息这种情况，在信息经济学中称为信息的不对称性[143]。在证券市场中，各契约关系人之间存在着严重的信息不对称，尤其是会计信息的不对称。当然，如果委托人随时改变契约安排，而且信息交流的渠道是畅通的，且不发生信息成本（包括信息的搜寻成本和传递成本）的话，信息的不对称是可以消除的。事实上，由于存在着交流堵塞（Blocked Communication）信息的完全交流是不可能的，信息的不对称性不可避免，所以，会计信息舞弊行为也不可避免。

古典企业组织是一种最简单的层级组织形态，在这种层级结构中，资本所有权与经营管理权是合一的，所以不存在所有者与经营者之间的委托代理关系， 仅存在所有者(经营者)与工人之间的委托代理关系。19 世纪末 20 世纪初以来， 随着生产社会化的发展和市场竞争的日趋激烈，企业管理也越来越复杂化、科学化，古典企业层级组织已不适应新的形势，所有权与经营权合一的“企业主企业”便演化为两权分离的“经理人员企业”，即现代公司制企业，由此产生了所有权与经营权的分离，同时也产生了委托代理问题，并已成为现代公司治理的逻辑起点。

信息经济学的核心内容是委托代理理论。根据委托代理理论的一般观点， 上市公司可以界定为一个委托代理关系聚合体，在这一聚合体中，不仅资源财产所有人可将其财产委托给经理人来经营，而且经理人还可根据管理的需要将受托经营的资源财产进一步委托给属下来经营， 由此形成了一个由从股东-董事会-总经理-部门经理-业务员构成的多层次委托代理关系聚合体。此外， 股东可能还有大小之分， 他们之间也可能存在控股股东-中小股东的委托代理关系；为了构筑有效的公司治理机制， 公司运行中还实际存在其它一些超越层级的委托代理关系，如股东-监事会的委托代理关系、债权人-债务人的委托代理关系等（图 3-4）。现代公司制企业中实际上存在一系列委托代理关系：股东通过股东大会委托董事会，董事会代理股东大会委托的工作任务(主要是就重大问题作出决策)；董事会委托经理层，经理层代理董事会委托的工作任务(执行决策，经营管理企业)；股东大会还委托监事会，监事会代理股东大会委托的工作任务(对董事会和总经理等经理人员的工作进行监督)。在现代公司制企业内部，总经理以下又有一系列的委托代理关系，例如总经理与副总经理之间的委托代理关系，副总经理与部门经理之间的委托代理关系，部门经理和下属单位负责人之间的委托代理关系。这些委托代理关系形成了一个由从股东（股东大会）-董事会-总经理-部门经理-业务员构成的多层次委托代理关系聚合体。此外， 股东可能还有大小之分，他们之间也可能存在控股股东-中小股东的委托代理关系；为了构筑有效的公司治理机制， 公司运行中还实际存在其它一些超越层级的委托代理关系，如股东-监事会的委托代理关系、债权人-债务人的委托代理关系等。

该理论认为，只要在建立和签订合同前后，市场参与者双方掌握的信息不对称，这种经济关系就可以被认为属于委托代理关系。这里的委托代理关系并不仅仅限于人们通常所说的一方交易者委托另一方交易者完成某项任务的含义，而是一种更广意义上的委托代理关系。在委托代理关系中，掌握较多信息（或具有相对信息优势）的一方被称为“代理人”，拥有较少信息（或处于信息劣势）的一方则被称为“委托人”[145]。委托代理关系中存在的信息不对称所引发的问题有二：一是委托代理双方在交易达成前进行博弈时的信息不对称通过契约的运作导致“逆向选择”，二是委托代理双方在交易达成后进行博弈时的信息不对称使契约中潜伏着“道德风险”。“逆向选择”可以理解为：由于存在信息的不对称，委托人不了解代理人的真实情况，最终选择的代理人可能是违背委托人意图的。“道德风险”可以解释为：由于委托人无法直接观察到代理人的行为（如是否努力），只能观察到行为的结果，而这种结果既受代理人的行为影响，也受其它随机因素的影响，因此理性的代理人可能会少付出努力，而将产生的对委托人不利的结果归咎于外界因素的影响，这样代理人为了自己的利益而损害了委托人的利益，即出现了“道德风险”问题[143]。笼统地看，会计信息舞弊是由信息不对称所致，但细致分析可以发现，它同时表现为整个合约过程中两个不同阶段上的现象。原因不同，暴露出来的问题及解决方法自然各异。首先，在一个真假会计信息混杂的市场上，我们面临的困难是无法鉴别真伪，其结果，虚假信息很可能完全充斥市场而真实信息提供者不得不退出市场，类似于“劣币驱逐良币”的现象，这就是逆向选择问题[146]。“逆向选择”的结果，导致劣质会计信息驱赶优质会计信息现象，造成整体会计信息质量下降，“旧车模型”中对此给出了最为经典的说明。逆向选择问题一般发生在签约阶段，具有事前机会主义性质，因而这里最关键的问题是如何显示真实信息提供者的内部信息并将真假两方区分开来。其次，信息提供方提供的会计信息质量失真，说明他们违反了与买者签订的合约，虽然这些合约在许多场合是以隐含的方式确定下来的。这说明会计信息失真现象又属于合约履行和实施过程中发生的问题，可视为事后机会主义导致的，是一种道德风险问题。

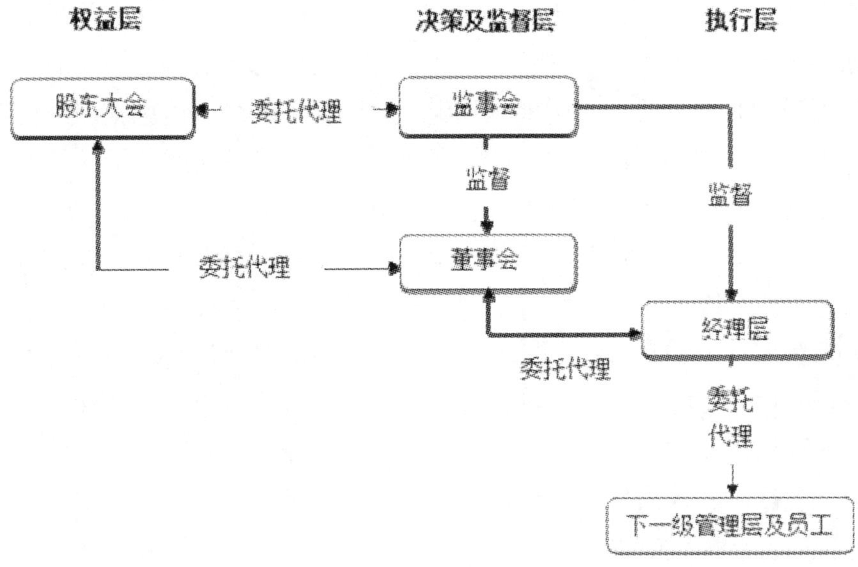

图 3-4 现代公司制企业委托代理链

委托代理关系实质上是一种契约，在这种契约关系下，委托人授权代理人为他们的利益而从事某些活动，同时代理人通过这些活动可获得一定的报酬。但是，信息不对称是经济现实中普遍长期存在的客观现象，而对称信息反倒是一种特例和假设[147]。在证券市场中，各契约关系人之间、各相关主体之间、特别是筹资者与投资者之间的信息不对称现象更加突出，因而普遍存在逆向选择和道德风险问题。尽管委托人可以聘请独立的注册会计师对会计报表进行审计以提高其可信度，但由于审计风险、审计合谋等原因，注册会计师并不能发现所有的错弊，这样管理人员便有机会对会计数据进行舞弊。斯密最早意识到这一问题，他在《国富论》中指出："股份公司的经营活动，通常是由一个董事会管理的。这个董事会，在各个方面事实上控制了股东大会。而这些股东中的大多数在多数情况下并不讳言他们对公司业务知之甚少；当那些对公司业务有所了解的少数人的意志凑巧不占优势地位时，这些股东除了满意地接受董事会认为适当的半年期或年度红利外，别无它想。……然而，这种公司的董事，作为别人的钱而不是自己的钱的经营者，不能指望他们会像私人合伙制中经常做到的那样以极大的警惕性关心自己的钱财。正像一个富人的管家一样，极易把主人的东西攫为已有。因此，掉以轻心和挥霍浪费或多或少地在这样一种公司的事务管理中存在[148]"　。

证券市场中最为典型的逆向选择问题是，相对于会计信息使用者而言，公司管理当局拥有更多关于公司现状和未来发展前景的私人信息或内部信息，这种信息不对称会直接影响会计信息使用者对公司价值的评价，从而影响帕累托改进的实现[105]。当存在于公司管理当局不利的信息时，通常情况下会产生两种结果：一是公司管理当局出于追求自身效用最大化的考虑，对会计信息进行粉饰和伪造，掩盖于己不利的信息，以牺牲会计信息使用者的利益来获得自身的利益；二是公司管理当局主动向会计信息使用者提供真实的私人信息和内部信息，以实现双赢互利的目的。当然，会计信息的提供能够降低信息的不对称性，从而缓解逆向选择的负面影响，并降低交易费用。但由于会计信息本身只是公司管理当局所掌握的私人信息的一部分以及现行会计模式的局限性，加之公司管理当局作为契约人所具有的内在特征，使得逆向选择不可避免。基于此，公司管理当局进行会计信息舞弊是完全可能的。就我国的证券市场而言，由于公司股票发行上市需耗费高额的发行费用、承销费用、中介机构费（包括注册会计师费用、评估费用和律师费用等、上市推荐费用、上网发行费用及其他费用等），导致许多经营业绩优良、资金充裕的公司不愿上市或不需上市，而急于上市的有可能是那些经营业绩并不十分良好、缺乏资金的公司。这些公司为了能满足上市的条件，在资本市场上筹集到所需的资金，就有可能对其盈余进行包装，粉饰财务状况和经营成果，以吸引投资者的注意。而投资者对拟上市公司的真实财务状况和经营成果并不了解，他们只是根据公开的信息（有可能包含了会计信息舞弊的信息）做出他们的投资判断。这种逆向选择的结果导致资金流向经营情况不佳的公司。这些公司在上市以后，面对证券市场的压力，为了保住宝贵的“壳”资源，甚至为了能以后在证券市场上筹集到更多的资金，在改善自身经营条件的同时，不排除他们继续通过会计信息舞弊提高公司的盈余。

证券市场中的道德风险问题表现为：会计信息使用者无法观测公司管理当局的行动，而公司管理当局可以利用其掌握的有关公司经营业绩或其它方面隐蔽信息的优势影响会计信息使用者的利益。国内外的许多实证研究成果证实了这一观点。当然，如果委托人随时改变契约安排，而且信息交流的渠道是畅通的，且不发生信息成本（包括信息的搜寻成本和传递成本）的话，信息的不对称是可以消除的。事实上，由于存在着交流堵塞（Blocked Communication）信息的完全交流是不可能的，信息的不对称性不可避免。人们为避免这一问题的出现设计了各种激励机制，以迫使代理人分担其行动的后果，激励公司管理当局按照对委托人（投资者）有利的方向来选择自己的行为。而这些激励机制的设计离不开会计信息，例如将企业的净利润与经理人员的工资挂钩，这样可以促使经理人员努力提高公司的利润水平。但这些激励机制的设计和运行需要支付成本，尤其是监督成本，如果投资者不愿意支付较高的监督成本，如果公司管理当局更多地考虑自己的利益，公司管理当局就有可能进行会计信息舞弊，以获得更高的奖励，或是在做出有损于投资者利益的行动后，通过会计信息舞弊予以掩盖。

在上市公司会计信息舞弊中，委托人是企业的所有者——股东，代理人是企业的受托人——管理层。在委托人与代理人之间都存在着风险：代理人的风险是他努力工作，但只能获得一定的报酬，这种报酬可能与他努力工作所带来的效益不成比例，所以，他热衷于追求额外消费；委托人的风险则是他支付了高额的薪水但不能保证受托人努力工作，或受托人的工作能力有限，使企业委托人拥有剩余索取权的价值承受损失，因此，激励机制不可避免。同时受托人的风险态度对企业的委托——代理关系也产生影响。根据团队生产理论，为防止企业管理层的道德风险也要花费相应的监督成本。在激励机制（报酬契约）监督成本与管理层的工作积极性之间就存在着相应的协调，三者之间任何一方的变化都会影响会计信息舞弊的程度。

总之，根据委托代理理论，在信息不对称现象普遍存在的情况下，由于代理人总是比委托人拥有更多的信息，拥有信息优势的一方可通过输出对自己有利的信息使自己获利。当这些信息是会计数据时，代理人便有动机操纵会计数据，将信息优势转化为自身利益，这种动机的存在使得上市公司会计信息舞弊层出不穷，而层出不穷的会计信息舞弊又会加深信息的不对称程度[149]。目前我国国有上市公司的公司治理制度还存在诸多缺陷，委托代理关系下的公司内部制衡体系不健全，经营者没有动力向外部的利益相关者提供真实的会计信息。

3.2.4 会计信息舞弊：基于内部人控制理论的阐释

“内部人控制”（insider control）理论是在研究现代公司治理结构缺陷时建立的一种理论。青木昌彦（1995）[150]将内部人控制定义为：在私有化的场合，多数或相当大量的股权为内部人持有，在企业仍为国有的场合，在企业的重大战略决策中，内部人的利益得到有力地强调。在转轨经济中，内部人控制是一个相当普遍和严重的现象。青木昌彦指出：“内部人控制看来是转轨经济中所固有的一种潜在可能的现象，是从计划经济的遗产中演化而来的一种内生的趋势”。与美国由于公司股权高度分散，伴随公司“经理革命”而产生的公司“官僚行为”不同，转轨国家的内部人控制一般是由于国有股权虚置，国有资产管理功能未到位，导致公司的大股东出现失控，甚至国有股权的代理人与公司的内部控制人“串谋”，共同危害

"终极所有人"的利益和中小股东的利益。

我国学者对内部人控制的研究基本上沿袭了青木昌彦的思想。因为中国也处于经济传型过程中，具有与其它转型国家相同的特点。另外，我国的内部人控制和前苏联东欧一些经济转轨国家还有所不同，因为政府还保留着企业的人事任免权，从而也掌握着与管理人员事业有关的激励手段。因此，张春霖（1997）将之归纳为"行政干预下的内部人控制"具体表现在：在国有企业股份制改造过程中，董事会和经理层几乎都由企业原班人马担任，且由于缺乏来自所有权安排的有效制约，使得董事会和经理层合谋控制了对企业的支配权，从而损害了所有者的利益。证券市场上上市公司的会计信息舞弊行为则是内部人控制的外在表现。笔者认为，内部人控制是指法人治理结构中"所有者缺位"和控制权与剩余索取权不匹配而产生的经营者群体侵占所有者利益的行为，它有"法律上的内部人控制"与"事实上的内部人控制"两种。前者是指内部人（经理层与职工）通过持有本企业的股权而掌握对企业的控制权；后者是指内部人不持有本企业的股份，不是该企业法律上的所有者，然而却拥有该企业的控制权。

在目前我国经济体制转轨和国有企业进行公司制改造过程中，上市公司的内部人可能并不拥有或较少拥有公司的股权，但由于产权结构的限制和市场机制环境的缺陷，上市公司的内部人控制依然很严重，从前几年的郑百文、银广厦，到最近的亿安科技，使我们几度看到了内部人控制问题无所不在的阴影。随着市场经济的发展，这种阴影仿佛总能找到栖身之地，并以不断变化的形式在肆意地张扬。其主要表现为：⑴ 事实上的内部人控制，即国有大中型企业的经理人员在法律上不拥有该企业多数或大量股权，但拥有对企业的控制权；⑵ 政府行政干预下的内部人控制，对于国有企业来说，国家乃是企业的最终所有者，但是企业拥有相当多的控制权，特别是企业的经理层拥有过多的控制权，国家保留对企业的最终干预权利（对企业经理人员的任免）等等。⑶ 通过引入股权与期权激励机制，把事实上的内部人控制合理的转变成法律上的内部人控制，并且彻底改变内部人的地位与收入状况，在保证自身利益的前提下同时保证国家的利益。造成我国企业内部人控制现象的原因除了企业与财产所有者（政府）的信息不对称外，其重要的原因：一是政府赋予企业经理人员的收益权与其责任是不对称的，对经理人员来讲，与其提高企业的经营效率，多拿奖金，不如扩大对企业的控制权，因为这种控制权能为他带来诸多不在位时的好处；二是财产权利约束不到位，政府仅通过任免企业经理人员等行政手段来约束企业，而政府权力是由其代理人政府官员来具体实施的。不可否认，作为代理人的政府官员有着其自身的利益激励，而他们的这种激励很容易与公司管理层对个人利益的追求结合起来，形成具有政府干预特征的内部人控制。

在委托代理制度下，企业的所有者和经营者的目的是不一致的，如果缺乏必要的监督和约束机制，经营者就有可能做出违背所有者利益的事情。内部人控制问题与会计信息舞弊有着密切的联系。在经济转轨过程中，在内部人实际控制企业的情况下，内部人拥有很大的经营自主权，扮演着信息提供者的重要角色。他们完全控制了企业的会计信息系统。而当企业会计行为的价值取向直接受制于内部人的利益偏好时，会计核算和监督不是以兼顾利益集团为核心，而是以内部人为核心。由于制度中的诸多漏洞和执行力度的不足，内部人利用自己的信息优势，在很大程度上取得了会计信息的控制权，会计不再是为投资者、债权人等提供正确反映财务状况和经营成果的信息系统，而成为内部人滥用控制权的工具，必然会在需要舞弊时不加任何选择地进行会计信息舞弊，以实现他们的局部和个人利益，“穷庙富和尚”现象正是内部人控制的具体体现。在我国还存在大股东侵犯中小股东利益的问题，在这里内部人仅仅代表了大股东的利益，内部高层人员也是大股东直接任命的，是内部人控制的一种变化形式。内部人控制的程度可以股权集中程度和内部董事的比例来衡量。股权集中度越高，内部董事比例越高，董事会独立性越差，会计信息舞弊程度越高。我国上市公司股权高度集中，内部董事在董事会中占大多数，而且董事长和总经理两职兼任的情况比较普遍，更加重了内部人对上市公司的控制程度和会计信息舞弊程度。梁杰，王漩，李进中（2004）[151]的实证研究也表明：内部人控制程度与财务报告舞弊具有显着正相关性，内部人控制程度越严重，公司越容易发生会计信息舞弊。

3.2.5 会计信息舞弊：基于产权制度的阐释

现代产权理论是新制度经济学的一个分支，代表人物主要有罗纳德·H·科斯（Coase）、威廉姆森（Williamson）、斯蒂格勒（Stigler）、德姆塞茨（Demsetz）和张五常等等。产权理论是指与产权及产权制度相关的理论。所谓产权，是指一种制度或规则，这种制度或规则能够明晰各经济主体的利益边界，激发各经济主体的活力。产权主要是指对财产的占有权、使用权、收益分配权等的权利，产权制度是指对财产关系实现有效的组合、调节和保护的制度安排。科斯在对古典经济进行反思、批判及修正的基础上提出了西方产权理论，重点强调了产权、制度、交易费用等要素，20世纪70年代后产权理论经威廉姆森、诺思、斯蒂格勒等人的研究得到不断地丰富和完善。交易费用理论是产权理论的主要内容，该理论的核心是产权制度存在的意义在于存在交易费用，认为界定清晰的产权，明确产权主体可以减少交易费用，有利于形成有效的产权制度。瓦茨和齐默尔曼指出：会计是产权结构变化的产物，是为了监督企业契约签订和执行而产生的。

瓦茨和齐默尔曼指出：会计是产权结构变化的产物，是为了监督企业契约签订和执行而产生的。产权理论认为，会计信息是一种稀缺性资源，通过会计信息的揭示可以实现企业内部资源的合理组合及优化，引导社会资源的有效配置和流动。从历史发展过程来看，会计对产权的贡献是与生俱来的，并一直成为产权思想的忠实随从。会计的产生和发展总是以特定的产权关系为基础，受特定的产权制度制约并为特定的产权主体服务，其产生、发展和变革的根本使命是：体现产权结构，反映产权关系，维护产权意志。会计理论和实务的环境无不充满产权主体的身影，不同的产权制度对会计信息有不同的要求，会计信息处理过程就是对不同产权主体之间的利益关系进行确认、计量、记录和报告的过程，而产权归属明确是确定会计监督权的前提条件[9]。会计从职能上看无不为界定产权和保护产权而效力，而会计信息揭示的目的就是在于解除产权主体的受托经济责任。

会计信息作为各经济主体明确责任、保护自身产权不受侵犯的一种必需公共产品，其自身质量的高低与产权制度的完善与否必然存在着紧密的联系。

首先，产权的明晰性是保证会计信息质量的最根本原因。明晰化的产权使资产所有者以企业价值最大化为行为目标，而在此目标下，资产所有者就必然成为会计信息的真正需求者。在委托经营的情况下，当资产所有者真正关心企业的经营状况和经营业绩时，他就会重视会计信息的质量。反之，如果一个企业的经营好坏与资产所有者的利益关系不大时，那么企业会计信息质量的重要性就会大大下降。

其次，产权的可流动性与产权多元化是会计信息质量的重要保障。当产权可流动时，出资者的产权就可以有效地进行整合，组成最优的出资人主体，当出资人主体处于一个最佳组合时，它对企业经营者的监督必须是最有效的。产权的多元化可以避免大股东凭借自身的控股优势而操纵企业经营及财务运作的情况，减少大股东在缺少其它股东牵制的状况下进行会计信息舞弊以谋取私利的动机。

业主制和合伙制下，会计信息的质量受所有者强有力的约束，不会存在或较少存在信息不对称的现象。在公司制下，会计信息的质量在法律前提下受经营者强有力的约束，其主要目的在于揭示企业财务状况和经营业绩，以提供对决策有用的信息，并确认和解除经济责任，从而维护利益、合理分配。在这种制度下，会计信息的使用者人数众多，所需求的会计信息各不相同，充满着信息不对称性和利益非均衡性。因此在论及会计信息质量时，必须考虑会计信息用户的实际需求，这就要求明确产权主体，产权归属明确是确定会计监督权的前提条件。若产权主体不明确，就会造成更深程度的信息不对称，会计信息舞弊的产生自然是在“情理之中”。

对于任一稀缺资源，如果该资源的收益权和控制权都在法律形式上或在实际习惯上属于同一人，那么该资源的产权就是明晰的、完整的，反之，该资源的产权就是模糊的、残缺的。在收益权和控制权分属于不同的个人的情况下，有收益权而无控制权的人在追求其收益时，就不会考虑资源消耗的代价；有控制权而无收益权的人就不会认真去改进控制方法而提高收益[152]。

生产力的发展引发了产权裂变，使所有权和经营权相分离，同时也产生了与现代企业制度相适应的体现资本所有权与经营权分离与整合的组织机制——委托代理制和“股东大会→董事会→经理层”分层授权并以董事会为核心的产权控制模式。在这一产权控制模式中，经理层行使经营权，直接指挥并控制企业、会计部门及其核算与报告活动，掌握了充分的内部信息；大股东凭借优势股权成为董事会成员，能够直接从企业取得较为详细可靠的信息并监督经理层，经理层和大股东作为公司管理者控制了会计信息的生成和披露，是会计信息的供给方；中小股东由于股权比例小而远离企业最终控制权，他们对于企业的经营管理完全是局外人，对会计信息的占有上处于先天劣势，只能以间接的方式获取信息来监督经理层和大股东的履约情况，是会计信息的需求方。正是为了适应众多且分散的中小投资者对会计信息的强烈需求，上市公司采用了公开披露的方式提供财务报表。但是，在两权分离的情况下，客观存在着所有者与经营者之间、大股东与中小股东之间利益不一致的矛盾。而经营者与大股东作为经济人，在信息不对称的情况下，他们有动机利用其掌握的信息优势为自身谋取利益优势，直接对财务报告进行操纵，以达到不公平地侵占中、小股东的利益，从而引发会计信息舞弊问题。

公司制改造以前，我国国有企业产权的产权特征是产权界定模糊，产权主体缺位，缺乏终极所有者，因而各行为主体存在不同的利益驱动，法人治理结构中相互制衡机制失效。公司制改造后，这种问题得以一定程度的缓解，但国有产权虚置情况依然广泛存在，各级政府部门、国有控股公司以及各类国有产权代表虽然通过一定的方式被明确为国有资产的投资主体，履行资产所有者职能，但他们并不是真正的所有者，只是国有产权代表外在形式上的更替，他们虽然拥有国有资产控制权，却没有索取控制权下使用收益的合法权益，这种控制权与收益索取权的分离，导致了国有产权代表对其控制权的漠视甚至滥用，从而强化了企业和个人在利益冲突中的优势，使得地方政府与企业管理者合谋、企业管理者和职工合谋，造成国有资产和利润被不断侵蚀。因此，各类国有产权背后仍然缺少所有者的真正严格监督和硬性约束，国有资产所有者在实质上仍然“缺位”，国有产权代表既不具有对企业的剩余控制权，也不具有资本的剩余索取权，剩余控制权与剩余索取权没有达到与资本所有权的统一，国有产权所有者既没有动力也没有能力对经营者进行有效监管和约束，在这种没有所有者监管和约束的情况下，由于会计信息的处理存在利益趋向偏差，上市公司会计信息舞弊现象自然不可避免。

3.2.6 会计信息舞弊：基于有限理性理论的阐释

“有限理性”理论是由1978年美国的诺贝尔经济学奖得主 Simon 教授提出的。在其所著《管理行为》一书中，他认为现实生活中的人是介于完全理性与非理性之间的“有限理性”状态，即人是有限理性的[153]。同时，他还明确区分了程序理性和结果理性。所谓程序理性是指，行为是在适当考虑其结果的条件下进行的，或者说行为过程符合规范的标准，则该行为就是程序理性的，因此行为的程序理性取决于某项行为产生过程是否符合规范；所谓结果理性是指，在一定的条件和限定范围内，当行为能够达到预定的目标时，该行为就是结果理性的，因此行为的结果理性取决于某项行为是否达到了预定目标或预定目标的完成状况，而不管其行为过程如何。

Simon 教授的“有限理性”理论是在松动完全理性的假设前提之下产生的。程程序理性和结果理性的本质区别在于其着眼点不同。程序理性强调的是行为过程的理性，而不只是注重结果本身，结果总是一定行为过程的结果，世上没有无因之果，只要保证了行为的程序理性，结果自然是可以接受的；而结果理性则强调结果对预定目标的符合程度，而不在意产生这一结果的行为程序。Simon 教授认为，在不确定的环境下，人们由于无法准确地认识和预测未来，从而无法按照结果理性的方式采取行动，只能依靠某一理性的程序来减少不确定性。也就是说，应该注重程序理性。因此，在“有限理性”的前提下，我们应当侧重程序理性，加强对行为过程的考核和控制。只要程序合理、过程规范，结果理性自是程序理性的必然结果，而不应刻意追求结果理性、倒置本末。

由于会计职能的特殊性，即会计要反映企业的财务状况、经营成果和现金流量，所以企业的此类“结果”受到特别关注，即 Simon 教授所说的“结果理性”，而无视，至少是忽视会计信息产生的整个程序如何。于是，在企业业绩的评价者，即企业有关管理部门的相互博弈过程中，企业管理当局逐渐地偏向于企业业绩的评价者（企业有关管理部门）的要求，注重企业一定期间终结状态的结果指标，忽视对全过程的“程序理性”的控制。在这种状态下，过度重视“结果理性”，必然诱导我国上市公司的会计信息舞弊行为。比如：作为上市公司的监管部门和评价者，在上市资格准入制度、配股条件、业绩评价指标等方面过度重视“结果理性”，对会计信息舞弊行为起到了推波助澜的作用。

a. 上市资格准入制度与会计信息舞弊

在对公司上市资格的准入制度上，存在两种不同的思路，一是核准制，二是注册制。两者主要的区别在于：在核准制下，由政府出面制定较之一般的公司法更高的进入标准，并依据这一较高的标准逐个审批意欲进入市场者的申请；而在注册制下，意欲进入市场者只需要按照一般公司法的要求向证券监管部门注册登记即可，但政府对于事后的舞弊行为将进行惩戒。

为了维护上市公司的稳定和平衡复杂的社会关系，我国1990年到2000年一直实施的是行政审批制度。在行政审批制下，除了在《公司法》中要求股份公司发行股票并上市，需要开业时间在三年以上、最近三年连续盈利等条件外，还实行“规模控制，限报家数”政策。企业通过激烈竞争拿到的股票发行额度往往与其资产规模和财务状况不相匹配，只好将一部分经营业务和经营性资产剥离，或者进行局部改制，并通过模拟手段编制非独立核算单位的会计报表。此外，许多改制企业（尤其是国有企业）因承担社会职能而形成大量的非经营性资产，也必须予以剥离。通过将劣质资产、负债及其相关的成本、费用和潜亏剥离，便可轻而易举地将亏损企业模拟成盈利企业。剥离与模拟从根本上动摇了会计信息的真实性，模拟的会计报表难以客观反映企业的实际盈利能力。而作为券商，只要争取到获得额度的企业，就肯定能获得相应的利益，不需承担任何风险，因此对上市公司的服务是次要的，主要是看与地方政府的关系，这就不可避免地导致投资银行业务演变成“公关”行为。也正是如此，我国早期上市的很多公司先天发育不良，上市后“一年绩优、两年绩平、三年配股、四年绩劣”也就成为最真实的写照。

从2001年3月17日开始，我国正式实施核准制，这是我国朝着股票发行机制市场化迈出的关键一步。但在实施初期，大量企业被快速包装上市，暴露出很多问题。为了提高券商自律和实现对上市公司数量乃至扩容节奏的控制，有关部门又推出了“通道制”，以提高券商执业水平和抑制劣质公司上市。但由于通道有限，很多券商为了争到主承销权，不得不对准上市公司曲意迁就，以期能快速将企业包装上市，腾出通道来跟进新的业务，起不到对上市公司的核查和监督作用。而相当一部分企业为达到包装业绩和高溢价发行的目的，仍沿用核准制以前的改制模式，剥离和模拟现象仍然存在，过度包装、虚假信息仍然在证券市场层出不穷。

总之，在我匀，无论是原先的额度制还是现在的核准制，上市资格事实上成为一种具有很高价值的稀缺商品。上市资格的取得几乎不是市场选择的结果，而是政府选择的结果[154]。这种情况的出现，在于证券监管部门对于结果状态的偏爱，在审核公司上市资格时，把注意力过度集中在上市条件上，只要上市公司达到审核标准，则批准上市，而对于公司在申请上市时由于存在着信息不对称而采取的各种寻租行为却没有多加考虑。这就使得不少上市公司为了达到上市的“结果状态”，不得不以牺牲“程序理性”去尽力迎合监管部门对“结果理性”的要求，从而不可避免的出现了不合理的资产剥离等种种会计信息舞弊行为。

b. 配股条件与会计信息舞弊

我国绝大多数上市公司均以配股作为最佳融资渠道，但配股需要有比较严格的条件。自 1993 年以来，中国证监会针对上市公司的配股条件相继出台了五个规范性文件，在配股资格方面先后颁布过五个标准，对申请配股前两个或三个会计年度的净资产收益率（ROE）规定如表 3-2。

由表 3-2 可见，上述各种配股政策及其变迁是证券监管部门根据市场情况的变化经历了多次修正和完善的结果，反映了市场监管部门在不同时期、不同环境下对上市公司配股行为的规范意图。就配股程序而言，配股审核或核准程序越来越透明，独立性越来越强，但程序比较复杂。在配股条件上，配股政策经历了由松到紧，又由紧到松的演变，尽管这一演变与我国宏观经济的走势密切相关，然而业绩符合一定的标准始终是上市公司是否具有配股资格的最重要条件。

随着历次配股政策的变迁，上市公司也根据不断修正及预期修正的配股政策来调整其配股行为，由此我国证券市场净资产收益率（ROE）的分布也围绕配股及格线发生了相应变化（详见表 3-3 和图 3-4）

表 3-2　1993 年以来配股政策的演变

配股政策	政策名称	发布时间	配股程序	业绩要求	涵盖时间
第一次	《关于上市公司送配股的暂行规定》	1993.12.17	省（市）政府审核	连续两年盈利	1993年
第二次	《关于执行〈公司法〉规范上市公司配股的通知》	1994.09.28	证监会审核	三年内连续盈利，净资产税后利润率三年平均在10%以上	1994~1995年
第三次	《关于1996年上市公司配股工作的通知》	1995.01.24	证监会审核	最近三年净资产税后利润率每年均在10%以上	1996~1998年
第四次	《关于上市公司配股工作有关问题的通知》	1999.03.27	证监会地方派出机构审核，发行审核委员会表决，证监会核准	三年净资产收益率平均在10%以上，同时每年净资产收益率不低于6%	1999~2000年
第五次	《关于做好上市公司新股发行工作的通知》	2001.03.15	证监会地方派出机构审核，发行审核委员会表决，证监会核准	前三年净资产收益率平均不低于6%	2001~2002年

表 3-3　1993–2002 年我国上市公司 ROE 分布变化情况[155]

年份 \ 项目		1993	1994	1995	1996	1997	1998	1999	2000	2001	2002
年末公司数		194	293	321	566	735	768	998	1144	1202	1278
10%≤ROE<11%	公司数	6	21	27	104	205	187	136	86	49	63
	所占比例	3	7	8	18	28	24	14	8	4	5
6%≤ROE<7%	公司数	4	8	11	9	12	36	98	147	148	158
	所占比例	2	3	3	2	2	5	10	13	12	12

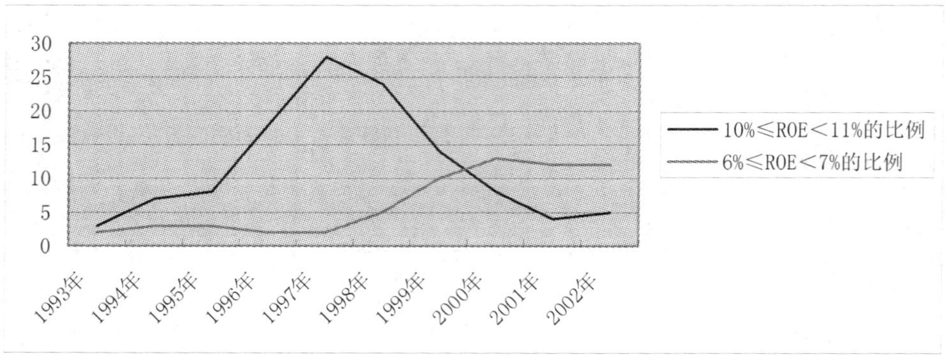

图 3–5　1993–2002 年我国上市公司 ROE 分布变化情况

表 3-3 和图 3-5 显示，1993 年到 1998 年净资产收益率的分布有向 10%集中的趋势，特别是 1996 年、1997 年、1998 年净资产收益率在 10%的正向领域的频率分布绝对的集中，远大于 10%的净资产收益率分布极少。1999 年和 2000 年，上市公司的 ROE 分布不同于前几年，出现了“双峰”现象，1 0 %≤ROE＜11%和 6%≤ROE＜7%两个区间的上市公司比较集中。在这两年中，上市公司的净资产收益率由 10%向 6%转变。2001 年和 2002 年度的净资产收益率分布又出现了显着变化，在这两年之内，10%高峰的现象已经消失，主要集中在 6%区间。表 3-3 的统计结果表明，随着证监会配股条件的改变，上市公司的 ROE 也随之改变，呈现相同的变化。上市公司 ROE 的这种分布和分布的变迁不太可能是企业真实经营状况分布和变化的反映，在没有充分证据反证的情况下，最有可能的解释是为了满足证监会的配股条件而进行会计信息舞弊的结果，是证监会的配股条件在一定的程度上推动了上市公司的会计信息舞弊行为。刘杰（1999）[156]，陈小悦、肖星、过晓燕等（2000）[157]，孙铮、王跃堂（2001）[158]，蒋义宏（2002）[103]，对上市公司 ROE 频率分布的研究得出了同样的结论。鲍恩斯、吴溪、李辉（2004）[159]通过对 ROE 分布密度曲线图的观察以及迁移矩阵的分析，也推断出历次配股政策变迁均伴随了中国证券市场 ROE 分布形态的相应变化：当配股政策趋严时（如第二次政策变迁），ROE 分布形态整体上便出现了调高特征；当配股政策放宽时（如第一、第三以及第四次政策变迁），ROE

的分布也从整体上调低；市场对配股政策设置的ROE临界值（尤其是刚性临界值，如10%和6%）表现出极强的敏感性和迅速的反应性。总体而言，在试图甄别优质公司的同时，以会计信息为基础的配股政策使证券市场中有限的追加资源被不合理地分散化，因而也就降低了追加资源配置的有效性，同时也在相当程诱发了市场会计信息供给的扭曲和上市公司会计信息舞弊的发生。

c. 上市公司业绩评价指标体系与会计信息舞弊

业绩评价对上市公司经营者的行为具有引导作用，而评价指标体系的建立是评价的起点和基础，直接关系到评价工作的准确性和公平性。我国上市公司经营业绩评价指标体系，主要是以会计收益为基础的财务指标。根据契约理论，假设契约以会计数据为惟一指标，那么契约关系人（如企业经营者）为了实现自身利益最大化就有动机和机会进行会计信息舞弊。不仅如此，由于净资产和净利润的计量本身涉及相当大的主观判断，净利润除以净资产得来的净资产收益率必然也存在相当大的会计信息舞弊空间。另外，以会计收益为基础的财务指标，由于受到现行会计准则和制度体系中会计政策和会计方法的可选择性以及财务报表的编制具有相当弹性的影响，也给上市公司管理当局提供了会计信息舞弊空间。因此，在业绩评价中，过分倚重于当期的财务性业绩评价指标，势必导致企业管理人员只注重眼前利润而忽视长远利润，甚至诱使企业管理人员投机行为的发生，以损害企业长期业绩的成长来换取暂时优秀的业绩。当即使通过以牺牲长期利益也无法使财务评价指标达到预期标准时，这种投机行为发展到极端就演化为直接提供虚假会计信息，编造数据以达到预期的业绩评价标准。

按照经济学的基本假设，市场经济的参与者都是“逐利的理性经济人”，作为受托者的公司经营者同样也不例外。他们对外提供信息的行为主要取决于该种行为所提供信息的经济后果，即作为一个理性经济人，他总是会向外提供对其自身更有利的信息。由于上市公司经营者的利益往往与公司业绩挂钩，而业绩的衡量标准又是以会计收益为基础的财务指标；再加上对上市公司实行特别处理、暂停股票交易及中止股票交易的规定也是以财务指标作为依据。当企业的此类“结果”受到特别关注，而会计信息的产生过程不被看重时，在投资者和监管部门的压力下，反映最终“结果”状态的会计信息的真实性必然大打折扣，会计信息舞弊也就有了产生的土壤。因此，当上市公司财务状况恶化、业绩不佳、濒临亏损边缘或有业绩滑坡迹象时，上市公司的经营者除了千方百计改善生产经营外，还会在“结果理性”的驱使下，尽可能地采取多计收益或少计费用等方法粉饰公司的经营业绩，以取悦于评价者。

上市公司会计信息舞弊如此严重，固然与会计人员素质不高会计工作不规范以及监管工作不力有关，但会计工作中的问题往往不仅仅是会计人员的问题。由于会计职能的特殊性，即会计要反映企业的财务状况、经营成果及现金流量，所以当企业的此类“结果”，受到特别关注、而会计信息产生的过程不为看重时，在单位负责人、以及来自投资者和监管部门的压力影响下，常常作为单位领导价值观取向和意志体现的、反映最终“结果”状态的会计信息的真实性必然大打折扣，会计信息舞弊也就有了产生的土壤。正是由于对于结果状态的过于偏爱，以及对会计信息舞弊产生过程有所忽视，从而使会计信息舞弊现象屡禁不止，愈演愈烈。正是因为实际工作中评价者注重的是企业生产经营活动在“结果”状态上的最终外在表象，而无视、至少是忽视整个程序如何，使得企业牺牲“程序理性”去追求“结果理性”，以符合有关管理部门的要求。于是，在与企业业绩的评价者，即企业有关管理部门的相互博弈过程中，企业管理当局逐渐地偏向于企业业绩的评价者（企业有关管理部门）的要求，注重企业一定期间终结状态的结果指标，忽视对全过程的“程序理性”控制。在这种状况下，会计违背客观真实情况和相关法规政策规定，为符合“结果理性”的标准而造假，会计信息舞弊也就在所难免。

综上所述，我国上市公司的会计信息舞弊行为，除了其自身原因外，公司上市资格准入制度、配股条件、业绩评价指标等的现行规定都是上市公司会计信息舞弊的诱因。因此，分析上市公司会计信息舞弊的原因，不仅要从公司本身着手，还应该致力于外部的诱因分析，从而改变以往只重视考察其“结果”状况而不考察形成结果的程序或过程的做法。

3.2.7 会计信息舞弊：基于行为动力理论的阐释

现代心理学的行为动力理论认为，需要是动机形成的基础，诱因是动机形成的外部条件。当人们感到生理上或心理上存在着某种缺失或不足时，就会产生需要。一旦有了需要，人们就会设法满足这个需要。只要外界环境中存在着能满足个体需要的对象个体活动的动机就可能出现[160]。对于企业发展而言，总是离不开对资金的需求。如果融资受限，其发展也受限。所以，一般的企业对于融资具有十分强烈的意愿。而证券市场和借贷市场作为融资的有效载体，使企业的融资需求有可能实现。于是企业便产生了资本市场动机和债务契约动机。企业管理当局作为实现资本市场动机的主体，一方面它受托进行资本市场动机和债务契约动机的会计信息舞弊，另一方面，他从自身的需要出发，也要进行报酬契约动机的会计信息舞弊。

行为动力理论还认为，动机与活动的关系十分复杂。动机是个体活动的内部动力，由一定动机引起的活动应指向能满足个体动机的对象。但动机与活动的一致性并不意味着动机与活动是对应的，动机与活动的目的之间不是一一对应的关系，具有相同动机的人可能有不同的活动目的。将之运用到会计信息舞弊，就很容易理解为什么很难区分企业管理当局的会计信息舞弊动机是符合机会主义观还是符合理性经济观。比如：当两家企业的管理当局同基于扭亏动机而调高当期收入时，其中一家管理当局可能是为了保住企业的壳资源，使企业继续保有低成本的融资渠道，实现企业价值的最大化；而另一家则可能是仅为了董事会承诺的实现扭亏奖励，其目的仅是实现个人效用的最大化。所以，现代心理学的行为动力理论有效地解释了会计信息舞弊的动机。

3.2.8 会计信息舞弊：基于人格结构理论的阐释

弗洛伊德认为，人格是由本我、自我、超我三个部分组成的结构。本我是人格结构的基础，它是由与生俱来的本能或欲望（如，饥、渴、性等）组成的。本我是人格结构中能量的供应源，它追求最大限度的快乐，满足其欲望，而不管其欲望在现实中实现有无可能。自我是在出生以后从本我中分化出来的。自我的基本任务是协调本我的非理性需要与现实之间关系。为了使本我的需要在以后适当的时候得到更大的满足，它往往推迟满足某些需要，表现为对本我需要的控制和压抑。超我是社会教化的结果。个体在一定的社会文化背景下，获得了一定的知识经验和行为规范，这些知识经验和行为规范就内化为个体的超我。超我代表了人格结构中的良知、理性的一面。它随时监视着本我的需要，当发现不符合理性或不符合行为规范的需要时，就警告自我，迅速地加以抑制。[161]

可以这样理解，人的行为一般受到三种心理倾向的影响：一种是本能地不愿意受到约束，偏向于使用"松散"的决策程序，不精确计算，不注意细节，不用心追求最大化，代表了一种"感性的自我"人格，常被称为"本我功能"；第二种是确立并坚持标准，严格使用决策程序，进行精确的计算，十分注重细节，努力追求极大化，代表了一种"理性的自我"人格，或称为"超我功能"；而第三种就是处于中间的介于理性和感性之间的"自我"。有超我功能决定的受约束和由本我功能决定的不受约束，是人格特征的两个"极端点"。更多的时候，两者共同体现于"自我"，使"自我"表现出了双重人格。

在现代企业中，作为代理人经理人员最能够体现作为一个个体的双重人格。一方面，经理人员为了履行与投资者和债权人之间的契约，同时实现自己的价值，在经理人市场上维护比较好的声誉，会理性地站在委托人的立场，忠实地履行受托责任，实现企业价值最大化的目标。另一方面，经理人员认识到委托人并不能完全地观察到自己的努力程度，加之他又不是企业完全的所有者①，他就可能会产生败德行为，不能忠实地履行受托责任，甚至可能会不惜损害委托人的利益，积极追逐自己的私人利益。

一般来说，每个个人总是处在超我功能与本我功能的某种结合状态（一种自我状态），即每个人都会在"必须这样行动"和"愿意这样行动"（但与履行职责或一系列标准不符的行动）之间达成一种妥协。这种妥协会使个人在心理上感觉到舒适。经理人员也会在委托人的目标函数和自己的目标函数间通过会计信息舞弊来寻求一种平衡，既较好地履行了受托责任，又实现了自己效用的最大化。从某种角度讲，这再次证实了会计信息舞弊动机是符合机会主义观还是符合理性经济观的难以辨别性。

以上从契约理论、博弈理论、委托代理理论、产权理论、内部人控制

① 经理人员不是企业的完全所有者这样一个事实，会使经理人员认识到：即使他对工作尽了力，他可能承担全部成本而仅获取一小部分利润；而当他进行额外消费时，他得到全部的利益却可能只承担一小部分成本。这种情况下经理人员就可能热衷于追求额外消费而对工作的积极性不高。

理论、有限理性理论、行为动力理论、人格结构理论等经济管理理论和心理学理论的视角分别阐释引发上市公司会计信息舞弊的理论根源，有利于我们从根本上寻找提高会计信息使用者对会计信息舞弊的市场行为识别能力的有效途径和方法。上述各理论并不是相互孤立的，而是从不同的侧面分别阐释了导致会计信息舞弊形成的因素。

3.3 会计信息观、有效市场假说与功能锁定假说

3.3.1 会计信息观

信息观（Information Perspective）是针对长期占据会计理论统治地位的经济收益观（Economic Income Perspective）而提出的。传统的观点认为，会计信息具有反映历史经济收益的作用，但对真实的经济收益该如何定义和衡量，经济收益观无法给出明确的指导，更没有指出会计信息对市场的影响[162]。会计信息观认为：一方面，股票价格已反映了公司的盈利信息，市场对股票的定价是有效的；另一方面，公司披露的盈利数字在股票定价中起了作用，投资者能够根据披露盈利和盈利预期的偏差，及时地调整股票价格。在会计信息观下，企业管理当局可能进行会计信息舞弊，即：企业管理当局希望通过左右对外披露的会计信息（特别是盈利信息）来影响市场。

会计信息观是以资本市场有效为前提的，主要研究会计信息（主要是盈利信息）对股票价格的作用，其会计意义是，如果股票价格对所披露的会计信息有反应，则说明该会计信息是有用的，反之，则说明会计信息并没有被投资者（信息使用者）所利用，因此，信息观成为验证会计信息的作用和对现行会计信息进行甄别和取舍的重要依据，而不考虑市场是怎样把信息转换到股价中去的。

正因如此，在20世纪80年代末90年代初，计量模型观（Valuation Model Perspective）应运而生。这一方法的目的在于设计一个模型来说明会计信息应该怎样转换到股票价格中去，具体模型为：$P=a+bE+e$，其中P是某一时点股票的价格，E是相应时段的会计盈余，a、b为线性参数[163]；同时，根据该计价模型所算得的股票内在价值与其实际市价相比较，可发现股价

是高估了还是低估了，进而判断市场究竟是否有效。与信息观的研究设计往往只关心模型的估计系数 b 是否显著于零所不同的是，计价模型观的重点在于解释和预测估计系数 b 的大小以及 P 和 E 的确切函数关系。

如上所述，信息观假定股票实际市价是有效的、准确的，因此可用股票市价的变动作为评价会计信息作用的标准，其研究对象是会计信息的有用性；计价模型观则怀疑股票实际市价的合理性、准确性，但认为股票价值与会计信息有关，故可用会计数据来计算股票的内在价值，并反过来验证股票实际定价的合理性，其关注的是市场定价的有效性。可见，二者研究的是一个问题的两个出发点，一方的条件是另一方要验证的结论，而二者在目的上是一致的，即都是为了证明会计信息在证券市场（股票计价）上的作用，认为会计信息与股票价格之间是存在联系的，更何况如果证券市场的确是有效的，或者说股票实际市价与按计价模型算出来的内在价值相一致，那么信息观和计价模型观的基本立场将完全一致，只不过分析问题的角度不同。再从两者的研究路径来看，在信息观下，主要循着“会计信息——实际股价”的思路展开研究，在计价模型观下，则主要循着“会计信息——计价模型——股票内在价值——实际股价”的思路展开研究，它们的出发点和落脚点均一样，因而不能因为计量模型观的出现而否定了信息观，反而应该让二者互为补充，互相检验[164]。

由于在我国财务报告还是以历史成本和权责发生制为基础，获取公允价值和股票未来价值等数据比较困难，因此在我国会计研究的领域还以信息观为主要出发点。在信息观下，股票之所以具有价值，是因为它们具有投资者所希望的某类属性，如代表了对未来股利的要求权。按照通行的财务理论观点，一家公司的股票价格是由其未来的现金流量（即股利）按一定的贴现率进行折现的现值。而会计信息在这其中的作用就是改变投资者对未来股利支付能力的信念，进而改变股票价格。然而，会计信息为何能改变投资者对企业未来股利支付能力的信念，进而改变股票价格呢？一般认为，现行会计信息是这样间接影响股票价格的：现行会计盈—未来会计盈余—未来股利—股票价格。Beaver（1998）将会计盈余的作用机理细分为三个相互衔接的过程：

首先，是未来会计盈余与现行会计盈余链。会计盈余信息被认为是最重要的会计信息，也是使用者最关心的信息。当期公布的会计信息中的会计盈余数据直接影响信息使用者对未来会计盈余的判断，现行会计盈余是对本期经营成果的反应。由于在现实世界中（不完善或不完全市场），我们无法确切地知道未来可能会发生什么事项及其概率分布，所以我们只有依赖历史资料预测未来。会计盈余虽然是对历史成果的反应，但它提供了预见公司未来发展前景的基础。会计盈余项目按照可持续性大小可以分为两类：永久性盈余项目和暂时性盈余项目。永久性盈余项目预期可持续下去，因此它不但对当期的会计盈余有影响，亦会影响公司未来的会计盈余。如公司对组织机构和管理方式进行改造，引入新的管理方式，削减职工人数，成功地降低了公司的管理费用，提高了经营效率。这体现在利润表上就是当期的收入增加，成本降低，利润提高。同时在可以预见的将来，公司取得的这一部分利润会一直持续下去。而暂时性盈余项目只影响当期的会计盈余，但不会影响公司未来的会计盈余。所以，信息使用者可以根据当期的会计盈余信息来判断哪些是永久性盈余项目，哪些是暂时性盈余项目，从而来确定未来会计盈余的预期值。

其次，是未来股利与未来会计盈余链。影响未来股利的因素很多，然而在影响未来股利的众多因素中，未来会计盈余是影响未来股利的一个重要因素。有些学者认为，未来会计盈余是未来股利支付能力的指示器。因此，一般情况下，未来会计盈余与未来股利之间是具有相关性的。最普通也是最简单的假设之一是未来会计盈余与未来股利是通过一个不随时间变化而变化的股利支付比率联结起来的，虽然未来股利与企业所采用的股利支付政策有很大关系，但是不管企业采用何种股利支付政策，未来会计盈余与未来股利具有某种程度上的相关性是毋庸置疑的。

最后，是股票价格和未来股利链。未来股利与股票价格通过股票计价模型联系起来。按照通行的财务理论，一家公司的股票价格是由其未来的现金流量（即股利）按一定的贴现率折现的现值。所以，股票价格可被看成是未来股利预期价值的一个函数。

总之，现行会计盈余能影响预期未来会计盈余，未来会计盈余与未来股利相联系，而未来股利又与股票价格相联系。这样，现行会计盈余与股票价格就具有了紧密的联系。同样，现行会计盈余的变动能影响未来会计盈余的预期，未来会计盈余与未来股利相联系，而未来股利又与股票价格相联系。这样，现行会计盈余的变动与股票价格的变动就具有了紧密的联系。因此，在信息观下，对会计信息与股票价格之间的关系所进行的验证均是围绕着会计信息特别是会计盈余信息的发布或变动在何种程度上会导致股价也发生同方向变动而展开的。

在我国财务报告还是以历史成本和权责发生制为基础，获取公允价值和股票未来价值等数据比较困难，本书的研究以信息观为主要出发点。

3.3.2 有效市场假说

新古典经济理论对资本市场有效性阐释为：在一个经济体系中，如果不损害某些人的福利就不能使另一些福利得到改善，那么该体系就可以称为一般均衡的帕累托有效。有效市场假说是以"理性投资者"为假设前提，在把计量分析运用于股票收益统计的基础上形成和发展起来的。美国金融学家 Fama（1965）在传统资本市场学说的基础上首次提出了著名的有效市场假说（Efficient Markets Hypothesis，简称 EMH），并将有效市场（Efficient Market）定义为：如果在一个证券市场中，价格完全反映了所有可获得的信息，每一种证券的价格都永远等于其投资价值，那么这样的市场就称之为有效市场。Malkiel（1992）全面而明确地定义了一个 EMH 应包含如下三方面的内容：一个有效的资本市场应该充分正确地反映与决定价格相关的信息；对某个特定信息而言，如果将其披露给所有市场参与者之后，证券价格不会发生变化，则该资本市场是有效的；若市场是有效的，就不可能以某个特定的信息为基础进行交易而获取经济利益[165]。EMH 的经济涵义是：证券市场能够对连续的、不可预期的信息流做出迅速合理的反应，使证券市场价格充分反应所有可获得的信息，即价格的随机波动恰好是证券市场的资源配置及市场运行有效率的反应。或者说，当信息有效时，价格才是引导资金流动的正确信号，才可能由证券价格的变动引导资金流向"需要"的地方，从而使整个市场的资源达到合理配置。

信息集是有效市场假说的核心概念之一，Fama（1965）根据信息集的层次不同，将有效市场分为弱式有效市场、半强式有效市场和强式有效市场三种，详见图 3-5。弱式有效市场是指证券现行价格只是充分反映了历史交易记录和收益所蕴含的信息，在弱式有效市场中，投资者不能利用历史交易记录或收益而获得超额利润；半强式有效市场是指证券的现行价格不仅反映了历史交易记录或收益的一切信息，而且还反映了一切可以公开获得的信息，公开信息包括盈利报告、年度报告、财务分析人员公布的财务预测和公开发布的新闻、公告等。在半强式有效市场中，投资者不能利用一切可以公开获得的信息而获得超额利润；强式有效市场是指证券的现行价格充分反映了所有有用的相关信息，即证券价格除了充分反映所有公开有用的信息外，也反映了尚未公开的或者原本属于保密的内幕信息。在强式有效市场中，投资者运用任何信息，无论是公开信息还是非公开信息都无法获得超额利润。可见，市场有效性的增加，与证券市场信息披露的充分性呈现很强的正相关性。因此，提高证券市场的有效性，最关键的问题就是完善上市公司的信息披露制度。

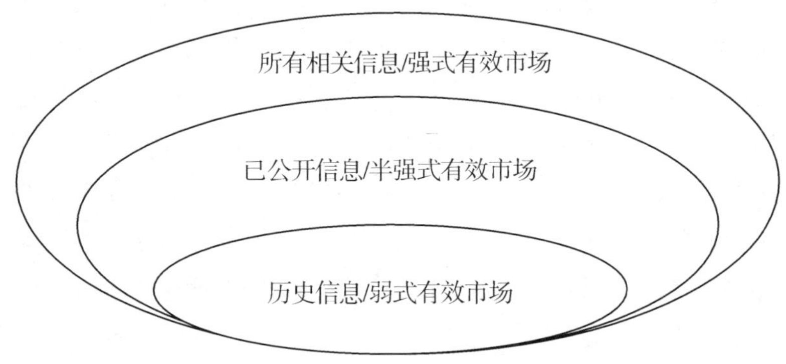

图 3–5　效率市场分析图

有效市场假说本身蕴含着信息竞争[166]，它认为，会计信息不是市场上唯一的信息来源，它与其它信息渠道相互竞争，竞争(私人、市场)驱使投资者和财务分析师从公司的财务报告，甚至公司之外的各种渠道(私人、市场)获取公司的信息。在一个不断进行信息交流的环境里，证券市场(包括股票、公司债券和贸易信贷市场)终究会了解一家公司是否存在着潜在的会计信息舞弊。一家公司绝不可能依靠会计信息舞弊手段长期隐瞒现金流动问题。一旦现金流动问题为外界所发现，而且股票场是半强式的有效市场，那么股票市场就会对公司会计盈利中隐含的未来现金流动问题做出大致正确的评估，并通过当前股票价格反映出来。从整体上看，当前股票价格将使投资者赚取一个风险调整市场报酬率，破产损失也不会导致低于市场水平的报酬率。也就是说，在一个次强式的有效市场中，证券市场不会总是被会计信息舞弊引入歧途的，会计信息舞弊只会是一种零和甚至负和的博弈。在这一假说下，我们可以推断：即使管理当局出于某种目的希望影响市场，这种扭曲真实会计信息的做法也无法获得成功，因为投资者能够洞悉信息的扭曲，并在证券价格中反映出来。然而由于信息的自身特征和证券市场的固有属性等诸多因素的制约，使得信息失灵常常是证券市场失灵的主要表现。信息失灵则可能造成信息占有劣势方的“逆向选择”和信息占有优势方的“道德风险”，而这两种行为所造成的直接后果是市场机制的扭曲，误导市场信息，造成市场失灵。当然，从另外一个角度来讲，这也意味着，只要在非强式的有效市场中，会计信息舞弊总是有其用武之地。

从有效市场假说实证研究检验数据的要求来看，由于我国证券市场的发展时间较短，所能采用的样本期间有限，尚不足以推断出一般性的结论。同时，我国证券市场的各种要素处于不断变化之中，样本总体缺乏稳定性这也影响了实证研究的结果。但从总体上而言，纵观目前国内学术界的实证研究文献，大部分的研究结论都支持“我国现阶段的证券市场处于弱式有效但尚未达到半强势有效”的观点。而资本市场对公司治理产生影响的前提是资本市场的有效性。在一个有效的资本市场，资本市场对公司治理的作用主要体现在以下几个方面：一是资本市场的融资机制，使投资者有权选择投资的对象，从而改善和提高公司的治理结构；二是资本市场的价格机制，可使出资者了解公司经营信息，降低了股东对管理层的监控信息成本，降低了公司治理的成本；三是资本市场的并购机制，可以强制性纠正公司治理的低效率。其中，价格机制是核心。从这三个方面看，现阶段我国的资本市场在发挥其对公司治理的影响上是有限的，因此造成了证券市场上的信息失灵，虚假信息泛滥。因此，应加强和规范信息披露制度，促进证券市场的有效性，以充分发挥资本市场对公司治理的作用。

3.3.3 功能锁定假说

有效市场假说设想的是一种非常理想化的市场，但遗憾的是，由于信息噪音的存在，市场可能是无效的或者仅仅是弱式有效的，有效市场假说不能对市场存在的某些现象做出令人信服的解释，人们对有效市场假说产生了怀疑。因此，有人就把目光投向了与有效市场假说相竞争的另一种假说——功能锁定假说（Functional Fixation Hypothesis，简称 FFH）。

功能锁定概念最早来自 Dunker（1945）[167]和 Luchins（1942）[168]在心理学领域的研究，它用来描述主体对客体的认识和利用存在的某种功能性障碍，这种功能性障碍被称为“功能锁定”。Ijiri 等（1966）[169]和 Jensen（1966）[170]把“功能锁定”首先引入证券市场和财务分析中。但前者只是从一般性的理论上论述了企业管理决策中的功能锁定问题，后者采用“实验研究”（experimental study）的方法发现了功能锁定的一些证据，但他的研究设计遭到后人的指责。Ashton C（1976）[171]使用的“输入-输出研究”（input-output study）设计被众多研究者效仿。不过以上的研究都采用了“实验研究”的方法，测试对象为部分投资者，虽然它们都发现了支持 FFH 的证据，但这并不能自接导出市场不具有效率的结论，因为个人的功能锁定并不等于整个市场的功能锁定。与此同时，20 世纪 70 年代大量有关不同会计方法的价格效应的实证研究都支持 EMH 而不符合 FFH，即市场能够看穿财务报表，不同的会计方法不能欺骗投资者。例如 Beaver & Dukes（1973）通过对股票市盈率的研究，发现证券市场能自动调整不同会计方法导致的利润差异。

Hand（1990）[172]提出了“扩展的功能锁定假说”（Extended FFH），他发现那些主要由个人投资者持有的股票在定价上存在“功能锁定”，而由机构投资者持有的股票不存在“功能锁定”问题。但是 Hand 的研究结论在证据上被 Ball & Kothari（1991）[173]怀疑为“规模效应”，在立论逻辑上也遭到一些学者的批评，因为 Hand 发现的所谓“扩展的功能锁定现象”意味着市场始终存在明显的套利空间，因而市场始终不能实现均衡，这很难让人信服。Chen 和 Schoderbek（1999）[174]研究目的在于检验市场能否对递延所得税调整额这种暂时性利得做出价格上的反应，结果发现市场对其做出了正向的价格反应，这一证据支持 FFH。

FFH 认为投资者在决策过程中往往锁定于某种特定的表面信息，不能充分理解和利用有关信息来评估证券价值从而做出正确的投资决策。以会计盈余信息为例，市场对会计盈余信息的功能锁定体现为投资者只注意到名义的盈余数字，而对会计盈余的质量没有给予应有的关注，对具有相同会计盈余但盈余质量不同的公司的股票不能区别定价。“功能锁定”现象在于投资者不能够“看穿”（see through）企业的财务报表，对企业价值做出了不充分和有偏差的估计。这就是说，在功能锁定假说下，如果企业管理当局能够左右对外披露的会计信息，那么这种信息扭曲的确对市场有影响力，这是会计信息舞弊产生效果的前提。

按照有效市场理论提供的实证研究方法对我国证券市场的有效性进行实证分析，能使有关各方对我国当前的证券市场有个正确的认识。到目前为止，较为典型的有：沈艺峰（1996）[175] 的研究按西方学术界著名的检验方法——Fama 等提出的“事件研究法”的思路，以“宝延事件”和“万申事件”为中心，着重检验了我国股市的半强式有效性假说；吴世农、黄志功（1997）[176]同样遵循 Fama 的理论思路，以上海证交所上市的 30 家公司为样本对上市公司的盈利信息报告、股价变动与股市效率进行实证研究。两者都得出中国股市不具有半强式效率的结论。陈小悦、陈晓、顾斌（1997）[177]，胡朝霞（1998）[178]的研究则表明，中国股市已达到弱势效率。同时国内的大部分实证研究仍证明中国证券市场未达到半强式有效，如杨朝军、蔡明超、刘波（1999）[179]，蒋晓（2001）[180]，刘锟、李凯、张永平（2001）[181]、何德旭、王轶强、王洁（2002）[182]、阎大颖（2003）[183]，并且蒋晓（2001）[180]还证明了中国证券市场并不是强式有效的。林玲、曾勇和唐小我（2001）[184]选取了上海证券市场从 1996 年 1 月到 1998 年 12 月期间发行的 221 只个股，采用事件研究法对我国初发市场进行实证研究，得出了股票价格对事件迅速反应的结论。林玲、曾勇、唐小我（2002）[52]选用 1999 年调整后的上证指数中包含的 30 家公司，采用了事件研究法，结果表明上市公司的股价对收益公布做出了迅速的反应。两者都可以说明我国股市对消息的反应是灵敏的，是半强式有效的。但上述结论仅仅是对 IPO 市场和收益公布效应进行研究得出的，尚缺乏一般性。因此，本书更倾向于认为中国的证券市场尚未达到半强式有效。在这样的市场中，投资者所获得的信息往往是不充分、不完全的，市场不能反映所有的信息。这说明我国证券市场存在功能锁定现象，会计信息对市场产生影响，但股票价格未能及时反映所有公开的会计信息。

简而言之，会计信息观告诉人们会计信息能够影响市场，而功能锁定假说又提醒人们扭曲的会计信息对市场也有相当的影响力。因而我们不难看出，会计信息对市场具有相当的影响力，企业管理当局能够影响会计信息披露质量并影响市场。

3.4 小结

会计信息舞弊屡禁不止，必然有其存在的理论根源。本章首先界定了会计信息舞弊的概念，认为会计信息舞弊是行为人以获取不正当利益为目的，有计划、有针对性和有目的故意违背真实性核算原则，违反国家法律、法规、政策、制度和规章，导致会计信息失真的行为。而导致会计信息失真的原因很多，会计错误、盈余管理、会计操纵、会计信息舞弊等，它们似相近，又有所不同，这些概念混在一起，使人们产生了诸多误解，甚至陷入了将它们等同视之的误区，因而本章又对会计信息舞弊及其相关的会计错误、盈余管理、会计操纵等概念进行了辨析。然后，本章从契约理论、博弈理论、委托代理理论、产权理论、内部人控制理论、有限理性理论、行为动力理论、人格结构理论等经济管理理论和心理学理论的视角分别阐释引发上市公司会计信息舞弊的理论根源。最后从会计信息观、有效市场假说和功能锁定假说，分析了会计信息对市场具有相当的影响力，企业管理当局能够影响会计信息质量并影响市场。

第四章　投资者对会计信息舞弊的识别研究

4.1 引言

我国证券市场发展的历史表明：自我国股票市场诞生以来，就一直受到上市公司会计信息舞弊的困扰。但公司管理当局要想实施会计信息舞弊行为必须有一个前提条件——公司年报中隐藏的会计信息舞弊信息能够改变投资者对上市公司的预期和价值评估进而影响股票价格，市场对公司年报中隐藏的会计信息舞弊信息没有反应，即公司所有者（或曰市场）不能识别其会计信息舞弊行为，否则，公司管理当局不仅得不到实施会计信息舞弊行为的各种收益，还要承担被排除出经理人市场之外的风险。对上市公司而言，所有者亦即证券市场的投资者，投资者可能长期持有某公司的股票获取股息，也可能只是为了赚取股价波动的短期差价收益。投资行为既是相关经济、体制、文化等宏观环境，股票市场内部结构，投资者群体及个体特征等因素交互作用的结果，又通过投资者间的交易行为，直接引起股票价格的形成和变化，从而影响股市的运行效率。国外已有的研究表明，在市场有效的前提下，股票价格能够充分反映公司的价值，所以市场调整后的股票价格变动能较合理地验证公司价值的变动，会计信息舞弊行为的市场反应问题实际上体现为舞弊公司股票价格的变化。我国证券市场是在传统计划经济体制下萌芽，在社会主义市场经济体制框架下孕育，伴随经济转轨的脚步快速成长起来的。那么，在中国这种“新型+转轨”经济体制的国家中，上市公司年报中隐藏的会计信息舞弊信息是否具有信息含量，其市场传导效应如何？其是否能够改变投资者对上市公司的预期和价值评估从而影响他们的投资决策进而影响股票价格？市场对上市公司年报中隐藏的会计信息舞弊信息如何反应？投资者能否识别出上市公司年报中会计信息舞弊行为的“蛛丝马迹”呢？这些都是亟待研究的理论和实践问题。本章以沪深股市2010年的112家舞弊公司为研究对象，实证检验投资者是否识别了上市公司年报中隐藏的会计信息舞弊信息及其对上市公司年报中隐藏的会计信息舞弊信息的市场反应。

4.2 假设提出：基于我国股票市场制度背景的解析

4.2.1 我国股票市场的制度背景

Davis和North指出，制度环境是一系列用来建立生产、交换与分配基础的政治、社会和法律基础规则。制度提供的规则通常是由正式规则、非正式规则和实施机制构成的[185]，它不仅是可以改变的，并且也是由各项制度安排所集合构成的。而一项制度安排，则是支配经济单位之间可能合作与竞争的方式的一种安排，是社会或组织的规则。这种规则通过帮助人们在与别人交往中形成合理的预期，反映了在不同的社会中的行为规则。它可能是正规的，也可能是非正规的，可能是暂时，也可能是长期的[186]。因此，应结合我国股票市场的制度背景来解析上市公司的会计信息舞弊行为。改革开放二十多年来，我国走了一条计划与市场此消彼长的双轨制增量渐进改革之路，经历了由计划经济向以计划经济为主、市场调节为辅（1982年十二大提出），再向有计划的商品经济（1984 年十二届三中全会提出）的转变，并最终提出我国经济体制改革的总目标是建立社会主义市场经济体制（1992 年邓小平视察南方谈话和中国共产党第十四次全国代表大会为标志），而党的十六届三中全会又提出了进一步完善社会主义市场经济体制的决定。社会主义市场经济体制既不同于传统的计划经济体制，又不同于西方的市场经济体制。在社会主义市场经济体制的建立过程中，市场的基础地位尚未完全确立起来，计划经济体制仍对国民经济的各个方面有影响，经济活动往往打上计划经济和市场经济的双重烙印。因此，我国进入一个转轨经济时代。我国的股票市场是在传统计划经济体制下萌芽，在社会主义市场经济体制框架下孕育，伴随经济转轨的脚步快速成长起来的。

股票市场的每一次大发展都离不开相关财政、税务、金融、投资、外贸体制等经济制度、金融制度和企业制度的改革和创新。对此，我国虽然基本上是采取“走一步看一步”、“摸着石头过河”、“边干边学”等看似简单的制度变迁模式，但是却符合我国在实践中逐步深化认识的思维方式和我国的国情，因而以点带面走出了令世界瞩目的中国特色道路。相比之下只有区区十多年的中国证券市场的发展之路可没那么一帆风顺，而是问题重重。由于我国特有的政治经济体制和法律制度不完善，如股票市场功能定位失当、股权结构一股独大、证券市场监管行为扭曲、股票发行制度行政化、市场退出机制缺乏、法律环境缺失等，各项相关的法律制度最后都得不到有效执行，取而代之的是一些相互“理解”的惯例，比如“包装”、“分拆上市”、“模拟核算”等（也就是诺斯所说的非正式的制度），后者反倒成为具有实际效应的制度，并在很大程度上干扰了会计信息产品的生产，进而这种模式的本质决定了我国股票市场发展中必然存在诸多矛盾，从而反过来也必然影响着股票市场投资者的行为。上市公司会计信息舞弊问题即是股票市场存在的诸多矛盾之一，它必然影响着股票市场投资者的行为选择。制度要有效能，总是隐含着某种对违规的惩罚。从制度经济学角度考察，社会制度通过鼓励或惩罚某一行为，以引导或约束该项行为。可以认为，提供会计信息的行为受制于当时相关制度的引导和约束。会计信息舞弊泛滥，制度缺陷使然。依照这一逻辑，笔者认为，上市公司会计信息舞弊行为与相关制度安排的隐含缺陷有显著相关性，我国上市公司会计信息舞弊行为的发生有着更深层的制度性原因。如果上市公司会计信息舞弊是个别现象时，我们通常会关注这个个别舞弊主体的特殊性。但是，当上市公司会计信息舞弊是普遍现象时，我们就不应当仅仅关注舞弊主体的特殊性，还应要关注导致普遍舞弊的制度因素。由于我国上市公司会计信息舞弊比较普遍，并有深刻的制度背景，而且上市公司会计信息舞弊同证券市场的每一个发展阶段的特点都密不可分，因此，上市公司会计信息舞弊的研究离不开制度因素的剖析。笔者将从我国股票市场的制度背景出发，演绎出本章的研究假设。

a. 股票市场功能定位失当

按照国际惯例，成熟的股票市场应具备筹资资金、配置资源、企业转制、分散风险、经济反映、宏观调控等功能。在西方发达国家，股票市场是投资者为了获利的目的而自发发展起来的，然后才有政府的介入，是一种自下而上的制度变迁过程，因而股票市场既是筹资者融资的场所，也是投资者获得回报的场所。我国股票市场是在计划经济体制向市场经济体制转换中滋生出来的，是政府为国有企业解困而催生的，是一种自上而下的强制性制度变迁过程。作为计划经济向市场经济转轨过程中政府主导的产物，股票市场从其产生之日起就带有浓厚的“政府办市场”的色彩，因而不可避免地体现着较多的政府行为。透过政府政策行为的背后，股票市场是作为补充银行信贷融资的一种辅助性渠道建立和发展起来的，由于所处的社会和经济发展阶段的局限，其制度创新一开始就在功能定位上严重偏离市场经济内在需求，违背了股票市场正常运行规律。不仅股票市场对我国经济体制改革的重要作用难以充分发挥，而且反过来制约和阻碍了我国股票市场自身更深层面的制度创新，从而我国股票市场的功能很多没有发挥出来，功能定位的缺陷主要表现为：在过去的相当长一段时间内，股票市场的发展是与国有企业股份制改革这一“制度创新”的必然性要求结合在一起的，因而更有足够的理由得到政府的支持。为此，我国股票市场从其发展之初就成为主要服务于国有企业改制的一种“融资”制度安排，因而它也必然成为一种稀缺资源，只能由政府“计划配置”而非“市场配置”。股票市场基本上只是一种筹资融资的场所，股票市场功能被片面地定位于“融资工具”——或为国有经济发展服务（90 年代初），或为国企脱困服务（1996 年），或被寄望于发挥财富效应功能（1999 年）；或被寄望于发挥套现功能，为筹集社保基金服务（2001 年），以期给国有企业提供一种新的筹资渠道，从而把原来由信贷市场实现的货币性金融支持转换为由股票市场实现的证券性金融支持，而不是把它当作使有限的资源流向最有效率的企业、最有能力的企业家的一种融资渠道[187]——进而无视其本身的“投资工具”功能，股票发行更多地考虑“发展的速度”、“改革的力度”而基本没有顾及“市场的承受度”等等，由此我国股票市场的存在和发展具有外生性特征，是国家为实现其效用最大化和政治、经济目的以及实现统治稳定性所采取的制度安排，市场上其它主体也就只能在这一制度框架下来实现其效用的有限最大化，股票市场的众多问题就是这两类理性主体力量相互博弈的结果。

股票市场的这种功能定位必然导致股票融资的“计划配置”，股市设计与股市操作、发行额度与发行价格、发行方式与发行时间、上市规模与上市节奏等，一度都表现为政府行为，从而使股票发行没有成为优化资源配置的手段，而成为一种利益格局的政治平衡和调整，上市公司的部门化和地域化倾向比较严重，各利益主体视股市为“圈钱”的场所，忽略进入股票市场所应承担的责任和义务，危害股票市场的内在稳定机制。再加上我国金融市场建设相对落后，存在着普遍的金融压抑，股份制公司大都存在“圈钱”的冲动，导致重“圈钱”、轻回报、套现募股资金成了上市公司的通病。何旭强、郑江淮、刘海鹏（2004）[188]等的研究表明，我国上市公司过度融资程度较为严重：总体过度融资程度至少为9.41%以上，过度股权融资691.14亿元，接近1993~2003年726亿元的年平均股权融资额；其中过度融资规模超过1000万元的285家公司平均过度融资程度达到了54.33%左右，平均过度融资的规模为3.08亿元，其中过度股权融资平均规模为1.72亿元，过度债权融资平均规模为1.36亿元，且过度融资并未集中在个别公司，而是在这285家公司中普遍存在，详见表4-1。如果考虑到按计划使用和改投项目中实际被控股股东占用的部分，以及融资行为都是在证监会融资限制性政策限制下的背景，上市公司平均过度融资程度可能更高，这标志着上市公司融资活动明显违反了公司价值最大化的标准。利用融资限制性政策来解决上市公司过度融资问题，虽然在整体上较为有效，但可能引发上市公司的逆向选择和会计信息舞弊行为。

表4–1　285家研究样本过度股权融资程度的一般性描述

285家研究样本过度股权融资的相关变量	均值	中位数	最大值	最小值	标准差
过度融资程度（%）	39.92	28.50	265.74	1.45	2.40
过度股权融资规模（亿元）	1.72	0.80	35.63	0.10	0.22
过度股权融资规模/上年总资产（%）	21.44	11.32	158.31	0.39	24.98
过度股权融资当年负债增加规模（亿元）	1.36	0.66	57.56	-47.80	4.65

一方面上市公司尽最大可能去满足融资限制性政策所规定的条件，质量越差的上市公司越有动力去操纵融资前一年的净资产收益率指标，以便满足再融资条件，使得融资限制性政策在上市公司的微观层面上无效。另

一方面政府为减少上市公司过度融资危害所制定的各项人为干预政策，扭曲了我国市场的运行规则，减缓了我国股票市场的国际化进程。与此同时由于市场运行规则的不断调整，投资者很难事先理性预期到市场规则的变化，市场运行规则的不透明降低了中国股票市场对投资者的吸引力[188]。如果投资者丧失对股市的信心，股市资源配置功能也将萎缩（Pagano 等，1995[189]；La porta 等，1998[78]）。因此，过度融资影响到股市的“价值发现”功能，使得股票市场的资源配置、企业转制、分散风险、经济反映、宏观调控等功能都无法显现。这虽然有其历史的原因，但无论如何必须承认的是，它的确是造成我国股票市场先天性制度缺陷的根源之一。魏杰教授曾指出，当前中国股市出现严重危机，源于最初构建中国资本市场时的战略性失误，将本应是一个投资场所的股市变成了一个脱困的场所。证券市场的定位不当，给证券市场功能的正常发挥带来了不利影响。由于由国有企业转制上市的公司其国有股份占据主导地位，当这样一种模式成为上市公司群体的主流时，必然会出现所有制结构的缺陷。其结果，必然会制约市场规律的正常发挥，包括资源优化配置的基本功能，而且还是引发其它市场制度缺陷的重要原因，包括上市公司治理结构的扭曲和不完善、信息披露制度的不健全、筹资制度的不合理以及市场投资者的投机与短期行为等等。

b. 股权结构一股独大

所谓股权结构，亦称持股结构，是指股权设置的具体形态，即各股票投资主体（包括自然人和法人）所持有股票的种类和数量在目标投资企业全部股份中的分布状况，它包括股权构成和股权集中度两层含义。与西方发达成熟证券市场相比，我国证券市场最突出的问题是股票市场内部结构的非均衡性，上市公司股权结构呈现两个明显特征：一是公司发行股票的种类繁多，结构复杂，包括国家股、法人股、社会公众股（A 股）、公司内部职工股、B 股、H 股、转配股等 7 类股份，其中又有流通股和非流通股之分，国家股、法人股、内部职工股、转配股不能在市场上自由流通，A 股、B 股和 H 股可以在市场上自由流通，但三种股票流通市场是彼此分割，同股不同价，同股不同利，持有不同种类股票的股东对公司治理结构有不同的影响；二是股权以国家股和法人股等非流通股为主体，国有股股东是大多数上市公司的唯一大股东，国家股、法人股主体代表缺位，社会公众股所占份额较小，个人股东对公司治理结构的影响甚微，呈现出鲜明的国有股“一股独大”的畸形股权结构，详见表 4-2、表 4-3、图 4-1。

表 4–2　1997 ~ 2000 年我国上市公司股权集中度的描述性统计

年份	项目	样本数	最小值	最大值	中值
1997	第一大股东持股比例	744	4.19	88.58	43.97
	前五大股东持股比例	744	5.52	98.52	60.27
1998	第一大股东持股比例	851	0.43	88.58	44.48
	前五大股东持股比例	851	0.73	97.17	60.58
1999	第一大股东持股比例	949	0.41	88.58	44.94
	前五大股东持股比例	949	0.72	97.31	61.26
2000	第一大股东持股比例	1088	2.14	88.58	44.42
	前五大股东持股比例	1088	4.15	95.91	60.83

资料来源：转引自于东智：《转轨经济中的上市公司治理》第 147 页，略有改动。

表 4–3　2002 年我国上市公司股权结构的描述性统计

项目	最小值	最大值	平均值	中值	标准差
CR_1 ①	0.39	89	49.24	48.41	16.36
CR_5 ②	1.18	90.1	59.46	61.35	14.71
H ③	0.0001	0.7835	0.2571	0.2434	0.1708
Z_1 ④	0.271	111.60	19.49	10.22	32.52
Z_2 ⑤	0.356	227.13	68.17	53.06	62.94

数据来源：www.csrc.gov.cn

① CR1 为第一大股东持股比例。
② CR5 为前五大股东持股比例。
③ H 为前五大股东持股比例平方之和。
④ Z1 为第一大股东持股比例与第二至第五大股东持股比例和之比。
⑤ Z2 为第一、二大股东持股比例与第三至第五大股东持股比例和之比。

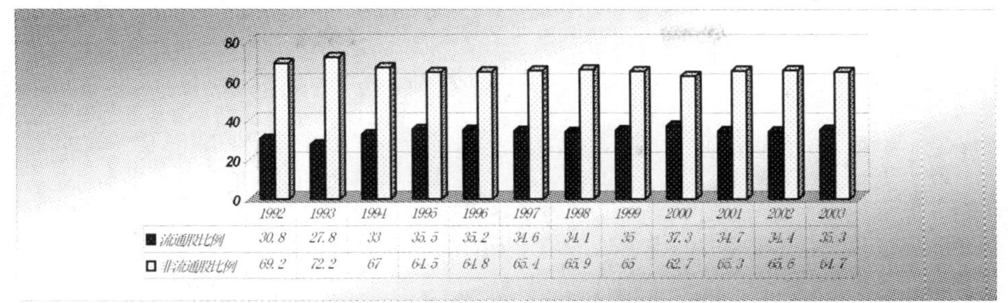

图 4–1　1992～2003 年我国上市公司股权结构

众所周知，股东投资于上市公司，在经济上期望的和他们能够得到的只能是股票增值和股利分红。前者来得直接，而且想像空间大；后者需要回报预期的稳定性和长期等待的耐心。在一个环境变动起伏大、经济高速增长的发展中国家，人们更看重的是股票的增值。三分之二的股票不流通，上市公司控制在非流通股股东手里，意味着控股股东们不能从公司股价的上升中得到任何好处，也不会因为股价的下跌遭受任何损失，即控股股东是与广大中小投资者——流通股股东不同的利益集团。在这种情况下，控股股东们的投票权和决策权在双重意义上是廉价的：不仅取得投票权的成本大大低于流通股股东，因而在货币价值上是廉价的，而且投票的利益导向也是廉价的——他们很容易为自己的特殊利益而廉价出卖流通股股东的利益。另外，国有股和法人股的非流通性使得法人股市场始终难以正常运转，股权转让价格的确定带有许多非市场因素，最终造成法人股财产的大量流失[190]。

在实践中，“一股独大”表现出三个方面的特点：其一，由于“独大”的一股是国有股，所以各类行政机构都可以以国有股代表的身份插手上市公司的事务，但却又都不对因此而产生的后果承担责任，造成所有者缺位；其二，“独大”的国有股是不流通股，这就使得行政机制对上市公司的干预权被无限期地保留和延续下来，从而使得上市公司在对市场、投资者和行政权力三者的选择中很自然地向后者倾斜，而把市场和投资者的利益搁置一边；其三，国有股不仅“一股独大”，而且还“一股独霸”，国有股股东不但可以凭借自己的表决权优势控制股东大会，而且还可以通过在董事会、监事会和经营管理机构中的“内部人”来对上市公司实施全面控制，这就使股东大会形同虚设，董事会更成为摆设，监事会无法正常发挥功能，独立董事有名无实，公司治理的制衡机制严重残缺。

公司治理结构决定于股权结构，公司治理结构的失效并非源于我们所选择的是股东会、董事会、监事会制衡机制还是独立董事机制，而是源于上市公司股权结构的不合理[191]。我国上市公司股权结构畸形化对公司治理结构产生严重负面影响，直接导致了下列两种不正常现象的发生：一方面，公司治理结构出现“超强控制”——国有股绝对控股，削弱了其它股东在公司治理结构安排上的权利，造成上市公司治理结构中的董事会、监事会以及经理的安排易受各级政府的行政干预。国有上市公司虽然都根据《公司法》建立了由股东大会、董事会、监事会和经理层所组成的内部治理体制，同时还建立了职工代表大会。但实际上，持股比例高的国有股东不仅可以影响股东大会的决议，还可以通过选“自己人”为董事来决定董事会的运作，并进而影响董事会对经理层的选聘，这种情况是与公司治理结构的市场性安排存在冲突的。在公司治理结构失衡的环境下，公司管理层作为代理方却扮演了委托方的角色，自己负责对自身经营行为的监督和审查，这从客观上为上市公司会计信息舞弊提供了条件。如刘立国、杜莹（2003）[124]对股权结构与财务报告舞弊的关系进行相关分析后发现，上市公司的法人股比例越高、流通股比例越低，公司越有可能发生财务报告舞弊行为；当上市公司的第一大股东为国资局时，公司更有可能发生财务报告舞弊行为。另一方面，公司治理结构又呈现出“超弱控制”——国有股产权主体虚置、委托方缺位势必导致上市公司管理层权利过大而又缺乏有效监督，股东大会形同虚设，大股东在公司中拥有绝对控股权或相对控股权，中小股东作为弱势群体其利益无法得到保护，许多中小股东因持股数量限制而无法参加股东大会，更谈不上行使股东权力。董事会与经理层之间的相互制衡机制失效，董事会事实上把握在内部人手中，由内部人控制。这就为经理层会计信息舞弊行为提供了制度环境。在这种机制下，极易滋生缺乏约束的管理层对中小股东的侵权行为，管理当局更不可能自愿产生聘请高独立性审计服务的动机，从而导致上市公司会计核算非常随意，会计信息舞弊行为屡禁不止，证券市场的正常游戏规则因此而被曲解。总之，在我国目前经济体制转轨和新兴证券市场发展的背景下，由于国有股持股主体不明确，中小股东所持股份较少，不能参与公司的经营管理，法人股股东监督的动力不足，造成所有者对经营者的失控，为经营者滥用权利提供虚假会计信息创造了条件。

在我国畸形的股权结构下，股份制改造实际上主要演变成为向社会公众"圈钱"的工具。对社会公众而言，由于非流通股的绝对控股地位，其"用手投票权"形同虚设。社会公众股股东的利益一旦失去真正的制度保障，他们就不可能成为长期投资者，而只能是以牟取短期收益为主的投机者，股权的支配证券性质难以体现，股权收益率极其低下，任何理性投资者都不会以股权收益证券为目的而拥有股份，结果以获取投机收益而持有股份自然成为投资者的唯一目的，以致我国股票市场具有浓重的过度投机特征。由于在我国股市难以取得战略性并购的成功，并且难以取得稳定而可观的股利回报，所以我国股市很多投资者的主要目的就是投机。一方面希望在新股发行时获得一定的溢价收入，另一方面希望在股市上涨时脱手获利。在这种情况下，对于流通股的投资者，且不说是散户投资者，即使是所谓战略投资者，他们所能实现的真正战略也不大可能是有关方面希望的"参与公司的管理"，而只能是"博取一级市场和二级市场的巨额价差"[①]。这就不难理解，作为弱势群体的中小投资者只被当作圈钱的对象，理性的投资者也只能行为短期化进行投机。这样，在股份制改革政策下发行的社会流通股基本上游离于上市公司之外，它们的作用除了给原来的国有企业提供一次筹资机会之外，就是给二级市场提供炒作的材料。上市公司管理当局当然也就没有向社会公众股股东提供高质量财务信息的必要。

c. 证券监管行为扭曲

一般来说，证券市场监管部门的功能应当是制定证券市场的博弈规则，并根据国家的法律法规和公平与公正原则监督市场并处理市场中出现的各种违法违规行为，维护市场秩序，从而切实保护全体投资者特别是中小投资者的利益。世界各国形成和制定各种交易制度的目的和宗旨，无一例外

① 这是因为，虽然他们在新股发行中所配售到的股份大都远远高于个人投资者通过摇号得到的股份，但这些股份不论是相对于上市公司的股份总额，还是相对于国有股股东持有的控股股份，实际上都只是处于一种微不足道的地位，不可能对公司治理结构有太多的发言权。

的都在维护市场的充分竞争性和灵活的流通性[192]。监管的目的就在于此，即缓解信息不对称和外部效应等因素所引起的市场失灵现象，防范和惩戒会计信息舞弊、操纵股价等违规行为。然而，我国股市成长的初始推动力不是来自于企业和投资者的市场自发力量，而是来自于政府的行政力量，证券市场的制度缺陷决定了其监管的特殊性。就我国证券市场监管制度构架的具体构成而言，主要采取的是政府型的监管体制，政府通过制定和实施专门的信息披露管理法规，并设立专门的全国性证券监管机构来实现统一管理，具体如图 4-2。通过证监会、会计师事务所、证券交易所、证券业协会等监管机构的分工协作，从而完善上市公司会计信息披露行为，促进证券市场有效运行。但在实践中，由于我国股票市场功能定位于“为国有企业融资服务”，那么监管的主要目的便成为“如何创造条件为国有企业融资服务”。这一目标同监管本身的“公正、公平、公开”原则存在着冲突。

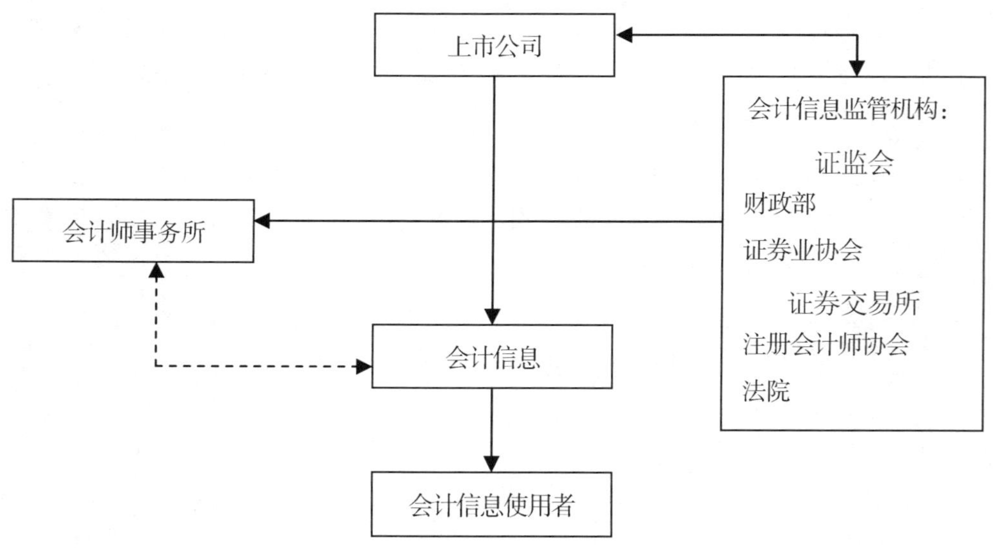

图 4–2　我国证券市场监管制度构架

长期以来，中国证监会受制于国务院有关部门，集多重功能于一身，将自己置身于一个高于它本身职能的位置。它既当“裁判员”，又当“运动员”，既是市场的监管者又是市场的参与者。在这种双重身份支配下，证监会实际上成了一个“博弈者”，市场只能配合它的意图开展运作，从而长期处于政策市的困局之中。证券监管机构在大多数情况下在疏于管制与“痛下杀手”的两极之间游走——在察觉到疏于管制时“痛下杀手”，在“痛下杀手”后又反省矫枉过正。政府为了加强对股市的监管，频繁运用政策手段对股市进行干预。“低迷——利多政策——复苏、高涨——利空打压——衰退、低迷”的规律不仅为事实所证明，而且已被管理层和投资者所接受。所造成的后果往往是：监管当局为活跃股市，进而为国企上市融资服务，有时不得不放松监管，对某些违规行为采取放纵的方式，以期达到上述目的。为了贯彻某种政策意图，监管当局还经常通过领导人讲话，借助新闻媒体制造舆论，以及颁布临时性政策措施等形成政策导向，引导股票市场沿着其期望的政策目标运行，政策带有很强的功利性。例如，当股票市场低迷时，政府往往制造“托市”舆论或采取政策措施，充当“救市主”的角色；而当股票市场出现持续上涨时，又往往制造相反的政策舆论或采 取相反的政策措施，去有意“打压”市场。股票市场内在机制的成长，与政府直接干预的冲突也越来越明显。这些冲突表明，从稳定股市出发的政府干预非但不利于股市的稳定，反而还会造成股市更大的波动。回顾中国证券市场历史，1995 年之前中国的股票市场表现为齐涨齐跌，系统性风险极高，达到了 85%，大盘的走势与个股的走势具有极为相似的趋同性。此阶段中国股市一直在股市低迷——政策救市——股市狂涨——政策强抑——股市低迷的怪圈里循环。1996 年之后，虽然我国股市在经历较大规模扩容后，市场规模逐步增大，机构投资者[①]队伍稳步扩大，政府调控和监管股市的能力逐步加强，市场系统性风险也呈现出下降的趋势，但相对于发达国家的成熟股市 25%左右的系统性风险而言，40%左右的系统性风险依然是相当高的。究其原因，皆是政策性的因素起了关键性的作用。郑士贵（1998）[193]、张成威、石巧荣（1998）[194]、李向军（2001）[195]的研究发现，政策与股价变动有较强的相关性。金晓斌、唐利民（2001）[196]的统计数据表明，1992~2000 年，政策性因素是造成股市异常波动的首要因素，占总影响的

① 所谓机构投资者是指拥有相对优势的资金并从事投资的法人组织。目前我国机构投资者的主体是基金管理公司、证券公司、保险公司和三类企业（国有企业、国有控股企业和上市公司）等法人机构，未来可能的机构投资者有社会保险资金管理机构、银行、财政结余资金运营机构等。目前在我国股票市场上的机构投资者主要是证券投资基金和证券公司，机构投资者比例较小，

46%，市场因素、扩容因素、消息因素、其它因素四类因素合计占 54%（详见图 4-3）。此外，在这 8 年的市场剧烈波动中，涨跌幅超过 20%的共有 16 次，其中政策因素 8 次，占 50%，扩容因素、市场因素、其它因素分别占 25%、19%、6%，可见政策对股市的波动起着最主要的影响作用。另外，政府在股票市场上同时扮演着三种不同的身份：股票市场的监管者、股票市场中最大的股东代表，股票市场上投资大众的保护神。政府首先是以股票市场的监管者的身份出现，维护市场秩序；作为社会公众利益的代表，要维护广大人民的切身利益；作为股票市场中最大的股东代表的政府也扮演了一种利益集体，从而不得不为其自身的利益考虑。因此，我国股票市场中的政府行为是三种合力共同作用的结果，并最终造成了政府在股票市场中行为的扭曲。证券市场的制度扭曲导致了监管行为的扭曲，而扭曲的监管行为又被扭曲的市场放大，证券市场的"政策市①"也就成为逻辑的必然。

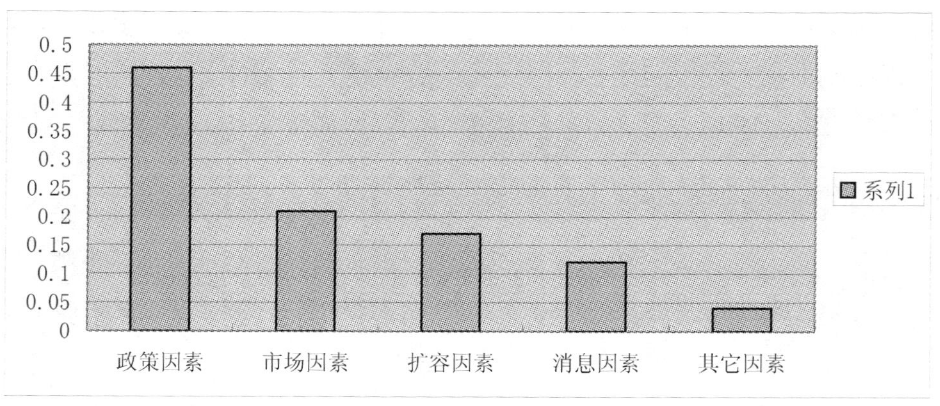

图 4-3　1992～2000 年股市异常波动影响因素分析

① "政策市"是人们对我国股市运行特征的一种概括性描述，是指利用政策来影响股市而出现的股市涨跌现象，它实际上包括两层含义：一是指我国股票市场的运行主要受到国家宏观政策的影响，这是一种关于"政策市"的中性认识，不包含"政策市"好坏或是非的价值判断；二是指政策过多地干预了股票市场运行，加剧了股市的投机、动荡与扭曲。这是一种关于"政策市"的带有"批判性"价值判断的认识。许多证据表明，政府政策和官方有关言论的确是导致中国股市价格异常变化的主要原因之一。因此学术界和公众将中国股市形象地称为"政策市"。

d. 股票发行制度行政化

股票发行制度是指发行人在申请发行股票时所必须遵循的一系列规范化程序，包括发行监管、发行方式、发行定价三个方面。股票发行制度作为证券市场各项制度设计中的一个重要组成部分，在各个国家不同的市场发展阶段，都经历了一个不断探索与逐渐完善的过程。发行制度是否合理直接关系到上市公司的质量、投资者的信心，从而直接影响证券市场的可持续发展。纵观我国证券市场的历史发展，由于证券市场的发展直接关系到国民经济的健康发展、国有企业改革的成败，也涉及到千千万万投资者的切身利益，因而国家对证券市场的发展一直采取稳健的政策，其中之一就是我国股票发行制度经历了一个从额度审批制到核准制，又到保荐制的一个不断完善、不断深化的过程。

（1）审批制与额度制

由于我国股权融资成本较低，因此公司对于股权融资有着十分强烈的要求。获得上市资格是公司能否进入证券市场进行股权融资的首要条件。证券监督部门为了对股权融资过度的需求进行控制和管理，公司的上市资格成为一种非常稀缺的资源。又由于对股票市场功能定位认识不足和出于公有制主体地位的考虑，我国的股票发行市场在整个 20 世纪 90 年代都实行审批制。1993 年 5 月 4 日，国务院颁布了《股票发行与交易管理暂行条例》，这是我国第一部正式的全国性股票市场法规，确立了以审批制为核心的股票发行制度。随后，《关于股票发行与认购方式的暂行规定》、《中国证监会股票发行审核工作程序》等法规陆续颁布并实施，审批制的制度体系进一步完善。

审批制以额度管理为核心，对发行公司进行严格的资格审查。具体的过程为：一是“限报家数”，拟发行股票企业向所在地的地方政府或所属的中央企业主管部门提出公开发行股票的申请，地方政府或中央主管部门根据企业上报的申请决定让哪家企业发行股票，并向证监会进行推荐；二是“总量控制”，企业获得推荐后，将预选材料上报证监会。证监会对预选材料审核后通过地方政府或中央企业主管部门向企业下达发行额度；三是企业获得发行额度后，将正式材料上报证监会，由证监会最后决定是否批准企业发行股票。四是“价格限制”，发行定价基本上属于固定价格方式，主要取决于每股税后利润和发行市盈率[①]。

审批制是一种行政化的发行制度，政府对发行市场进行了较多的干预，地方政府和政府部门，为了解决本地区和本部门企业的困难，常常推荐一些经济效益一般而资金短缺、但对本地区或本部门的经济发展有较大贡献的企业上市，或者会将一些亏损企业与要求发行股票的企业捆绑在一起，通过额度的分配，要求业绩好的企业承担稳定和发展地方经济的责任，或者将一些大型企业先分离出一部分所谓优质资产上市，然后再通过上市公司的后续配股，逐步将母公司推上市。上市公司在相当程度上是优惠政策与利益集团妥协的逆向选择结果。许多上市公司在上市之初便先天不足，便有许多企业需要借助会计信息舞弊在证券市场上筹资。

对于企业、地方政府、政府官员、企业管理者来说，企业上市会给方方面面带来极大的好处。但并不是任何一家企业都可以获得发行股票的权利，除了能够得到地方政府或有关部委的支持外，还必须符合中国证监会上市的条件。因此，一些业绩不十分好的，为了达到上市融资的目的，可能会通过会计信息舞弊等手段，使之符合上市所需的财务上的要求。还有许多公司在上市前进行了大规模的上市改组，将一些劣质资产剥离出去，上市前三年的业绩就有可能不是公司盈利能力的真实表现，而只是人为的模拟业绩，其中的水分非常大。另外，在考核各级地方政府官员和企业领导人成绩时，应把企业改制、融资作为重要的指标，这也一定程度上诱发了上市公司会计信息舞弊。一些公司在争取上市的过程中，可能会与少数中介机构合谋作假，并得到地方政府的扶持和保护，如东方锅炉公司为达到骗取股票上市的目的，就同有关部门和中介机构作假，将注册时间和成为试点企业的时间提前，还编造了股东大会决议和分红方案，骗取了国家有关部门同意其作为“历史遗留问题”“继续进行股份制试点”的资格，并于 1996 年 12 月 27 日在上海证券交易所上市。

---

① 所谓市盈率（P／E），是指股票的市价与股票的每股税后收益（或称每股税后利润）的比率，其计算公式为：S＝P／E，其中，S 表示市盈率，P 表示股票价格，E 表示股票的每股净收益，其经济含义是：按照公司当前的经营状况，投资者通过取得红利要用多少年才能收回自己的投资。很显然，股票的市盈率与股价成正比，与每股净收益成反比。股票的价格越高，则市盈率越高；而每股净收益越高，市盈率则越低。国外成熟的资本市场，平均市盈率在 15 倍左右。而我国沪深 A 股的平均市盈率都在 30 倍以上，市场上还有相当多数的个股市盈率达几百倍、甚至上千倍。

在额度控制的影响下，事实上形成的发行审核惯例是：凡是获得了发行额度的企业，很少有通不过审核的。发行审核实质上流于形式诱发了企业的虚假包装现象。走形式的审查同时也诱发了企业的虚假包装现象。公司在首次公开发行股票前提供的招股说明书所披露的信息是最为详尽的，监管部门也是应该最容易从招股说明书中发现问题的。但从已经查处的案例来看，不少在招股说明书中就已疯狂做假的不法行为却没有被及时发现，详见表 4-4。

表 4-4　为获得上市资格而操纵利润的上市公司的基本情况

上市公司	发行股票年度	为获上市资格操纵利润时间	发行股票股数（万股）	发行价格（元）	筹集资金（万元）
大东海	1997	4	1100	3.2	3520
琼华侨	1996	3			
东方锅炉	1996	3			
九州岛公司	1996	3	1700.8	5.6	11225
大庆联谊	1997	3	5000	9.87	49350
麦科特	2000	3	7000	7.68	53760
郑百文	1996	2			
锦州港	1998	2	6000	4.05	24300
红光公司	1997	1	7000	5.05	42350
活力二八	1996	1	2000	7.58	15160
蓝田股份	1996	1	3000	8.38	25140
综艺股份	1996	1	2200	7.88	17336

一些上市公司在进行虚假包装时，甚至请出当地的主管省长、市长及职能部门领导参与出谋划策，而一旦问题暴露，有关省市政府又至监管部门帮助其掩饰或辩解。在这种带有明显计划色彩的股票发行制度安排下，行政手段处于主导地位，经济手段和法律手段则处于从属地位，不仅使用

频率低，效力也很差，不但没有有效纠正市场失灵[①]，反而由于“上市额度”这种资源的供给弹性不足，供给不能无限增加，从而产生“三级寻租[②]”，导致了新的市场效率损失。相当一批劣质公司在争取新股发行和上市额度阶段都费尽心机，通过会计信息舞弊无限地夸大自己的投资能力和盈利能力，包装上市、打包上市，力图能得到以高比例溢价发行股票的权力，一旦资金到位，投资者的利益和回报立刻被搁置一边，这在我国的上市公司中已经成为一种较普遍的现象，如红光公司、蓝田公司、郑百文等，这些企业虽然上市了，但仍然沿袭原来国有企业的经营机制和管理方式，企业的治理结构、激励和约束机制没有建立起来，在经过一定的运营期后，隐含在上市公司中的计划性与市场化的矛盾就变得日益突出，隐性问题的显性化突出地表现为业绩的大幅度滑坡或财务状况的异常，从而造成上市公司整体业绩水平降低，亏损上市公司不断增加，详见表 4-5。

表 4-5　我国证券市场历年上市公司经营业绩状况

指标＼年份	1993	1994	1995	1996	1997	1998	1999	2000	2001	2002
净资产收益率（%）	14.60	14.20	10.80	9.50	10.99	7.96	7.99	7.66	4.31	4.72
平均每股收益（元）	0.36	0.31	0.25	0.23	0.24	0.19	0.20	0.20	0.13	0.15
亏损家数（家）	----	2	17	31	41	77	79	97	135	174
亏损面（%）	----	0.68	4.26	4.85	4.50	9.16	8.32	8.70	11.64	14.12

资料来源：《中国证券期货统计年鉴（2003 年）》

（2）核准制与通道制

1999 年《证券法》颁布以来，我国股票发行制度的市场化改革拉开序幕。随着《关于进一步完善股票发行方式的通知》、《上市公司新股发行管理办法》、《中国证监会股票发行核准程序》、《首次公开发行股票辅

① 审批制下的市场信息有效性较差，股价和其真实价值相背离，市场资源配置效率很低。

② “三级寻租”具体表现为：各地方政府和部委纷纷采取各种方式尽力在既定额度中争取更大份额，构成第一级寻租；在分得额度之后，急欲发行股票筹资的企业为了获得有限的额度而展开了第二级的寻租之争；企业获得稀缺的发行额度之后，立即便成为承销商追捧的对象，构成了第三级寻租。

导工作办法》等法规的颁布，初步建立了以核准制为核心的法律法规体系。2001 年 3 月 17 日，取消了审批制与额度制，实行由作为主承销商的证券公司（以下简称券商）推荐、发行委员会审核、市场确定发行价格、证监会核准的办法。核准制虽然是制度建设上的一个进步，抑制了“租”的形成，减少了监管失灵，同时又在一定程度上纠正了市场失灵，但并没有从根本上改革审批制和额度制条件下股票发行的非竞争格局，大量企业通过各种形式的攻关被快速包装上市。企业上市后，负责推荐的券商不再负责，因此出现了不少企业上市后业绩马上变脸的情况。为了提高券商自律和实现对上市公司数量乃至扩容节奏的控制，有关部门又推出了“通道制”，以提高券商执业水平和抑制劣质公司上市。但由于通道有限，很多券商为了争到主承销权，不得不对准上市公司曲意迁就，以期能快速将企业包装上市，腾出通道来跟进新的业务，起不到对上市公司的核查和监督作用。而相当一部分企业为达到包装业绩和高溢价发行的目的，仍沿用核准制以前的改制模式，剥离和模拟现象仍然存在，过度包装、虚假信息仍然层出不穷。

（3）保荐制

中国证监会于 2004 年 2 月 1 日正式实施《证券发行上市保荐制度暂行办法》，从此股票发行保荐制度诞生，这在世界上绝无仅有的。保荐制的主要内容为：一是建立了注册登记管理制度。中国证监会对符合条件的证券公司及其从业人员注册登记为保荐机构和保荐代表人，并向社会公布名单；二是明确了保荐期限。保荐期限分为两个阶段，即尽职推荐阶段和持续督导阶段。三是明确了保荐责任，规定保荐机构和保荐人在推荐企业发行上市前要对发行人进行辅导和尽职调查，要对发行人的信息披露质量、发行人的独立性和持续经营能力等做出必要的承诺；四是引进了持续信用监管和“冷淡对待”的监售措施，即除对保荐机构和保荐人的违法违规行为进行行政处罚和依法追究法律责任外，还根据情节轻重，在一定时间内不受理或不再受理其提出的推荐发行上市申请，严重的还要取消其从事保荐业务的资格。由此可见，保荐制是为了避免公司虚假上市、包装上市，把中介机构和上市公司紧紧捆在了一起，公司的上市要由保荐人和保荐机构推荐担保，上市以后，保荐机构和保荐人也要负持续督导责任。如果出现上市公司舞弊上市，或上市后就出现亏损等情况，保荐机构和保荐人根据规定，可能受到停办承销业务或被除名的处罚。相对于核准制，保荐制更加强调中介机构的职责，进一步提高了制度效率，但也仍然存在着很多问题。不管是审批制还是核准制或是保荐制，公司实力都是证监会最为关心的关键的因素。根据《公司法》和《股票发行与交易管理暂行条例》的规定，设立的股份有限公司申请公开发行股票必须符合一定的条件，其中有一条明确规定“最近三年连续盈利”。为了达到上市的目的，公司有足够的动机实施会计信息舞弊，以满足上市要求。另外，证监会由通道分配变成了对保荐人的直接管理，完全市场化的上市监管很难实现，新的寻租现象仍可能出现；保荐人权利和责任过大，这和我国券商目前的执业水平不相匹配，如果保荐人不能很好地承担这些职责，市场效率就很难提高。

总之，从审批制和额度制，到审核制和通道制，再到保荐制，改革的方向是政府不断放权，加大市场的调节功能，从而对于证券市场的健康发展产生了积极影响。然而，这些只能是我国股票发行制度转变过程中存在粥多僧少、股票发行供求极不均衡的情况下为提高券商自律和自我约束而实行的过渡性措施和阶段性产物，在它身上依然残存计划经济的影子。因此，在各种配套的证券监管措施完善后，逐步向具有完全市场化意义的注册制和备案制迈进才是我国证券市场股票发行制度改革的必由之路。

e. 市场退出机制①缺乏

退出机制是资源配置机制的有机组成部分，没有严格的市场退出机制，证券市场就没有自我净化的功能。只有通过吐故纳新的动态调整过程，才能为证券市场注入新的生机和活力，促进资源的合理有效配置，以提高资源配置效率。但在我国的资本市场中，上市公司的退出一直是一个基本的难题。目前，我国已发布的《公司法》已发布了市场退出的有关法规，根据《公司法》第 157 条规定，上市公司若有以下情形的，由国务院证券监管部门决定其股票暂停上市：一是公司股本总额、股权分布等发生变化不再具备上市条件；二是公司不按规定公开其财务状况，或者对财务会计报

① 所谓退出机制是指中国证券监督管理委员会对上市公司退出市场的标准、规则和程序等的相关政策的总称。退出的方式主要有以下三种方式：一是正常退出；二是自愿退出；三是强制退出。现上市公司退出主要包括上市公司破产、被收购或者退出证券交易所交易（即下市，going private）。

告作虚假记载；三是公司有重大违法行为；四是公司最近三年连续亏损。其中，第一、四项为数量标准，第二、三项为非数量标准。由于我国证券市场具有特殊性，而且发展时间较短，所以我国退市机制具有特殊性和不完善性：一是在退市标准中的数量标准方面，除了连续三年连续亏损这一硬性指标外，其余都缺乏明晰度，特别是《公司法》第 158 条又进一步规定：上市公司若出现最近三年连续亏损且在限期内未能消除，不具备上市条件的，由国务院证券监督部门决定终止其股票上市（也称摘牌）。由此可见，按照我国公司法的有关规定，上市公司出现亏损后可导致以下后果：一是上市公司如果出现亏损 1 年，或连续亏损 2 年后即扭亏为盈(即上市公司没有出现连续三年亏损的情形)，则上市公司可避免“暂停股票上市”或“中止股票上市”的惩罚。二是上市公司如果连续亏损 3 年，则上市公司将被暂停上市，直到公司在限期内消除亏损，具备上市条件后，再恢复股票上市。三是上市公司连续 3 年亏损，股票被暂停上市，同时在限期内无法消除亏损，不具备上市资格的，其股票将被终止上市。在这种情况下，上市公司的上市资格就被取消了；二是对于非数量标准和退市程序方面的规定，可操作性差；三是退市程序的启动者是证监会，而不是交易所；四是特殊的 ST、PT 制度和三板市场，上市公司亏损之后只是 ST，然后再 PT。这两种制度的推出，对防止过度投机起到了积极作用，有利于释放市场风险，为稳步建立市场退出机制奠定了基础。但是，由于 PT 和 ST 制度并没有最终实现绩差公司的市场退出，未能完全达到优胜劣汰的目的，为了避免失去宝贵的壳资源，那些亏损的尤其是被 ST、PT 的上市公司，特别热衷于会计信息舞弊，一些 PT 和 ST 公司反而加以资产重组，以扭亏为盈为幌子，股份上蹿下跳，波动较大。这种现象增加了市场风险，不利于投资者树立投资风险意识，而且 PT 和 ST 制度实际上是在向市场传递一种“不会轻易实行严格的市场退出机制”的信号，从而反而怂恿或者说助长了投资者在这些股票上的过度投机。在中国特有的股市现象是某些公司经营业绩差而进人 ST、PT 后，其股价不跌反升，甚至会出现涨停，因为大家都认为政府会救国企，这使得应由资本市场形成的优胜劣汰机制丧失。因此 1000 多家上市公司当中绩优的少、垃圾的多；具有投资价值的少，具有投机价值的多。总之，我国上市公司退市机制不论在制度安排还是在实际运行方面都存在着这样那样的问题，人们很难想象亏损的ST、PT公司继续占有证券市场上珍贵的“壳”资源。好在至笔者完稿时，《改革完善并严格实施上市公司退市制度的若干意见（征求意见稿）》（以下简称《退市意见》）公开征求意见出台，明确将对重大违法（存在欺诈发行或者重大信息披露违法）公司实施强制退市。

f. 法制环境缺失

没有规矩，难成方圆。我国发展证券市场的“八字方针”就是“法制、监管、自律、规范”。其中，法制是放在第一位的。没有好的法制环境，证券市场始终只能处于盲目无序状态，不可能健康发展。市场经济从某种意义上讲就是法制经济，利用法律手段规范证券市场各主体的行为，防止会计信息舞弊是证券市场规范化的内在要求。

股票市场建立后，一项重要的任务就是建立健全规范市场行为的法律、法规体系以及监管体制，完成股票市场基本运作规则和基本制度的建构，而这一任务在任何国家都只能由政府来完成。当我国进行经济改革时，其基本立足点就是培育和发展统一、开放、平等竞争、规章健全、秩序井然、功能完备和运转灵活的社会主义市场经济体系。从我国股票市场的法律法规和相关政策看，至少包括三个层次的内容：一是规范公司行为和证券市场行为的基本法律；二是规范证券交易机构、证券经营机构以及其它证券中介服务机构行为的配套法规；三是规范股票市场具体行为的监管制度和管理办法。此外，政府还要根据形势变化以及针对股票市场发展中出现的新问题，不断修订原有法律法规和政策，补充新的法规、管理制度和有关政策。

由于我国股市国有控股上市公司占绝大多数，更由于我国股市的定位一度成为解贫脱困的渠道，因此 我国股市的法制环境是先天不足的，原有的计划体制一定程度上被打破了，但法制建设还没完全跟上，这是股市转轨时期的关键问题。当股市的萌芽在一些地方破土而出的时候，我国还没有为股份制经济准备好一个法制环节，有的只是一些地方政府自行制定的政策性文件。由于股票还是一个新生事物，地方政府尽管聘请了一些了解国外证券市场的研究人员参与了这些文件的制定，但它们都是针对当时的特定环境制定的，还是很不成熟的，无论是在条理性还是可操作性方面都存在着许多问题，以至于我国股市的“怪圈”之一是：一方面，为适应市场发展的需要，主管部门重视建制立法，制订颁布了一系列法规、规章，力求使证券的发行、交易与市场主体的行为有章可循；另一方面，市场上形形色色的违法违规行为在日益严密的法规面前并未得到应有的遏制，反而呈现出蔓延与扩张趋势。

进入90年代后，随着市场的发展，地方政府对股票市场的管理逐渐被收到中央有关对口部门。长期以来实行的计划经济体制使有关管理部门首先想到的是用政策来指导和管理市场、而忽视了法制对市场的管制作用。而且，这种政策性文件通常都是由不同部门站在本部门的角度根据本部门的利益制定的，各有关部门之间没有建立起磋商和信息沟通机制，导致了在实际工作中政出多门、职能重叠、监管效率不高以及监管时效性差等问题。当它们综合在一起的时候，常常出现互相矛盾之处，以致给市场造成了一定的混乱。另外，面对着千变万化的股票市场，对于我国这样一个发展历史短，有关法律法规和政策尚未定型的股票市场来说，必然表现出法律法规和政策出台密度高，数量多，而且修改频率高的特点。因此，国家每一政策措施的出台也更加倍受市场关注，“政策市”的概念也在人们的头脑中不断得以强化，这也使得市场经常处于对政策的猜测之中，股民在股票交易中经常要受到过多的政府干扰，“政策市”特征表现得淋漓尽致。

后来，虽然立法部门颁布实施了《公司法》、《证券法》等相关法规，股票市场在相关法律法规的制定以及其它相关制度（如信息披露制度、会计审计制度等）的建设方面步伐开始加快，也依然不能很好的适应建设健康高效的资本市场的需要。与成熟的市场经济国家相比，一方面，公司治理的法制环境不完善。主要表现在：《公司法》并没有创设一种崭新的机制确保股东大会可以避免流于形式，股东大会被确立为公司的权力机构，而在实践中又无法实现预期作用；对股东大会和董事会的职权划分或者是互相重叠（如股东大会决定公司的经营方针和投资计划，而董事会也决定公司的经营计划和投资方案），或者是剥夺了董事会的经营决策权（如股东大会审议批准年度财务预决算方案），或者是限制了董事会的职权范围（如采用列举方式规定董事会的职权，董事会行使除此之外的职权则缺少法律依据）；没有创设监事会履行职责的程序性保障制度，也缺少监事会对董事会行为的有效制约措施；经理职权的法定化造成经理阶层凌驾于董事会之上甚至决定董事命运；董事长可以兼任总经理的法律制度，使得董事会的权力、公司经营管理的权力集于法定代表人一身，这种制度为个人独断专行、损害股东权益开了方便之门；我国现阶段转轨经济过程中，经理市场和接管市场还处于发展初期，尚未形成一套有效的运作机制，市场声誉效应在约束管理层的行为上成效不大，有效率的兼并重组难以发生，进一步弱化了外部产权主体的利益，造成管理层经常能够采取会计信息舞弊等手段在获取自身巨大收益的同时又不至于承担太多的成本。另一方面，我国的法律框架仍然存在着许多不足，例如，虽然制定了《证券法》，但是在某些具体操作问题上，仍然缺少细则约束和规范，因而造成市场的监管力度不够，投机现象严重，存在很多风险和隐患；现行法规中，重视行政及刑事的法律处罚，轻视民事法律责任的调节，缺乏对虚假会计信息具体认定的法律规定；证券市场的争议解决体系即公正和有效的司法体系的建设还有很大的差距，法庭判案受到地方保护主义的影响；法律间的协调存在问题，有时甚至相互矛盾，尤其是公司法，现在已经明显落后。正如陈汉文等（2001）[8]所指出那样，在规范会计信息披露方面，证券立法主要确立三个方面规定：强制披露、强制审计和法律责任。但我国目前的法律体系至少存在着两方面的缺憾：其一，作为基本法的《公司法》和《证券法》对强制审计没有给予合理关注，其中《公司法》仅对年度报告之审计做出规定，而《证券法》则未做出任何有关强制审计的规定；其二，未对民事归责原则作出明确规定，使得针对会计信息舞弊违法行为的民事诉讼可操作性不强，不能对违法者构成实质性的制约。再加上监管中常常执法不严，导致证券市场违法犯罪行为泛滥成灾。一些领导在对证券犯罪进行查处时，往往举棋不定，甚至包庇纵容，以至于让犯罪分子逍遥法外，成为富豪。当违规、违法甚至犯罪行为逐渐成为业内公开的秘密时，“法不责众”又成为执法不严的新借口。如此恶性循环，证券市场违法犯罪行为自然就屡禁不止。有时候，带头践踏法律之尊严者往往正是监管部门自身。想托市，就打电话命令机构进场，眼睁睁看着“庄家[①]”操纵；想圈钱，就肆意高价发行股票，眼睁睁看着企业和中介机构舞弊。法律制度的不规范不完备，使得投资者的行为无法得到良好的监督与引导。这一方面使得投资者分化为两大阵营，庄家和散户；另一方面也使得操纵和投机（坐庄和跟庄）行为蔚然成风。总之，我国股市过度投机的根源就在于市场各参与主体的行为失范，上市公司内部人控制严重，违法违规行为层出不穷，各种丑闻不绝于耳，违法犯罪分子得不到应有惩处，法律诉讼机制不健全，被欺诈和掠夺的投资者也得不到赔偿。总之，与发达国家相比，我国证券业方面的法律体系还十分不完善，主要体现在法制体系的内部协调不足、立法滞后和不完备以及有法不依、执法不力、违法不究和法律的实施机制不健全。可以说，法律环境的缺失导致股市的生态严重失衡。

综合上述现有的制度背景分析，我们发现，一开始的股票市场功能定位失当，政府重视筹资而轻视治理，造成了上市公司股权结构的中国特色和国有股一股独大以及市场监管行为的扭曲。再加上政府对发行制度进行规模与定价的控制，法制环境的先天不足与后天不足，市场退出机制的缺乏，中国股市表现出鲜明的“政策市”的特征，投资者以政策性预期为主导，股票价格受非市场因素影响很大而经常处于非理性和非均衡波动状态。政策等的直接干预对股市的影响相当大，市场上几次较大的异常波动全部是政策引起的。邹昊平（2000）[197]、吕继红、赵振全（2000）[198]、许均华、李启亚（2001）[199]等学者的研究也表明，政策因素对中国股市价格波动的确具有重要的影响作用。综观政策性因素对我国股市的影响，可以发现政策存在多门性、多变性、滞后性、突然性等特征，“政策市”的存在对市场所造成的危害不容忽视。它弱化了股市的信息传递和资源配置功能，在投资者以散户为主的情况下，中国股市跟风操作的所谓羊群行为[②]较其它市场

---

① 庄家，一般而言，是指投入资金炒作某个股票的资金集团或个人或证券机构。他们通常信息灵通，资金雄厚，有市场影响力，通过采用各种手段发布假消息等对市场进行操纵，低买高卖，牟取暴利。

② 所谓羊群行为（Herding Behaviors）是一种特殊的非理性行为，它是指投资者在交易过程中观察并模仿他人的交易行为，从而导致某段时期内买卖相似的股票。实证检验的结果表明，在政策干预频繁和信息不对称严重的市场环境下，我国股市在市场极端波动时存在一定程度的羊群行为，特别是市场处于大涨时羊群行为更加明显，这反映了我国投资者存在追涨的倾向。

更为普遍。这使股价变化趋同，从而更加剧了股价的波动和股市的系统性风险。其后果必然使许多投资者（特别是中小投资者）产生过分依赖政策信息的倾向，助长股市中的过度投机行为，致使股市泡沫①迅速膨胀。在这种情况下，市场操纵行为没有得到应有的制止与惩罚，甚至被有意无意地忽略或默许。至于中小投资者，由于投资渠道的缺乏，虽然他们也可能知道对股市进行不切实际的狂热投机，会出现以价格超常规上涨为基本特征的虚假繁荣，但只要他们相信在这些交易中隐含着他们所预期的收益，无论这种预期多么充满幻想，他们都会纷至沓来地入市交易去吹胀泡沫。在这种情况下，机构投资者（包括庄家）最关心的是政策面的变化，大多数中小投资者因缺乏分析上市公司的财务数据的必要知识和技能，无力对上市公司披露会计信息的真实性加以有效地甄别，他们所进行的则主要是政策分析、庄家分析与技术分析②，上市公司的基本面分析③如果不是被忽略，至少显得不太重要。据调查，在做具体的投资决策时，投资者依据“股评推荐”、“亲友引荐”以及“小道消息”所占的比重高达 51.5%，而其它的信息渠道似乎还不够畅通，而且这些信息渠道中信息的真实性并不能保证；在投资决策的方法上，20%以上的个人投资者决策时几乎不做什么分析，而是凭自己的感觉随意或盲目地进行投资[200]，年报披露的信息只是投资者决策时所需信息的一部分，在进行股票投资决策时，约三分之一的投资者是不阅读年报的[201]。总之，投资者所能获得的信息是有限的，而这些信息的

---

① 股市泡沫指的是股票的价格脱离了公司基本面，超出了它的基本价值（fundamental value）的市值虚升部分。我国股市的泡沫可分为三个层次：一级泡沫来自在证券一级市场中证券发行与上市的溢价；二级泡沫来自在证券二级市场中证券交易的差价收益；三级泡沫则来自上市公司通过兼并收购和资产重组后股价上升所产生的差价收益。与国外成熟市场相比，我国目前的股市运行中存在了相对过多的泡沫，上证综合指数和深证综合指数在 1991 年至 2000 年之间的年均累积泡沫分别为 63.4%和 58%，而同期道·琼斯指数的年均累积泡沫为 19.5%。

② 在股票市场中,通过对反映市场状况的基本数据资料（开盘价、收盘价、最高价、最低价、成交量等）进行分析,判断整个股市或个别股价未来的变化趋势,以探讨股市里投资行为的可能轨迹,就叫做技术分析。技术分析包含了非常多种类的交易技术，主要是通过对历史市场交易数据例如价格和交易量信息的分析来预测未来的价格并据此来进行投资决策。但在弱势有效的市场中，技术分析是无效的。

③ 基本面分析包括对企业外部环境如宏观经济环境、法律环境、所处行业状况、科技发展水平的分析和企业本身的分析如企业的财务状况、研究开发能力、管理水平等方面进行分析以求发现企业的内在价值和影响股价未来变化的环境因素。

真实性又不能得到保障，这就使得投资者无法真正做出理性的判断，从而无法进行理性的投资选择。投资者的这种非理性，为上市公司会计信息舞弊提供了难得的“机遇”。当然，庄家与专业分析人士可能会关心企业的基本面，但也主要是用来配合市场炒作。因此，可以预期，在“政策市”条件下，由于政策因素不断影响股市运行，使股票市场资源配置的价格信号失灵，政府在股市上的驱动意识和宏观调控意识对投资者的投资行为有很强的导向作用，使得我国投资者在政策的反应上存在“政策依赖性偏差”，因而市场不会对普遍存在的上市公司会计信息舞弊行为做出明显的反应。（如图 4-4）

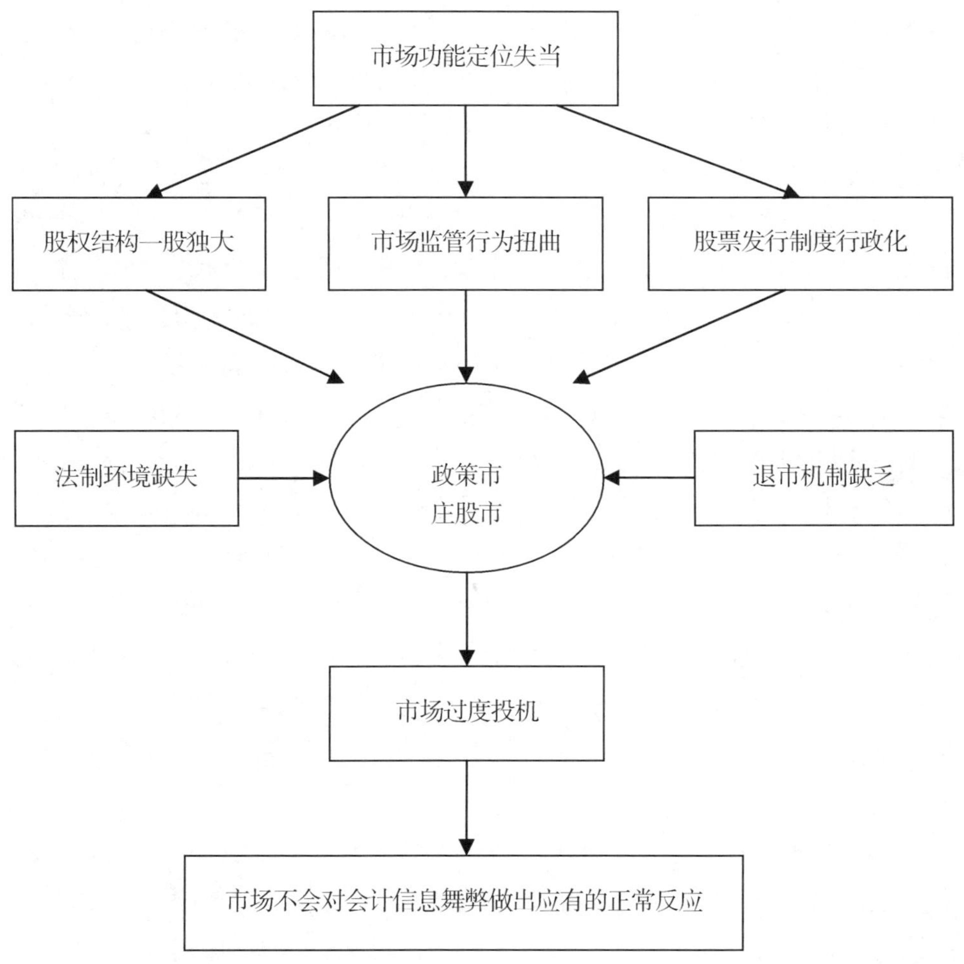

图 4–4 我国上市公司会计信息舞弊市场反应的制度解析

4.2.2 基于我国股票市场制度背景的研究假设

国内外的研究均表明，会计数据是具有信息含量的，而会计信息舞弊行为所瞄准的方向正是会计数据的信息含量和信号作用，所不同的只是它所造就的是一种误导的信息含量和信号作用，而我们要研究的正是这种信号是否具有真正的误导作用。Ball & Brown（1968）[64]指出：如果我们观察到股票价格随收益报告的公布而调整，就说明反映在收益数字中的信息是有用的。如果年报的确拥有信息含量，即一个信息系统具有价值，那么这些信息就会改变人们的信念（预期），对于一个市场来说这种改变通常都会表现在股票价格的波动上。因此，投资者对会计信息舞弊行为的市场反应集中体现在股票的价格上，我们的实证研究也就从股票价格的含量开始。

本章研究的基本原理是：上市公司管理当局进行会计信息舞弊的目的之一在于使会计信息使用者对公司价值做出错误的判断，使公司价格高于其真正价值，使相关利益个体（如内幕交易者等）从中获利。然而，如果投资者对上市公司会计信息舞弊行为有一定的预期，那么投资者对其披露的任何信息有合理的逆向预期，即公司并非象其披露的那样有价值。显然，投资者这种逆向选择行为出于自我保护的目的，即投资者预期上市公司有进行会计信息舞弊的可能，这时如果完全相信上市公司披露的信息，可能招致一定的损失。因此，如果上市公司公布的年报中隐藏了会计信息舞弊行为，就意味着企业将面临较高的不确定性，投资者承担的风险也较高。因此，能够识别年报中隐藏的会计信息舞弊信息从而知晓这一信息的理性投资者就会认为上市公司隐藏的会计信息是对股票市场不利的信息，从而对该公司的股票做出估值折扣的判断与决策，并相应调低对该企业价值的预期，隐藏了会计信息舞弊行为的上市公司其股价在年报公布日前后会有一定幅度的下跌，而没有隐藏会计信息舞弊行为的上市公司，则被认为并不存在这方面的问题。

如上所述，我们已经从我国股票市场制度背景出发演绎出“市场不会对普遍存在的上市公司会计信息舞弊行为做出明显反应”的假设， 由此，我们得到的统计假设为：年报中隐藏会计信息舞弊行为的上市公司与没有隐藏会计信息舞弊行为的上市公司相比，基于投资者市场估值变化的市场反应表现在价格上，前者与后者[①]无显著差异。

在现有经典研究文献中，研究市场估值的变化、财富效应以及表现在价格上的市场反应，通常采用的方式是考察公司决策行为事件带来的证券价格/收益率的变化或者超额收益率[②]。对于发生会计信息舞弊行为的公司，如果资本市场对其股票的初始定价出现错误，即没有对会计信息舞弊行为进行甄别调整，那么，在定价日之后，随着投资者所获取的有关该企业的信息（财务信息或非财务信息）的增多以及对该企业了解的增加，市场应该会发现会计信息舞弊并出现股价回归现象。所以，关于上市公司会计信息舞弊行为市场反应的检验可归结为对年报公布日前后一段时间内股票非正常报酬率的检验。因而，上述研究假设按超额收益率表述可改写为：

假设 4.1：在年报公布日前后较短时窗内，研究样本的每日平均超额收益 AAR 未有显著负值（H4.1）。

假设 4.2：在年报公布日前后较短时窗内，研究样本的累计平均超额收益 CAR 未有显著负值（H4.2）。

假设 4.3：在年报公布日前后较短时窗内，研究样本与控制样本的每日平均超额收益 AAR 无显著差异（H4.3）。

假设 4.4：在年报公布日前后较短时窗内，研究样本与控制样本的累计平均超额收益 CAR 无显著差异（H4.4）。

为验证上述研究假设，需检验研究样本不同时窗下的每日平均超额收益 AAR 是否显著异于零且为负数；研究样本不同时窗下的累计平均超额收益 CAR 是否显著异于零且为负数；研究样本和控制样本不同时窗下的每日

---

① Lev & Ohlson（1982）指出："（与证券市场本身有关的）信息在（资本）市场上扮演着双重角色。一方面，它推动证券价格均衡的建立，而证券价格的均衡则影响'实体'资源的配置和公司经营决策的执行；另一方面，它使得人们能够跨越时空进行（消费资源）所有权的交换，从而实现消费的最优状态和社会风险的分担"。正因为如此，我们就可以构建一个"行为——信息——价格"的基本研究框架（Lev & Ohlson，1982）。在一定的市场有效性环境下，会计数据与公司行为的信息内容重要性就可以通过观察股票对这些数据与行为的公布所做出的反应来加以研究，同时投资者的个体行为与市场的集体行为之间的差异就可以股票的价格变动得以体现（Beaver，1972）。

② 参见：Macminlay（1997）、Mcwilliams & Siegel（1997）、Ball & Brown（1968）、Fama（1969）和 Binder（1998）的讨论，尤其是 Mcwilliams & Siegel（1997）关于事件研究法在管理学研究中应用的讨论。

平均超额收益 AAR 是否具有统计意义上的显著差异；研究样本和控制样本不同时窗下的累计平均超额收益 CAR 是否具有统计意义上的显著差异。

4.3 研究方法与模型选择

如果市场是理性的，那么事件是否产生影响将立即通过价格反应出来，并可以通过对较短时间内价格变化的分析来加以测量。因此本章拟用事件研究（event study）的方法来分析上市公司会计信息舞弊行为对股价的影响。事件研究法是通过检验事件发生前后的市场行为与正常市场行为的差异，考察事件的市场行为效应大小的一种研究方法[202]，它通过事件发生前后股价变化情况来分析事件的信息含量，广泛应用于测量证券市场上诸如公司的兼并收购、盈利发布、债券或股票的发行、资产重组等事件发生后的影响效果，测量方法主要有股票价格波动分析法、累积超额收益分析法和多元线性回归分析法。

股票价格波动分析法是将事件公告期间超额回报（用市场模型回归得到的残差项）的平方与非事件公告期间超额回报的方差进行比较，得到比值 R。如果在事件公告期间存在超常的股票价格活动，则 R 应显著高于 1。Beaver（1968）以 43 家 NYSE 公司作为样本，对盈余公告期（及附近）的股票价格波动 R 进行研究后得出结论：在盈余公告期（第 0 周），股票价格波动幅度比非报告期的平均水平约高出 67%；在盈余公告期后的两周内，仍存在着股票价格的超常波动（高出 10%~15%）。该方法是一种简洁、直观的分析方法，但其分析结果只能说明某一事件前后股票交易量是否发生了变动，即是否受到了某一事件的影响，而无法说明具体的影响程度和效果，从而导致了对股票市场中公开信息市场反应的事件研究通常使用累积超额收益分析法和多元线性回归分析法。另外，我们在研究中注意到，无论在早期还是近来的对股票价格反应的实证研究中，从模型选择上看都主要使用累积超额收益分析法和多元线性回归分析法，本项研究也采用这两种研究方法。

4.3.1 累积超额收益法（CAR）

累积超额收益分析法的原理是，通过考察样本在年报、中报或其它信息等的公告日前后某个特定的研究窗口中每隔一定时间间隔（可以是一天、一周或一个月等）的平均或累计超额收益偏离零的程度来判断市场对该信息的反应，考察事件的影响程度，研究的一般步骤包括定义事件（event）、确定事件日（event date）和事件窗口（event windows）、选择样本（sample）、计算正常收益（normal return）和异常收益（abnormal return）、选择估算正常收益的模型、计算异常收益与正常值的差异、提出检验结论、最后给出合理的解释等几个步骤。其计算原理是：某时段股票的收益等于正常收益与超额收益之和，正常收益可以由资本资产定价模型（CAPM）确定，超额收益可以由实际收益与正常收益的差值计算得出，累计超额收益就是样本研究期间的超额收益的累加。基本假设 H_0：CAR=0，备择假设 H_1：CAR ≠0。具体方法是研究在事件窗口内累计超额收益是否显著异于 0，如果显著异于 0 则表明事件具有信息含量，市场对事件有显著反应，反之，则表明事件不具有信息含量，市场对事件反应不明显。

作为实证会计理论的奠基人，Ball 和 Brown（1968）[64]对在纽约股票交易所注册的 261 家公司 1957 ~ 1965 年的年度盈余信息披露前 12 个月与后 6 个月的股价走势进行了实证研究，通过对比信息披露前后的超额收益率（Abnormal Return）来评价此类信息的信息含量及信息可预知性。他们发现股票价格变化的方向与盈余变动的方向显著相关。1957~1965 年间，经历正的盈余变动的股票具有正的价格变化，反之，负的盈余变动与负的价格变化相连。好的盈余消息带来 7%的股价上升，而坏消息与 9%的股价下降相连。Beaver，DarkeWight（1979）扩展 Ball 和 Brown（1968）的研究，按照年度会计盈余的大小建立 25 个组合来度量股票价格变化的大小，结果十分显著，股票收益的变化从-17.50%到 29.2%，幅度远大于 Ball 和 Brown（1968）在盈余变动方向上的股票收益变化幅度（-9%~7%）。

此后，在西方的实证会计中，用非正常报酬率来考察会计事件的信息含量甚为流行，并且根据不同的研究目的，非正常报酬率有以下三种不同的计算方法：

（1）均值调整报酬率（Mean Adjusted Returns）。均值调整报酬率模型假定某种证券 i 的事前期望报酬率会等于一个常量$\overline{R_i}$；该常量在各个证券之间是不同的：证券 i 在时期内的预期事后报酬率等于$\overline{R_i}$，非正常报酬率就等于观察到的实际报酬率与预期报酬率之间的差额。

对于每一证券而言，按照均值调整模型，在事件期内每一个交易日的非正常报酬率由以下公式来定义：

$$AR_{it}=R_{it}-\overline{R_i} \quad (4\text{-}1)$$

公式（4-1）中：AR_{it}是证券 i 在第 t 日的非正常报酬率；R_{it}是证券 i 在第 t 日的报酬率；$\overline{R_i}$是证券 i 的事前期望报酬率。

（2）市场调整报酬率（Market Adjusted Returns），该模型假定公司间的事前报酬率是相等的，但对特定的证券则不一定是恒定的。由市场调整模型来计算的非正常报酬率公式为：

$$AR_{it}=R_{it}-R_{mt} \quad (4\text{-}2)$$

公式（4-2）中：AR_{it}是证券 i 在第 t 日的非正常报酬率；R_{it}是证券 i 在第 t 日的报酬率；R_{mt}是第 t 日相应市场报酬率，应用股票 i 所在证券市场股票价格综合指数计算得到，在我国的实证研究中经常使用当日市场指数来代替。

（3）市场和风险调整报酬率（Market and Risk Adjusted Returns），这就是人们所熟悉的市场模型。在该模型下，首先应用事件日前 m 个交易日到前 n 个交易日（即在 t∈[-m，-n]共 m-n+1 天的研究窗口内）的股票报酬率信息进行下列回归：

$$R_{it}=\alpha_i+\beta_i R_{mt}+\varepsilon_{it} \qquad \varepsilon_{it}\sim(0,\ \sigma_{\varepsilon_i}^{2}) \quad (4\text{-}3)$$

公式（4-3）中：R_{it}是证券 i 在第 t 日的的实际收益率[①]，即$R_{it}=(P_{it}-P_{it-1})/P_{it-1}$，其中，$P_{it}$和$P_{it-1}$分别表示股票 i 在第 t 个和第 t-1 个交易日的收盘价格；R_{mt}是证券 i 应用 A 股股票价格指数计算得到的 t 日市场收益率（本章中，对沪市股票取沪市综合指数，深市股票取深市综合指数）；α_i、β_i为回归系数，α_i表示证券 i 的收益率与市场收益无关的常数部分，β_i表示证券 i 对市场收益率的灵敏度，它表明市场指数收益率每增长 1%，证券 i 预期收益率增长的数值；ε_{it}则代表随机误差项，α_i、β_i和$\sigma_{\varepsilon_i}^{2}$

① 这里的个股实际收益率为不考虑现金红利再投资的日个股回报率。

都是模型中的参数。

定义 $t=0$ 为事件发生日，$t=T_1+1$ 到 $t=T_2$ 代表事件发生区间，$t=T_0+1$ 到 $t=T_1$ 为估计区间（estimation window），$L_1=T_1-T_0$ 和 $L_2=T_2-T_1$ 分别是事件估计区间和事件发生区间的长度。

模型参数估计过程中，一个基本的假设是，个股在处罚日的收益率彼此是互相独立的。这个假设意味着，在上述模型中，个股之间的扰动 ε_{it} 是不相关的。在此假设上，普通最小二乘法和广义最小二乘法的估计是一样的（Greene, 2000）[203]。由于 α_i、β_i 和 σ^2 都是未知参数，可以利用最小二乘估计法(OLS)和事件估计区间中的数据来估计 α_i、β_i 和 ${\sigma_{\varepsilon_i}}^2$ 的值，即：

$$\hat{\beta}_i=\frac{\sum_{t=T_0+1}^{T_1}(R_{it}-\hat{u}_i)(R_{mt}-\hat{u}_m)}{\sum_{t=T_0+1}^{T_1}(R_{mt}-\hat{u}_m)^2}$$

$$\hat{\alpha}_i=\hat{u}_i-\hat{\beta}_i\hat{u}_m$$

$${\sigma_{\varepsilon_i}}^2=\frac{1}{L_1-2}\sum_{t=T+1}^{T_1}(R_{it}-\hat{\alpha}_i-\hat{\beta}_iR_{mt})$$

其中，$\hat{u}_i=\frac{1}{L_1}\sum_{t=T_0+1}^{T_1}R_{it}$　　　$\hat{u}_m=\frac{1}{L_1}\sum_{t=T+1}^{T_1}R_{mt}$

在估计出每只股票在研究窗口内的回归系数 α_i 和 β_i 后，即可用估计出的市场模型预测事件日前后各交易日股票的期望正常报酬率，即：

$$E(\tilde{R}_{it})=\hat{\alpha}_i+\hat{\beta}_iR_{mt} \tag{4-4}$$

公式（4-4）中：$E(\tilde{R}_{it})$ 是证券 i 在事件期的期望报酬率；R_{mt} 是证券 i 所在相应市场在第 t 日报酬率；$\hat{\alpha}_i$ 是证券 i 在事件期间的回归系数；$\hat{\beta}$ 是证券 i 在事件期间的回归系数。

得到期望正常报酬率后，即可计算股票 i 非正常报酬率：

$$AR_{it} = R_{it} - E(\tilde{R}_{it}) \qquad (4\text{-}5)$$

超常收益率具有方差$\sigma^2(AR_{it}) = \sigma_{\varepsilon_i}{}^2 + \frac{1}{L_1}\left|1 + \frac{(R_{mt} - \hat{u}_m)^2}{\sigma_m{}^2}\right|$

它由两部分组成，一部分是市场模型的方差$\sigma_{\varepsilon_i}{}^2$，而另一部分来自估计$\alpha_i$和$\beta_i$的样本差。

证券在事件发生区间的某个观察点的超常收益率应服从零平均价值的正态分布，即：$AR_{it} \sim N(0, \sigma(AR_{it})^2)$

公式（4-5）中：AR_{it}是证券i在第t日的非正常报酬率；R_{it}是证券i在第t日的报酬率；$E(\tilde{R}_{it})$是证券i在事件期间的期望报酬率。

事件研究能否正确考察事件的市场反应，关键是如何正确度量超额收益。超额收益率是指剔除系统因素影响（系统的正常收益）后由特殊事件引起的超额收益率，它等于某只股票的实际收益率减去该股票的正常收益率，用来度量股价对事件发生异常反应的程度。当个股的当日收益率为5%，市场收益率为2%时，该股的超额收益率为3%；如果当日的市收益率为-3%时，该股的当日超额收益率则为8%。可见，超额收益率反映与个股本身有关的因素对股价的作用。而系统的正常收益率通常是在没有事件发生的情况下的预期收益率，因此，如何选择合适的模型估计预期收益率在事件研究中是困难的，但它是正确测度超额收益率的关键。

从国外的经验研究文献看，早期的研究主要使用市场和风险调整后的非正常报酬率，这是和当时资本资产定价模型的流行和处于主导地位分不开的。在国外，针对证券市场的交易特征以及价格的统计性特征，对各种模型进行比较的基础性工作是由Brown & Warner完成的。他们运用模拟抽样的方法证实了市场模型的运用对于月度数据和日数据具有广泛的有效性。他们研究表明，在某些情况下，采用比市场模型更简单的模型也能取得很好的效果。

从国内的情况看，最初的文献也通常是采用市场和风险调整后的非正常报酬率，例如赵宇龙（1998）[105]、陈晓等（1999）[106]、陈信元和张田余（1999）[204]。但越来越多的研究发现，在我国这样一个新兴并不是很成熟的证券市场上，使用资本资产定价模型回归得出回归系数极不稳定，得出回归方程的拟合优度很低，使得方程的解释效果并不好。除此之外，国内股市庄股的盛行也严重影响着回归系数的有效性。因此，后来的研究如赵宇龙和王志台（1999）[205]、沈艺峰和吴世农（1999）[206]等开始使用市场调整后的非正常报酬率。而且，陈汉文（2002）[207]通过对几种非正常报酬率比较分析发现，如果特定证券的价格反应模型与市场组合的反应模型具有很高的相关性，市场调整后的收益模型可能对事件的价格反应更为敏感，市场模型同其它两种方法相比具有更容易拒绝原假设的特点。因此，我们认为市场模型对于原假设的接受更加不稳键。而且，Fama（1965）[202]的研究也已证明，股票价格遵从随机游走的特征，即股票收益率是随机的，不存在显著的自相关。同时，市场收益率（A 股指数收益率）也是随机的。对于这两个随机序列，能用可决系数较高的市场模型来描述。因此，笔者认为，用市场模型描述股票价格的行为模式是合适的①。按此假定市场模型的残差是随机、平稳的，遵从正态分布。运用市场模型时，其回归估计的可决系数越高，非正常收益的测度效果就越好。在没有历史资料的情况下，如果要运用市场模型，可假定估计参数为（0，1）。此外，还有采用常均值收益模型、资本资产定价模型以及多因素资产定价模型来测度超额收益率的。常均值收益模型不能很好地描述股票市场行为模式。对于我国不完善的资本市场，因为整个资本市场尚未形成统一资本市场线，采用资本资产定价模型也是不合适的，尤其是对于投机性较强的股票市场。多因素模型在横截面数据分析中应用较多，多应用于长期市场效应分析，但我国有关数据资料历史太短，不便使用多因素模型。因而，我们认为，市场因素还不失为影响股票收益的最重要的因素，尤其是用于考察事件的市场反应研究中。

基于以上考虑，本章采用市场模型来测试超额收益，同时考虑我国证券市场发展时间短的限制，对其进行局部修整并构建统计量检验事件市场

---

① 美国的证券市场相对比较成熟，投资的成分较重，而国内的证券市场还处于起步阶段，具有强烈的投机色彩，股票价格是否遵从随机游走的特征，尚存在争议。虽然股票的价格总是处于波动之中，但是，在一段时间内，市场调节的结果会使股票价格回归其真实价值。在此，我们仍采用市场模型进行研究。

反应的显著性。具体计算方法与步骤如下：

（1）估计预期收益率

为了考察信息提前泄露现象，首先我们利用信息公告日（本章研究的是年报公告日）前 m 日到前 n 日（即 t∈[-m，-n]共 m-n+1 天的窗口内）的日收益率对每只股票进行市场模型的估计（本章用于估计的日收益率区间为年报公布当年的 1~4 月计 120 天[①]），计算公式为（4-3）。

（2）计算正常收益率

在估计出每只股票在研究窗口内的回归系数α_i、β_i后，即可用估计出的市场模型预测年报公布日前后各交易日股票的期望正常收益率，计算公式为（4-4）。

（3）计算超额收益率

得到期望正常收益率后，即可计算股票 i 在相对年报公布 t 日的经风险调整后超额收益率，计算公式为（4-5）。

（4）计算每日平均超额收益和累积平均超额收益

至此，可以计算样本股票的每日平均超额收益（Average Abnormal Return，AAR）和累计平均超额收益（Cumulative Average Abnormal Return，CAR）。二者的公式分别为：

$$AAR_t = \frac{1}{N}\sum_{i=1}^{N} AR_{it} \tag{4-6}$$

$$CAR_{SE} = \sum_{t=S}^{E} AAR_t \tag{4-7}$$

公式（4-6）中，N 为样本股票个数；公式（4-7）中，S，E 分别是起始和终止日期。

累计平均超额收益率反映的是信息披露影响的累计效果，以此可确定公告效应发生的时段及效应的整体规模。S 和 E 的取值充分考虑了效应存在的可能时段，对 S 和 E 进行调整可以使我们更加清楚地了解事件发生可能造成的全部影响。在为 S 和 E 取值时，为了避免引入较多的信息噪音，笔

① 参照国外一些文献,如果以日报酬率建立估计模式时估计期通常设定为 100 天至 300 天为宜,本研究具体选取的预测窗口期为（-130,-10）。

者估计了一个较短的时间窗：样本公司年报信息公布前后各 10 天，即 W=[-10，10]，并 考虑了 3 个窗口，即（-10，10）、（-10，-1）和（1，10）。

（5）统计检验

根据统计经验，为了肯定信息公告期内的超额收益存在与否，我们假定各样本相互独立且服从正态分布。对来自正态总体的两个样本进行均值比较常使用 T 检验的方法，本章也不例外。由于两个样本方差相等与不等时，计算 t 值的公式不同，故先要对方差齐次性进行 F 检验。如果用 u_1，u_2 表示两个样本的均值，v_1，v_2 表示两个样本的方差，n_1，n_2 为两个样本的样本量，具体检验过程如下：

F 检验：H_o：$v_1 = v_2$　H_1：$v_1 \neq v_2$　统计量 $F= MAX(v_1, v_2) / MIN(v_1, v_2)$

T 检验：H_o：$u_1 = u_2$　H_1：$u_1 \neq u_2$

统计量 t 的计算：

方差齐（$v_1=v_2$）时：$t=(u_1-u_2) / [s^2(1/n_1 + 1/n_2)]^{1/2}$　（4-8）

公式（4-6）中，$s^2=[(n_1-1)v_1+n_2-1)v_2]/(n_1+n_2-2)$

方差不齐（$v_1 \neq v_2$）时：$t=(u_1-u_2)/(v_1/n_1+ v_2/n_2)$　（4-9）

本章的研究目的就是通过计算各年年报公告日前后的 AAR 和 CAR 来分析我国股票市场是否存在对年报信息的异常反应，其实就是判断 H_0 成立与否。

4.3.2 多元线性回归分析法（MLRA）

超额收益法尽管简明、直观，但它无法直接控制其它因素对超额收益的影响，如企业盈利能力的大小、企业规模等等。虽然通过选择对照组能在一定程度上加以控制，但不精确。为了验证上述假设，即市场是否能够识别上市公司年报中隐藏的会计信息舞弊信息，笔者将在超额收益法的基础开展多元线性回归分析，希望用更为精确的方法来检验上述结果。

回归方程的横截面研究方法主要是在一定的样本选择和窗口选择的基础上，建立某一特定事件与超额收益之间的回归方程，然后根据回归系数的大小、符号和显著性程度判断事件的信息含量和对股票市场的影响。本书假设是上市公司公布的年报中隐藏会计信息舞弊信息的事件向市场传达了某种信息，从而潜在地影响市场的再预期，股票价格对上市公司公布的年报中隐藏会计信息舞弊信息事件的反应系数会相应地发生变化，以反映市场对原有预期的调整。为了进一步验证所提出的研究假设，在超额收益法之后，再应用回归方程对 4 个研究假设进行检验。回归方程如下：

$$CAR_{it} = \beta_{0t} + \beta_{1t} D_{it} + \beta_{2t} V_{it} + \beta_{3t} ROE_{it-1} + \zeta_{it} \qquad (4\text{-}10)$$

公式（4-10）中，t 为研究窗口；CAR_{it} 为 i 股票在窗口 t 内的累计超额收益；D 为哑变量，上市公司公布的年报中隐藏会计信息舞弊信息取 1，未隐藏的取 0；V_{it} 为 i 股票年末资产总账面值；ROE_{it-1} 为公司年报公布日上年末的净资产收益率。下面分别讨论这些自变量。

（1）哑变量 D。哑变量 D 的系数则是本章最主要的关注对象，本章就是通过考察多元回归方程中代表隐藏会计信息舞弊信息年报的哑变量系数的显著性来检验市场对上市公司会计信息舞弊行为的反应。如果该系数显著为负，则表明市场能够对年报中隐藏的会计信息舞弊信息做出恰当的反应，否则，表明市场对年报中隐藏的会计信息舞弊信息反应不明显。

（2）净资产收益率 ROE。ROE 代表了每元股东权益创造利润的能力，被用来作为控制变量，因为不同盈利能力的企业，市场对其股票价值变动的预期也是不同的。陈晓、陈小悦和刘钊（1999）[106]的研究表明，在我国股票市场上，运用净资产收益率来表示企业盈利水平的变化比运用每股收益和净收益更有效、更合理。孙爱军、陈小悦（2002）[208]的研究表明，在我国股票市场中，会计盈余对股票收益具有显著的解释能力，而且这种影响呈现不断增强的趋势。无论未预期每股盈余还是净资产收益率对超常股票收益均有显著的影响，股票收益对于会计盈余具有明显的信息含量，这些都意味着股票收益与会计盈余之间紧密的内在关系。周宏（2004）[209]也运用本年度报告与上一年度报告净资产收益率的离差作为判断标准将年报盈余情况分为 3 种类别：好消息，无消息，坏消息，来研究上海证券市场年报公布的市场效应。

（3）企业规模 V。企业规模是传统实证会计理论的一个重要变量。在早期的研究中，规模变量常常被用来检验政治成本假设。Fama & French（1992）[210]的研究表明，其中规模、净资产倍率[①]对股票收益的解释能力最强，并能吸收市盈率、财务杠杆率对收益的解释能力，即组成多元回归方程后市盈率、财务杠杆比率的解释能力弱很多。Ballt & Kothari（1991）[173]研究发现，运用超额收益和多元回归分析，给定风险变化，超额回报与公司规模负相关。因此，在许多经验研究中，规模都被当作一个控制变量引入回归模型。在我国，陈小悦和孙爱军（2000）[211]的研究表明，企业规模对股票收益没有解释能力。周文和李友爱（1999）以 1996 年 1 月 5 日至 1998 年底上海证券交易所的 50 家公司为研究样本，以总市值为公司规模度量，证实了“规模效应”假设。杨朝军、蔡明超和傅继波（2001）[212]采用横截面方法分析表明，上海股市存在“规模效应”。陈信元、张田余和陈冬华（2001）[213]的研究发现，规模在预测股票收益方面表现出显著的解释能力，并且这样的结论在不同的模型中始终成立。陈收和陈立波（2002）[214]的研究表明深市出现“规模效应”。在我国，人们的直观感觉也是“盘子大小会影响股票收益”。所以，本章也把规模变量引入回归模型，以控制规模效应。回归模型中自变量的定义见表 4-6。

表 4–6　回归模型中自变量的定义

变　量	定　义
哑变量 D	上市公司年报中隐藏会计信息舞弊信息取 1，否则取 0
规模 V	上市公司年报中年末资产总值
净资产收益率 ROE	上市公司年报公布日上年末的净资产收益率

4.4 样本选择与数据来源

4.4.1 样本选择

本章基本研究思路是：截取某一特定的时间段，针对某种特定事件的公告（定期公告或重大事件公告），选取两类公司：一类是年报中隐藏会计信息舞弊行为的公司，一类是年报中没有隐藏会计信息舞弊行为的公司；

① 净资产倍率是股票估价的重要指标，特别是重要的风险指标。净资产倍率的计算公式为 N＝每股市价 A/每股净资产。其分母（每股净资产）越大，投资风险也就越小。

然后在同一横截面上比较这两类公司的市场反应情况，看前一类公司的市场反应是否高于后一类公司的市场反应，并用超额收益率度量相应的市场反应；之后，再把市场反应作为因变量、把公司的会计信息舞弊行为等其它解释变量作为自变量，看变量会计信息舞弊行为的回归系数是否通过显著性检验。因此，本章以沪深股市为总体样本，选取年报中隐藏会计信息舞弊行为的公司作为研究样本（studied sample），选取与研究样本表面信息含量（而非舞弊信息含量）相同、年报中没有隐藏会计信息舞弊行为的上市公司为控制样本（control sample），然后比较分析投资者在两种样本年报公布日前后的市场反应有无显著差别。

本研究以 2010 年四年间因会计信息舞弊而遭受查处[①]、在案件调查清楚后被中国证监会出具处罚公告、有年报公布而且在年报公告日之前有足够用于估计 CAPM 模型的交易数据的上市公司为研究样本（如，对于研究区间为[-10，10]而言，则在年报公告日前至少应该有 120 天的交易数据），以其年报公告日前后的日收益率为研究对象，分别计算其在年报公告日前后[②][-10，10]、[-10，-1]和[1，10]的日平均超额收益率和累计超额收益率，实证检验投资者是否能够识别出上市公司在被查处前的最后一个会计年度公布的年报中隐藏的会计信息舞弊信息。

本章所选样本应满足两个条件：一是上市公司必须具有满足实证分析要求的公开信息，如信息量的度量需要公司有两年以上数据；二是市场行为数据必须满足事件分析的要求，即有足够的期间。鉴于样本的复杂性以及研究方法的局限，我们剔除在时间窗内有其它重大信息发布，或有重大事件（如收购兼并、股权质押与拍卖、增发新股等）发生的上市公司；在选定的时间窗口内没有连续交易行情数据的公司；同时发行 B 股的公司。

a. 研究样本（舞弊公司）的选择

本章从中国证监会（www. csrc. gov. cn）2010 年行政处罚、通报批评、公开批评的上市公司中选取研究样本公司。首先，上述公司的违法违规行为仅限于信息披露方面，而不包括信息披露之外的行为，具体有：上市公

---

① 值得说明的是，这里的会计信息舞弊仅指明显产生财务后果等的舞弊行为，而诸如利用个人股票账户炒作本公司或其它公司股票的舞弊行为未纳入样本选择范围。

② 考虑到信息传递的时滞和投资者的理性决策，本研究未讨论年报公布当日变化。

告、招股说明书等上市文件有重大遗漏和虚假陈述；中报和年报有重大遗漏和虚假陈述；未及时报告、公告可能对公司股票价格产生较大影响的重大事件；未及时公开澄清可能对公司股票价格产生误导性影响的信息；股票发行、交易过程中的其它重大遗漏和虚假陈述。具体见《股票发行与管理暂行条例》第六章“上市公司的信息披露”。其次，自 1999 年以来，证监会领导下的证券监管机构向“增强公信力”监管理念的方向转变，监管力度也显著增强。尤其是在引进了以史美伦为代表的一批既熟悉国际市场规则又对中国国情有一定了解的证券市场专家担任证监会副主席之后，中国股市刮起了有史以来最为猛烈的监管风暴①。金融危机后，越来越多的隐藏会计信息舞弊行为的上市公司被立案侦查甚至处罚。因而，本章研究样本的选取期间为 2010 年。最后，会计信息舞弊公司仅限于证监会正式立案审查，并做出行政处罚、通报批评、公开批评等正式处理决定的案件。依据上述标准，本章共选取 56 家研究样本。

b. 控制样本（非舞弊公司）的选择

为了控制除年报公布外的其它信息对股票价格的信息干扰，我们采用了样本对照组法，选择与舞弊公司在同一交易所上市、在上一年具有相近的净资产收益率或每股收益、处于同一行业板块、年报公布年度相同、企业资产规模相近、不在上交所、深交所公开遣责的公司之列的 56 家无舞弊行为的上市公司作为控制样本。这样做的目的是为了尽可能地控制其它因素，以保证研究样本与控制样本除了公布的年报是否隐藏会计信息舞弊行为有所不同外，其它差异尽可能的小。

至此，我们共选择 112 个样本，其中有会计信息舞弊行为和无会计信息舞弊行为的样本各 56 个，这些研究样本和控制样本在行业和具体年度的分布情况见表 4-7。

---

① 有媒体评论，2001 年为“中国股市监管年”，史美伦女士亦被评为“中国股市监管第一人”。

表 4-7　研究样本与控制样本行业分布表

行业	合计	占比
交通运输辅助业	8	7.1%
零售业	4	3.6%
电器机械及器材制造业	16	14.3%
石油加工及炼焦业	4	3.6%
旅游业	4	3.6%
交通运输设备制造业	8	7.1%
其他电子设备制造业	4	3.6%
专用设备制造业	8	7.1%
化学纤维制造业	4	3.6%
普通机械制造业	4	3.6%
黑色金属冶炼及压延加工业	4	3.6%
化学原料及其制品制造业	4	3.6%
仪器仪表及机械制造业	4	3.6%
电子元器件制造业	4	3.6%
汽车制造业	4	3.6%
食品加工业	4	3.6%
印刷业	4	3.6%
造纸及纸制品业	4	3.6%
生物制品业	8	7.1%
非金属矿物制品业	4	3.6%
纺织业	4	3.6%
合计	112	100%

4.4.2 数据来源

本章研究所需要的数据均来源于证券市场上的公开信息。根据信息的发送方（信息来源）与信息所包含的客体，可将证券市场中的公开信息确定为：

（1）来自公司管理部门发布的公开信息。公司的管理层与股东之间存在着委托-代理关系，管理层接受股东的委托进行经营管理，有义务将其经营情况与业绩向股东定期公开，从而保障股东的权益。

（2）本公司外部的信息。即我们通常所说的消息或新闻。它包括国家（政府）的宏观经济信息、其它公司所公布的关于本公司的信息、来自专业投资机构的研究信息、国际政治经济信息等。

本研究所使用的上市公司年报及日期来源于中国证券监督管理委员会和深圳股票交易所、上海股票交易所的公告；股价及股本数据、个股日收益率和市场综合日收益率来自香港理工大学中国会计与金融研究中心的《中国股票市场研究（CSMAR）数据库—— 股票市场交易数据库查询系统》；净资产收益率和资产总账面价值来自香港理工大学中国会计与金融研究中心的《中国股票市场研究（CSMAR）数据库—— 财务数据库查询系统》；年报公布日期来自三大证券报（中国证券报、上海证券报和证券时报）以及巨潮资讯网站（http://www.cninfo.com.cn）和百度网事通采集检索系统（http://210.22.25.218）。为了保证数据的正确性，笔者还查阅了中国诚信证券评估有限公司主编、中国科学技术出版社出版的《中国上市公司基本分析》和中国证券市场研究设计中心出版的《上市公司年报大全》，将数据库资料、网上资料和书籍资料作了进一步核对。主要数据的来源见表 4-8。

表 4–8　主要数据来源

数据类型	数据来源
年报数据及发布日期	中国证监会和深交所、上交所的公告
股价及股本数据、个股日收益率和市场综合日收益率	《中国股票市场研究（CSMAR）数据库—— 股票市场交易数据库查询系统》
净资产收益率和资产总账面价值	《中国股票市场研究（CSMAR）数据库—— 财务数据库查询系统》
审计意见类型和年度报告公布日期	中国证券报、上海证券报和证券时报以及巨潮资讯网站（http://www.cninfo.com.cn）和百度网事通采集检索系统（http://210.22.25.218/）。

4.5 实证检验与结果

4.5.1 超额收益法实证检验与结果

a. 假设 4.1、假设 4.2 的检验与结果

表 4-9 汇总了年报公布日研究样本在不同窗口各自 AAR 和 CAR 均值比较的检验结果。结果显示：

（1）在（-10，10）、（-10，-1）和（1，10）三个窗口中的 AAR 均未通过 T 检验，因为三者的 P 值大于 1%的显著性水平，所以应接受 AAR 均

值为零的原假设，即隐藏会计信息舞弊行为的上市公司年报不具有信息含量，市场对隐藏会计信息舞弊行为的上市公司年报的公布反应不明显，市场对研究样本与控制样本在每日平均超额收益率上的反应基本上是无差别的，从而验证了假设 4.1：在年报公布日前后较短时窗内，研究样本的每日平均超额收益 AAR 未有显著负值；

（2）除了在（1，10）窗口中的 CAR 通过了 T 检验，在（-10，10）、（-10，-1）两个窗口中的 CAR 亦未通过 T 检验，因为两者的 P 值大于 1% 的显著性水平，所以也应接受 CAR 均值为零的原假设，市场对研究样本与控制样本在累计平均超额收益率上的反应基本上也是无差别的，从而验证了假设 4.2：在年报公布日前后较短时窗内，研究样本的累计平均超额收益 CAR 未有显著负值；

（3）由于各组研究样本和控制样本在年报公布日前后的每日平均超额收益率和累计平均超额收益率都不具有显著差异，因此，我们没有足够的理由说明在两种情况下市场对研究样本和控制样本有不同的反应。由此可知，投资者并没有过多的关注上市公司年报中隐藏的会计信息舞弊信息，他们对具有相同的会计信息含量但可能来源不同（通过会计信息舞弊手段和正常经营手段）的上市公司年报的反应是大致相同的，换句话说，单就年报中隐藏的会计信息舞弊信息而言，它们是不具有信息含量的。

表 4-9 AAR、CAR 与 0 差异的统计检验

窗口	项目	均值	T	P（T）
（-10，10）	AAR	-0.000169	-1.5936	0.1275
	CAR	-0.003466	-2.431	0.0251
（-10，-1）	AAR	-0.000275	-1.9765	0.0795
	CAR	0.001731	1.4512	0.1807
（1，10）	AAR	-0.00006	-0.3913	0.7047
	CAR	-00765	-5.8901	0.0001

注：表中统计检验的显著性水平为 0.01

b. 假设 4.3、假设 4.4 的检验与结果

（1）从表 4-10 可以看出，通过对舞弊公司和非舞弊公司每日平均超额收益 AAR 进行独立样本 T 检验，我们发现：在年报公布日前后较短时窗的（-10，10）、（-10，-1）和（1，10）3 个窗口，研究样本和控制样本的 AAR 均值的差异均不显著（因为 P 值大于 1%的显著性水平），所以应接受 $u_1 = u_2$ 的原假设，即验证了假设 4.3：在年报公布日前后较短时窗内，研究样本与控制样本的每日平均超额收益 AAR 无显著差异；

（2）从表 4-11 中可以看出，通过对舞弊公司和非舞弊公司累计平均超额收益 CAR 进行独立样本 T 检验，我们发现，（-10， +10）、（-10，-1）和（1，10）这 3 个窗口的研究样本和控制样本的 CAR 均值的差异均不显著（因为 P 值均大于 1%的显著性水平），所以亦应接受 $u_1=u_2$ 的原假设，即验证了假设 4. 4：在年报公布日前后较短时窗内，研究样本与控制样本的累计平均超额收益 CAR 无显著差异。

表 4–10 研究样本和控制样本 AAR 差异的检验

窗口	样本	均值	标准差	F	P（F）	T	P（T）
（-10，10）	研究样本	-0.010787193	0.004749958	1.005	0.495	-1.372	0.20
	控制样本	-0.001445425	0.005774042				
（-10，-1）	研究样本	-0.0118500543	0.004399851	0.269	0.975	-1.010	0.34
	控制样本	0.000091693	0.004196968				
（1，10）	研究样本	-0.0097243321	0.005075631	1.268	0.357	-1.040	0.31
	控制样本	-0.002982543	0.006893364				

注：表中统计检验的显著性水平为 0.01

表 4-11 研究样本和控制样本 CAR 差异的检验

窗口	样本	均值	标准差	F	P（F）	T	P（T）
（-10，10）	研究样本	-0.1146556669	0.063730522	1.027	0.476	-1.013	0.31
	控制样本	-0.013739461	0.009760516				
（-10，-1）	研究样本	-0.062692875	0.037713167	0.751	0.670	-0.86	0.42
	控制样本	-0.006019818	0.004733316				
（1，10）	研究样本	-0.048146564	0.033919597	1.522	0.259	-1.232	0.27
	控制样本	-0.022376033	0.006803507				

注：表中统计检验的显著性水平为 0.01

对于假设 4.3 和假设 4.4 的检验结果，我们还可以列出图 4-5、图 4-6、图 4-7、图 4-8 进一步说明。

图 4-5、图 4-6 分别是研究样本与控制样本在年报公布日前后各 10 个交易日的 AAR 和 CAR 的走势比较图。从总体趋势上来看，舞弊公司和非舞弊公司在（-10，10）的窗口内，无论是 AAR 还是 CAR，均无明显的差异，表现为舞弊公司的 AAR 和 CAR 相似于非舞弊公司；从局部走势来看，CAR 则是大约在年报公布日前研究样本的 CAR 低于控制样本，这可能是由于在年报公布前已有关于研究样本的"坏消息"传出（比如亏损，盈利能力较前期下降等），只是未得到官方或上市公司的承认而已，因此，市场会对这些于公司不利的信息做出反应，有时甚至是过激的反应。但年报公布时由于研究样本的年报进行了舞弊从表面上否认了已传出的"坏消息"于是 CAR 开始上涨，逐渐转为正值并超过控制样本，这恰好从另一个角度说明：投资者不仅不能识别年报是否进行了舞弊反而对被舞弊了的年报更为看好。这一结论正好与假设 4. 3 相符。

同样，图 4-7、图 4-8 分别是窗口（-10，-1）和（1，10）CAR 的走势比较图。在图 4-7 的（-10，-1）窗口内，CAR 在研究样本与控制样本之间也未呈现出明显的差异，也表现为舞弊公司的 CAR 相似于非舞弊公司；在图 4-8 的（1，10）窗口内，CAR 在研究样本与控制样本之间依然未呈现出明显的差异，但表现为在（1，5）窗口内舞弊公司的 CAR 明显低于非舞弊公司，而在（5，10）窗口内舞弊公司的 CAR 明显高于非舞弊公司，也说明投资者不仅不能识别年报是否进行了舞弊，反而对被舞弊了的年报更为看好。这一结论正好与假设 4.4 相符。

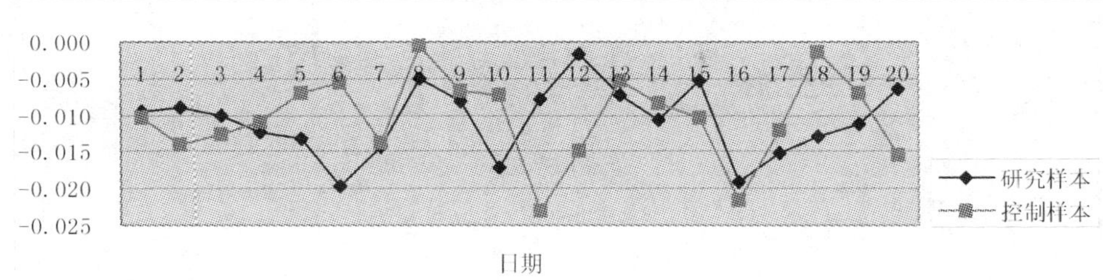

图4-5 研究样本与控制样本在（-10，10）窗口的AAR比较

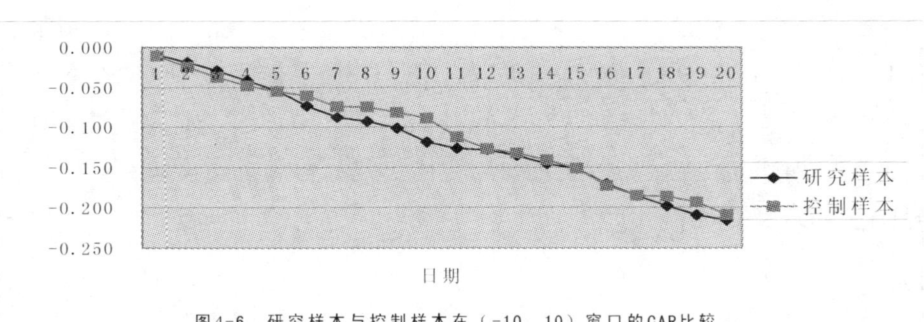

图4-6 研究样本与控制样本在（-10，10）窗口的CAR比较

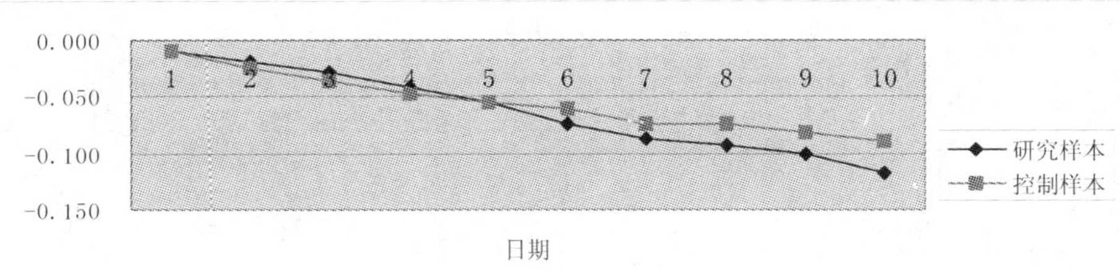

图4-7 研究样本与控制样本在（-10，-1）窗口的CAR比较

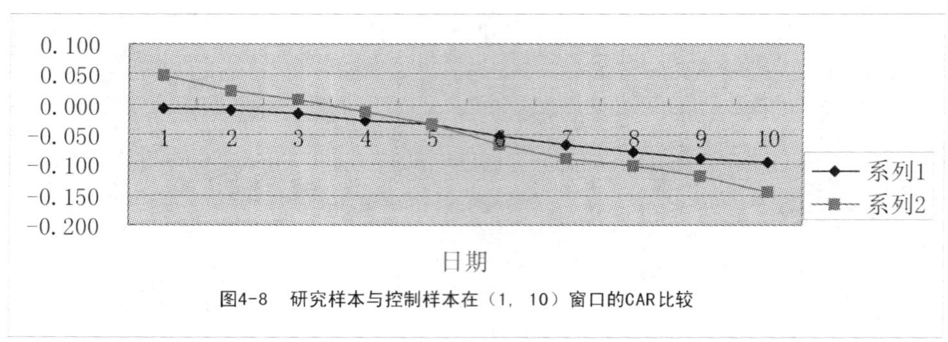

图4-8　研究样本与控制样本在（1，10）窗口的CAR比较

4.5.2 多元回归法实证检验与结果

表4-12、表4-13、表4-14的回归分析结果表明：在窗口（-10，10）、（-10，-1）、（1，10）中，哑变量D即上市公司公布的年报中是否隐藏了会计信息舞弊行为未能通过显著性水平为1%的T检验，市场对隐藏了会计信息舞弊行为的年报在公布后的较短时窗内不具有显著的负反应，再一次验证了超额收益法所得结论。

表4–12　窗口（–10,10）的CAR多元线性回归分析结果

窗口（–10，10）	参数估计	T	P（T）
截距项	-0.06	-0.261	0.795
哑变量D	-0.213	-0.744	0.460
规模V	3.854E-11	0.422	0.675
净资产收益率ROE	-0.145	-1.522	0.134

表4–13　窗口（–10,–1）的CAR多元线性回归分析结果

窗口（–10，–1）	参数估计	T	P（T）
截距项	-0.0194	-0.165	0.870
哑变量D	-0.134	-1.909	0.068
规模V	2.362E-11	0.505	0.616
净资产收益率ROE	-0.0764	-1.564	0.124

表 4–14 窗口（1, 10）的 CAR 多元线性回归分析结果

窗口（1，10）	参数估计	T	P（T）
截距项	-0.0405	-0.357	0.723
哑变量 D	-0.0796	-0.562	0.577
规模 V	1.492E-11	0.330	0.742
净资产收益率 ROE	-0.0687	-1.457	0.151

4.6 结论与建议

4.6.1 结论

通过超额收益分析法和多元线性回归分析法对上市公司年报中隐藏会计信息舞弊信息市场反应的实证检验，笔者发现：证券市场投资者往往锁定于公司年报表面的会计盈余信息，只是机械地对名义 EPS（每股收益）作出市场反应，而并未关注会计信息的质量，不能识别 EPS 中体现公司真正业绩的永久盈余成份的经济含义，尤其是并未多加关注上市公司年报中隐藏的会计信息舞弊信息，或者说其投资决策并未受这些隐藏的会计信息舞弊信息的显著影响，投资者对具有相同会计盈余信息但会计信息质量不同的公司的股票不能区别定价。这说明证券市场存在一定的功能锁定现象，投资者不能“透过会计数字看本质”，对年报中隐藏的会计信息舞弊信息并不敏感，对公司做出了不充分和有偏差的估计，上市公司管理当局通过会计信息舞弊达到了蒙蔽市场的目的。然而，没有识别的原因何在？笔者认为，与其说投资者对隐藏的会计信息舞弊信息关注程度不高，还不如说是投资者对此类信息的洞察能力有限，只要是会计师事务所和相关监管机构没有公开指出这些舞弊信息，投资者就不能很好地观察到年报中隐藏的会计信息舞弊信息。因此，我们可以得出这样的结论：上市公司年报中隐藏的会计信息舞弊信息在我国现今证券市场上是不具有市场传导效应的。

那么，我国证券市场投资者为何不能识别上市公司年报中隐藏的会计信息舞弊信息而未对上市公司年报的会计信息舞弊行为做出应有反应呢？笔者认为，投资者能否识别上市公司年报中隐藏的会计信息舞弊信息、股市能否对上市公司年报中隐藏的会计信息舞弊信息做出应有反应以及反应程度取决于相关信息披露的充分程度和投资者对上市公司年报的认知与解

读能力以及证券市场的规范程度。我国上市公司会计信息披露的整体有效性较低、多数中小投资者“幼稚”和“无知”、投资者集体的非理性、证券市场的不规范等几种可能的原因单独或相互作用，导致了我国证券市场不能识别上市公司年报中隐藏的会计信息舞弊信息而未对上市公司年报中隐藏的会计信息舞弊信息做出适当反应。

a. **我国上市公司会计信息披露的整体有效性较低**。上市公司会计信息披露的有效性是会计信息传导机制有效性的基本前提与保障，更是实现证券市场资源配置有效性的基础。我国上市公司会计信息披露制度体系较为完善，后发优势明显，但是制度执行力度严重不足，责任人格化没有真正到位，从而严重影响了会计信息披露的有效性。上市公司会计信息披露包括会计信息披露的时间、形式和内容三方面，虽然我国上市公司在会计信息披露的时间及时性和形式完整性方面正在逐步改善，但是在会计信息披露内容的真实性方面严重不足，从而导致我国上市公司会计信息披露的整体有效性较低，进一步降低了上市公司会计信息传导机制的有效性。

b. **多数中小投资者“幼稚”和“无知”**。长期以来，我国证券市场上机构投资者为数不多，投资者是以个人投资者为主。社会投资者，包括现有投资者和潜在投资者，其中除了专业投资机构外，一般的公众投资者几乎不具备起码的财会专业知识，对年报的分析水平、识别手段、鉴别能力都极为有限，他们对盈利信息的反应很敏感，但识别会计信息舞弊信息的能力却很低，无力有效地甄别上市公司披露的会计信息质量和真伪，他们习惯于在对上市公司利润表中的每股收益数据简单地扫描之后，机械地根据利润表中最后一个数字——净利润以及年报披露的净资产收益率来判断公司的经营业绩和发展前景，匆忙做出投资决策，投资行为具有较大的盲目性。所以，我国股市投资者行为特征在很大程度上表现为以短期为主，投资缺乏理性，难以形成同质预期，这也决定了我国股市难以达到有效市场。投资者的这种“幼稚”和“无知”，为上市公司实施会计信息舞弊行为提供了难得的“机遇”。而机构投资者中虽然不乏精通财务分析的人才，而且他们能够识别会计信息舞弊行为对企业长期价值的影响，但他们正是要利用多公众数投资者对此的“幼稚”和“无知”来操纵股价以获得更高的收益。

c. **投资者集体的非理性**。由于投资决策对象的复杂性、投资者认识水平的差异以及投资环境的等因素综合影响，决定了股市投资者的类型不可能是完全“理性的”。我国证券市场投机风气浓厚，投资者不能充分理解和应用有关信息来评估证券价值从而做出正确的投资决策，多数中小投资者的“幼稚”和“无知”，使得我国股市投资者更是以“非理性投资者”为主。因此，即使市场上有老练的投资者能够识别上市公司年报中隐藏的会计信息舞弊信息，但是他们并不能左右市场，所以它面临的实际上是一个“选美问题”，他只有按别人的“价值标准”来交易才可能获利。因此，尽管他能识别上市公司年报中隐藏的会计信息舞弊信息，但却不能理性地对待上市公司披露的会计信息，而热衷于短线投机，仍以“视而不见”的表现来进行交易。

d. 证券市场的不规范。在证券市场上，除了大量的中小投资者，还有众多机构投资者，他们往往拥有较高的学历，积累了大批经济学、管理学方面的专家，如果说多数中小投资者由于知识缺乏而被欺骗的话，那么这些机构投资者为什么也没有识别上市公司年报中隐藏的会计信息舞弊信息呢？这主要是因为我国的证券市场缺乏对中小投资者的保护，离“三公”原则还有一定的距离，集中表现为信息披露不及时、不透明，内幕交易猖獗，机构大户操作价格屡禁不止。虽然机构大户利用他们在资金、技术、人才、信息、规模上的优势，要识别上市公司会计信息舞弊现象只是举手之劳，但他们却作出了一种“理性”的选择，因为“庄家”往往占有某个股很大的份额，当个股经营业绩不良时，无论是对庄家还是对该上市公司均会带来负面影响，而庄家往往又掌握着个股的种种内幕消息，在监管不力的情况下，他自然会与上市公司一起联手舞弊以操纵利润炒作股价，从而为自己在一级市场上的兴风作浪提供“题材”。而中小投资者的不理性和过重的投机暴富心态助长了“庄家”的操纵与炒作，庄家这种舞弊行为之所以能够得逞正是这些“幼稚”和“无知”的中小投资者的存在，他们的获利也正是建立在这些“幼稚”和“无知”的中小投资者利益受损的基础上。正是因为我国证券市场制度上和规则上的不成熟和不完善，“公开、公平、公正”的原则尚未得到充分的实施和体现，散户投资者的不理性和过重的投机暴富心态，为配合内幕交易和操纵市场，机构大户等“庄家”就有动机维持市场的“功能锁定”状态。

4.6.2 建议

鉴于上述对我国证券市场不能识别上市公司年报中隐藏的会计信息舞弊信息而未对上市公司年报中隐藏的会计信息舞弊信息做出应有反应原因的分析，笔者认为，改革的步骤显然年应该是双管齐下，一方面，通过会计准则和相关规范的不断完善压缩各种会计信息舞弊的生存空间；另一方面，还要培养市场的及时反应能力，使之能在尽可能短的时间内正确解读财务报表信息，并对敢于舞弊的上市公司予以严惩。为此，笔者建议：

a. 培养信用意识，构建信用体系。证券市场对于一个国家的经济发展非常重要，但又是充满机会和诱惑的博弈场所，需要用制度对参与者和管理者进行约束和震慑。但如果参与者和管理者不讲信用，再周密的制度也会显得苍白无力。在信用制度不健全和不完善甚至全面缺失的情况下，会计信息舞弊与投机便不可避免，因为在那种状态下，舞弊与投机也是一种理性的行为。因此，必须构建我国资本市场中的信用基础与信用体系，强化信用的道德约束与财产约束，逐步形成一个个人信用、企业信用、市场信用与政府信用的完整体系。虽然教育不是万能的，但教育的效果会在潜移默化发挥影响。

b. 加强上市公司会计信息披露的立法和监管。投资者不能识别上市公司年报中隐藏的会计信息舞弊信息而未对上市公司年报中隐藏的会计信息舞弊信息做出应有反应，意味着公司上市公司管理当局可以通过会计信息舞弊达到蒙蔽市场的目的。笔者认为，要抑制上市公司会计信息舞弊行为以减缓功能锁定障碍对市场效率和资源配置的消极作用，一方面应加紧制定并不断完善与上市公司会计信息披露相关的市场法规，使公司间的经济交易建立在公允的基础之上；另一方面应强化上市公司会计信息披露的要求，以提高公司重大经济交易行为的透明度。各级政府机构和证监会要把监管的立足点放在维护市场“三公”的原则上，为市场参与者提供一个信息披露充分，交易公平高效的环境。

c. 严格立法，重拳打击“庄家”。我国政府出于保护年幼股市的目的对股市中炒作现象过于容忍，往往是在局势快要失去控制时采取直接干预行为，既助长了上市公司和“庄家”有恃无恐的气焰又违背了市场自由竞争的规则；制定的处罚措施缺乏操作性，也因各种顾虑难以执行。现在我国股市已初具规模，政府要敢于放手，减少直接干预，加强宏观调控；严格立法，努力推进证券市场法制化建设，从而最终形成我国证券法律监管体系的完整框架，坚决打击“庄家”炒作行为，而且作到有法可依，有法必依，执法必严，违法必究，最终实现以法治市的目标。

d. **积极培育机构投资者**。虽然在一定阶段机构投资者常常是破坏信用和进行投机的始作俑者，但是，当机构投资者足够多而成为市场竞争的主力军时，真正的理性投资理念与行为便会形成。而且，机构投资者的理性投资行为还会在客观上对散户投资者形成“示范效应’，使散户投资者趋于进行收益风险分析，进而提高其投资行为的理性成份，最终导致集体理性，从而抑制股市泡沫在人们普遍的投机心理作用下的过度膨胀。

e. **提高投资者使用会计信息的能力**。与西方成熟的证券市场相比，我国没有象标准普尔（Standard & Poor）、穆迪（Moody）那样独立性强、研究实力雄厚而且信誉卓著的投资分析和信息咨询机构，所以我国的股民不能得到专业证券分析师所提供的信息服务，很容易落入上市公司和“庄家”设置的信息陷阱。所以，按照标准普尔、穆迪等公司的模式培植和扶持独立的投资咨询公司和专业的证券分析师至关重要，这样才能使“幼稚”和“无知”的中小投资者在专业人员的指导下，逐渐变得“聪明”和“成熟”。

可以预计，随着证券市场法规的完善、监督制度的改革、真正投资分析机构的出现，市场中的“功能锁定”现象会逐渐减弱甚至消失，资本市场的效率将会明显提高。

4.7 小结

本章首先对我国股市的若干相关制度背景进行剖析，认为一开始的股票市场功能定位失当，政府重视筹资而轻视治理，造成了上市公司股权结构的中国特色和国有股一股独大以及市场监管行为的扭曲，再加上政府对发行制度进行规模与定价的控制，法制环境的先天不足与后天不足，市场退出机制的缺乏，我国股市表现出鲜明的“政策市”的特征，投资者在政策的反应上存在“政策依赖性偏差”，投机性较强，因而演绎出“市场不会对普遍存在的上市公司会计信息舞弊行为做出明显反应”的研究假设。然后，以沪深股市 2010 年 56 家舞弊公司为研究对象，分别采用事件研究法的超额收益分析法和多元线性回归分析法，实证检验了投资者对上市公司年报中隐藏的会计信息舞弊信息的市场反应。研究表明：我国证券市场存在功能锁定现象，投资者对于上市公司年报中隐藏的会计信息舞弊信息并未多加关注，不仅不能识别上市公司年报中隐藏的会计信息舞弊信息，而且被虚假信息所误导，从而不能“透过会计数字看本质”。由此得出结论：上市公司年报中隐藏的会计信息舞弊信息在我国现今证券市场上不具有市场传导效应，从而验证了我们所提出的研究假设。笔者认为，投资者能否识别上市公司年报中隐藏的会计信息舞弊信息、股市能否对上市公司年报中隐藏的会计信息舞弊信息做出适当反应以及反应程度取决于相关信息披露的充分程度和投资者对上市公司年报的认知与解读能力以及证券市场的规范程度，我国上市公司会计信息披露的整体有效性较低、多数投资者（仅指中小投资者）“幼稚”和“无知”、投资者集体的非理性、证券市场的不规范等几种可能的原因相互作用，导致了我国证券市场不能识别上市公司年报中隐藏的会计信息舞弊信息而未对上市公司年报中隐藏的会计信息舞弊信息做出适当反应。为此，提出了培养信用意识，构建信用体系；加强上市公司会计信息披露的立法和监管；严格立法，重拳打击“庄家”；积极培育机构投资者；提高投资者使用会计信息的能力等政策建议。

第五章　审计意见对会计信息舞弊的反应及其影响因素研究

5.1 引言

第四章的研究结果表明：上市公司年报中隐藏的会计信息舞弊信息不具有市场传导效应，投资者对于上市公司年报中隐藏的会计信息舞弊信息并未多加关注，不仅不能识别而且还被虚假信息所误导，从而不能“透过会计数字看本质”。那么，在我国资本市场上，注册会计师的执业质量到底如何？是否就如社会所批评的那样低下？注册会计师的独立审计是否如各种批评意见所说的不能发现或者不能在审计意见中如实反应财务报告中所存在种种舞弊现象呢？为此，本章将就注册会计师对企业会计信息舞弊行为的态度进行研究，以期了解在我国资本市场上注册会计师在实施审计时是否能够揭露会计信息舞弊，并能发表相应的审计意见。注册会计师针对会计信息舞弊出具的非标准审计意见主要受到哪些因素的影响？并在研究结论的基础上提出相应的政策建议，希望能够有效减少和防范我国上市公司的会计信息舞弊行为，维护广大投资者的合法权益，促进我国注册会计师行业更加规范地发展，提高独立审计在资本市场有效运行中所起的作用。

5.2 会计信息舞弊与审计意见的相关理论分析与研究假设

5.2.1 会计信息舞弊与审计意见的相关理论分析

a. 审计意见类型及其条件

审计意见是审计工作的最终产物。1995 年，财政部颁发了我国第一批独立审计准则，其中包括了《独立审计具体准则第 7 号——审计报告》。在该准则中，规定审计意见的类型，包括无保留意见、保留意见、否定意见和拒绝表示意见，并列明了出具各类审计意见的条件。但是，该准则对带解释性说明的审计意见没有具体的规定。尽管在审计实务中，已经有会计师对其大量采用。同时，该准则还规定，“注册会计师明知应当出具保留意见和否定意见的审计报告时，不得以拒绝表示意见的审计报告代替。”

2003 年，经财政部批准，中国注册会计师协会修订了《独立审计具体准则第 7 号——审计报告》。由于考虑到注册会计师在出具无法表示意见的审计报告时，审计范围受到限制产生的影响非常重大和广泛，无法实施必要的审计程序，因此将“实施了必要的审计程序”修改为“在实施审计工作的基础上”。在该准则中，审计意见已经形成了四种固定的意见类型，即无保留意见（其中又可以分为标准无保留意见和带说明段的无保留意见）、保留意见（其中又分为标准保留意见和带说明段的保留意见）、否定意见和无法表示意见（2003 年以前是拒绝表示意见）。所谓标准无保留意见的审计报告是指包括标准措辞的引言段、范围段和意见段的无保留意见的审计报告，不附加任何说明段、强调事项段或修正性用语。根据新准则的规定，如果注册会计师认为会计报表符合合法性和公允性，审计范围没有受到限制，且不存在应当调整或披露而被审计单位未予调整或披露的重要事项，且不必附加任何说明段、强调事项段或修正性用语时，注册会计师应当出具标准无保留意见的审计报告。

按照新准则的定义，标准无保留意见的审计报告以外的其他审计报告统称为非标准审计报告。其具体形式主要包括带说明段的无保留意见、保留意见、保留意见加说明段、无法表示意见以及否定意见。带说明段的无保留意见就是在无保留意见的审计报告的意见段之后增加了强调事项段的审计意见。它本质上仍然是无保留意见，说明段并不影响审计意见的保证程度、审计人员对财务报表承担责任的程度和已发表的意见，仅用于提醒会计报表使用人关注。各种审计意见类型及其条件如下表 5-1。

表 5-1 审计意见类型及其条件

	95 年独立审计具体准则——审计报告	03 年独立审计具体准则——审计报告（修订）
审计意见段后的强调事项段	无具体规定，但在实务中大量采用。需要说明的事项有：①一贯性例外事项。②重大不确定事项。③强调某一事项。④注册会计师同意偏离已颁布的会计准则。⑤涉及其他注册会计师事务所的工作。	当存在①可能导致对持续经营能力产生重大疑虑的事项或情况、且不影响已发表的意见的情况；②可能对会计报表产生重大影响的不确定性事项（持续经营问题除外）、且不影响已发表的意见的情况时，注册会计师应当在审计报告意见段后增加强调事项段对此予以强调；
无保留意见	被审单位会计报表的编制同时符合下述情况，应出具无保留意见的审计报告：①会计报表的编制符合《企业会计准则》及国家其他有关财务会计法规的规定；②会计报表在所有重大方面公允地反映了被审单位的财务状况、经营成果和现金流量；③会计处理方法的选用符合一贯性原则；④注册会计师已按照独立审计准则的要求，实施了必要的审计程序，在审计过程中未受阻碍和限制；⑤不存在应调整而被审计单位未予调整的重要事项。	如果认为会计报表同时符合下列情形时，应当出具无保留意见的审计报告：①会计报表符合国家颁布的企业会计准则和其他相关会计制度的规定，在所有重大方面公允反映了被审计单位的财务状况、经营成果和现金流量；②注册会计师已经按照独立审计准则计划和实施了审计工作，在审计过程中未受限制；③不存在应当调整或披露而被审计单位未予调整或披露的重要事项。
保留意见	被审单位会计报表就其整体而言是公允的，但还存在下述情况之一时，应出具保留意见的审计报告：①个别重要财务会计事项的处理或个别重要会计报表项目的编制不符合《企业会计准则》及国家其他有关财务会计法规的规定，被审计单位拒绝进行调整；②因审计范围受到重要的局部限制，无法按独立审计准则的要求取得应有的审计证据；③个别重要会计处理方法的选用不符合一贯性原则。	如果认为会计报表就其整体而言是公允的，但还存在下列情形之一时，注册会计师应当出具保留意见的审计报告：①会计政策的选用、会计估计的作出或会计报表的披露不符合国家颁布的企业会计准则和相关会计制度的规定，虽影响重大，但不至于出具否定意见的审计报告；②因审计范围受到限制，无法获取充分、适当的审计证据，虽影响重大，但不至于出具无法表示意见的审计报告。

	95 年独立审计具体准则 ——审计报告	03 年独立审计具体准则 ——审计报告（修订）
否定意见	被审单位会计报表存在下述情况之一时，应出具否定意见的审计报告：①会计处理方法的选用严重违反《企业会计准则》及国家其他有关财务会计法规的规定；②会计报表严重歪曲了被审单位的财务状况、经营成果和资金变动情况，被审计单位拒绝进行调整。	如果认为会计报表不符合国家颁布的企业会计准则和相关会计制度的规定，未能从整体上公允反映被审计单位的财务状况、经营成果和现金流量，注册会计师应当出具否定意见的审计报告。
无法表示意见	审计师在审计过程中，由于审计范围受到委托人、被审计单位或客观环境的严重限制，不能获取必要的审计证据，以致无法对会计报表发表审计时，应当出具拒绝表示意见的审计报告。	如果审计范围受到限制可能产生的影响非常重大和广泛，不能获取充分、适当的审计证据，以至无法对会计报表发表意见，注册会计师应当出具无法表示意见的审计报告。

b. 注册会计师出具审计意见行为的相关理论

（1）代理理论

代理理论认为，审计关系是指审计人、被审计人和委托人三方的一种受托经济责任关系，表现为委托人为了监督被审计人的经济责任履行情况，而委托审计人进行审计并出具审计报告。因此，在委托人和审计人之间形成一种审计委托代理关系，由于委托人和审计人之间存在信息不对称和利益不一致，这种代理关系之间也会产生道德风险问题。道德风险指委托人由于客观条件限制，或者监察成本过高，无法观察到代理人的行动，而代理人就有动机从自身利益出发采取行动，并且代理人采取的往往是损害委托人利益的利己行为。根据“经济人”假说，审计人员作为经济人的目标是实现自身效用的最大化，道德风险的存在使审计人员追求利润最大化的行为表现出两种倾向：一是和被审计人合谋，在风险不变的情况下实现收入最大化。二是他们并没有合谋，但是在审计人和委托人利益并不一致的情况下，审计人员基于自身风险的考虑，为了在收益不变的条件下使自身的风险最小化，会“慎重”出具审计意见，倾向于出具非标准无保留意见的审计报告。现实审计活动中，审计人选择何种决策，还要看其道德风险行为被发现的频率以及受到的处罚的力度。

（2）博弈理论

博弈理论认为，注册会计师审计独立性的保持，在某种程度上依赖于其与被审计客户管理当局之间的博弈，从管理当局方面来看，管理当局对审计师的力量优势主要是因为其掌握着审计人员的选择聘用权，并且是相关审计费用的支付者。管理当局对审计人员施加压力的意图主要受无保留意见的重要程度和公司财务状况的影响。如果一份无保留意见的审计报告对管理当局或企业来说越重要，在这个博弈过程中，管理当局就越不可能作出让步。处于财务困境的企业往往采用高报盈余的手段来粉饰企业的财务状况，而审计人员出于自身风险的考虑，会对企业的这种行为提出异议，二者产生分歧。从注册会计师方面来看，审计人员的独立性取决于服务的性质以及对客户的依赖性。如果审计人员提供的服务在管理人员看来是独一无二的，那么审计人员就处于优势地位。审计人员对客户的依赖性是影响审计人员力量的重要因素。主要体现在以下几个方面：第一，未支付的审计费用。如果以前年度的审计和非审计费用长期没有支付给审计人员，且数额较大时，审计人员有可能因此而屈从于审计客户的某些决定，审计独立性遭到破坏。第二，现任审计人员预期的未来竞争优势。现任审计人员对企业整体业务流程较为熟悉，较新聘用的审计人员而言，具有技术上和成本上的优势。审计人员和客户任何一方都可以利用终止合约来威胁对方。因为合约终止，审计人员和新客户的签约必定会增加交易成本，审计人员也失去了技术上的竞争优势。第三，事务所规模。事务所的规模越大，那么它屈从上市公司的可能性就越小，因为这种行为一旦被揭发出来，事务所就必须承担巨大的声誉和经济方面的损失。

c. 基于会计信息舞弊的相关审计理论

（1）国内外对注册会计师揭露会计信息舞弊行为的要求的对比

20 世纪 80 年代以后，舞弊和反舞弊问题已上升为整个社会经济层面的中心问题，舞弊案件数量急剧增加，涉及的金额也越来越多，社会公众要求独立审计师承担揭露舞弊的责任的呼声也越来越强烈。在这样的背景下，审计职业界开始对审计责任进行反思。1985 年，美国注册会计师协会（AICPA）、美国会计学会（AAA）、内部审计师协会（IIA）、财务总经理协会（FEI）、全美会计师协会（NAA）共同成立了由前任证券交易委员会委员 James.C.Traedway 任主席的全美反舞弊性财务报告委员会又称 Treadway 委员会。该委员会于 1987 年提交了研究报告，对外部审计师提出三条建议：①在每项审计中积极评价财务报告舞弊的可能性；②设计测试程序，合理保证对舞弊的侦探；③保持职业谨慎，而不假定管理当局是诚实的。于是美国注册会计师协会（AICPA）下属的审计准则委员会（ASB）于 1988 年颁布了 9 个新的审计准则公告，其中《审计准则公告》第 53 号（SAS No.53）和《审计准则公告》第 54 号（SAS No.54）重新确认审计师揭露并报告客户舞弊、差错的责任和揭露非法行为的责任。SAS No.53 首先明确扩展了注册会计师查找舞弊的责任。公告指出"注册会计师必须评价舞弊和差错可能引起财务报告严重失真的风险，并依据这种评价设计审计程序，以合理保证揭露对财务报告有重大影响的舞弊和差错...... 注册会计师必须：①在制定审计计划、实施审计程序及对其结果进行评价时履行应有的职业关注；②履行适当的职业怀疑态度以合理保证发现重大舞弊和差错。SAS No.54 中亦明确阐述了注册会计师揭露客户非法行为的责任。该公告将非法行为分为两类：第一类是对财务报告列示项目的金额有重大影响的非法行为，对此类非法行为的揭露，注册会计师将承担与揭露差错相同的责任，即注册会计师应当设计审计程序，以合理保证财务报告数据不存在由于这类非法行为导致的重大误述情形；第二类是对财务报告有间接影响的非法行为，SAS No.54 认为，遵循公认审计准则的审计项目，一般不包括专门审查这类非法行为的审计程序，只有当这类行为发生或可能发生的信息引起注册会计师注意时，注册会计师才有责任对其做出评价，同时，审计人员必须向企业管理部门调查企业是否遵守法规。审计人员虽然不可能揭露会计报表中所存在的全部差错、舞弊和非法行为，但有责任揭露财务报表中的重大差错、舞弊和不法行为。

然而，SAS No.53 和 SAS No.54 发布以来，仍有大量因审计师未能揭露舞弊而发生的诉讼案例。美国的公众监督委员会（Public Oversight Board POB）在 1993 年报告中强烈要求：①审计师在进行财务报告审计中运用更多的职业怀疑；②更多地致力于研究舞弊征兆。1995 年，美国国会在"审计师对公司舞弊的揭露"报告中要求审计师向被审计公司管理当局和审计委员会报告舞弊。在此背景下，美国注册会计师协会（AICPA）又发布了《审计准则公告》第 82 号（SAS No.82 ）"考虑财务报告审计中的舞弊"明确表示注册会计师应承担对舞弊的侦探责任，并为审计实务工作者在审计中承担对舞弊的审计责任提供了更详尽的指南。

但在施行 SAS No.82 的 5 年多时间里特别是近两三年来，又不断发生一些世界著名公司特大财务欺诈及审计失败案件，令美国政府及公众极度不满，强烈要求审计行业自我检讨，切实改进审计舞弊的效果。在此恶劣环境和紧急情况下，AICPA 于 2002 年 10 月发布了标题未作丝毫改动的新准则 SAS No.99——财务报表审计中对舞弊的关注，以取代 SAS No.82。其结构严谨，指导性更强，要求注册会计师在编制和实施审计计划时，必须保持职业怀疑的态度，识别和评估因舞弊导致重大错报的可能性，不考虑以前对该客户的审计经验及对管理层诚实性的观点，获取充分、适当的审计证据，以合理保证被审计单位财务报表不存在因错误和舞弊等导致的重大错报。

为了规范注册会计师在审计中发现和报告可能导致财务报告严重失实的错误与舞弊，我国注册会计师协会于 1996 年 12 月发布了《独立审计具体准则第 8 号——错误与舞弊》。该准则第六条规定：注册会计师根据独立审计准则的要求，充分考虑审计风险，实施适当的审计程序，以合理确信能发现可能导致会计报表严重失实的错误及舞弊。这里的"严重失实"实际上就是"重大错报或漏报"。由此可知：一方面，注册会计师对舞弊的审计责任，被界定在对财务报告有直接影响的重大方面；另一方面，注册会计师对检查重大性舞弊提供的保证，是有限的而非绝对保证。重大性舞弊指与财务报告公允性有重大关系的舞弊，是导致财务报告重大错报与漏报，从而影响财务报告使用者决策的严重行为。它并非单纯意义上的舞弊。涉嫌金额的大小一般应从性质和金额两方面来界定是否重大。由于现代审计建立在内部控制基础上并依赖于统计抽样技术，也由于现代舞弊手段的多样化和高隐蔽性，即便采用详细审计也无法保证揭示所有的舞弊行为。又由于审计专业水平、审计成本效益观以及承担能力等方面的限制，现代审计也不可能保证揭示所有舞弊行为，而只能在适当范围内提供合理保证。

防范舞弊是被审计公司管理当局的会计责任，管理当局应采取有效措施防范舞弊。合理确信能够发现可能导致财务报告严重失实的舞弊，是注册会计师的审计责任。注册会计师本身并无责任防范舞弊，但注册会计师应合理地确信，可能对财务报告产生重大影响的舞弊不存在或即使存在也已经作了恰当反映或相应调整。这实际上意味着注册会计师有责任按照独立审计准则的要求，去关注和尽力发现客户财务报告可能存在的舞弊，在发现可疑迹象时，有责任实施必要的审计程序。如果注册会计师能够充分证明他正确地执行了独立审计准则规定的审计程序，可以相应免除或减轻其审计责任。

另外，在我国的《独立审计具体准则第 18 号——违反法规行为》第五条规定："注册会计师应当按照独立审计准则的要求，编制和实施审计计划，评价和报告审计结果，充分关注可能对会计报表产生重大影响的违反法规行为。"第十六条规定："注册会计师在评价可能存在的违反法规行为对会计报表产生的影响时，应当考虑：①可能因受到罚款、没收违法所得、封存财产、强制停业及诉讼等引起的财务后果；②上述潜在的财务后果是否需要披露；③上述潜在的财务后果是否严重影响会计报表的公允反映"。第十八条规定："如果被审计单位确实存在影响会计报表的违反法规行为，注册会计师应当考虑其对审计的影响，必要时，应当重新评估审计风险"。该准则与 AICPA 第 54 号《审计准则公告》相比，规定的比较模糊，没有区分有直接影响的违法行为和间接影响的违法行为，就该准则的内涵或精神而言，注册会计师的职责更重，范围更大。而 AICPA 第 54 号《审计准则公告》明确规定，审计师对有直接影响的违法行为应承担与错误和舞弊行为相同的责任，但注册会计师对查找有间接影响的违法行为不提供任何保证。

通过上述中西方的比较分析，我们完全有理由认为，按照中国独立审计准则的要求，中国注册会计师也肩负着揭露重大舞弊和非法行为错报的责任，即有义务揭露会计报表中可能存在的重大欺诈舞弊和非法行为。与美国审计师相比，中国注册会计师的责任更大，范围更广。

（2）会计信息舞弊与审计意见的关系

审计意见是一种浓缩的信息，是资本市场博弈均衡的结果。注册会计师对舞弊企业提出的非标准审计意见应该具有一定的信息含量。

对于他们二者的关系，在我国的相关准则中也出了一些规定，《独立审计具体准则第 8 号——错误与舞弊》第五章（即错误或舞弊对审计报告的影响）中的第二十条规定："如果被审计单位拒绝调整或适当披露已发现的重大错误与舞弊，注册会计师应当发表保留意见或否定意见"。第二十一条规定："如果无法确定已发现的错误与舞弊对会计报表的影响程度，注册会计师应当发表保留或拒绝表示意见"。第二十二条规定："如果审计范围受到被审计单位的限制，注册会计师无法就可能存在的对会计报表产生重大影响的错误或舞弊获取充分、适当的审计证据，应当发表保留意见或拒绝表示意见"。第二十三条规定："如果审计范围受到被审计单位以外的其他条件限制，注册会计师无法就可能存在的对会计报表产生重大影响的错误或舞弊获取充分、适当的审计证据，应当考虑其对审计报告的影响"。

从准则要求的角度来看，注册会计师应该能够合理保证揭露出企业的各类会计信息舞弊行为。但是，在审计实务中，由于我国注册会计师独立性缺失和其自身审计质量的低下限制，在审计意见出具中难免"避重就轻"。无保留加说明段的审计意见就是注册会计师这种行为的一种表现。虽然无保留意见加说明段的出具表明了注册会计师的执业谨慎态度，但若细细考虑，会认为"无保留意见加说明段"是注册会计师与被审计上市公司讨价还价达成的最终结果。毕竟，无保留意见加说明段对双方来说都无关大碍，市场不会太在意上市公司年报中的无保留加说明段审计意见，因为其说明公司财务报表编制没有问题，仅是注册会计师出于执业的谨慎对公司的某一事项予以说明，由此注册会计师能与客户继续"友好合作"；另一方面，无保留意见加说明段又为注册会计师降低了审计风险，因为它也是注册会计师对上市公司财务报表的编制说"不"的一种表现。

5.2.2 研究假设

a. 基于审计意见与会计信息舞弊的相关性方面的假设

注册会计师出具的审计报告，是注册会计师对上市公司会计报表的合法性、公允性和会计处理方法的一贯性所发表的审计意见，由于注册会计师能够接触到上市公司的原始凭证、记账凭证、总账、明细账、经济合同等第一手资料，而且，其所处的独立第三方的特殊地位。使得注册会计师出具的审计报告对投资者乃至整个资本市场具有很大的价值。同时，依据前面的基于会计信息舞弊的审计意见相关理论，我们知道注册会计师肩负着揭露重大舞弊和非法错报行为的责任，即有义务揭露会计报表中可能存在的重大欺诈舞弊和非法行为。那么，审计报告中所反映的审计意见类型应该能够在一定程度上反映出会计报表是否存在舞弊以及舞弊的程度。当然，由于外部审计的局限性和注册会计师难以超然独立，注册会计师在出具审计意见的时候难免有“避重就轻”的情况，如理应发表保留意见却发表带强调事项段的无保留意见。理应发表拒绝表示意见或否定意见却发表保留意见，理应发表否定意见却发表拒绝表示意见等情况。但是，如果会计师事务所没有揭示出企业财务报告中的重大舞弊行为，那么事务所就面临着被处罚或者被起诉的风险。所以，会计师事务所在出具审计意见的时候要面临着风险和收益的权衡。因为一家客户的审计失败有时候足以给事务所的前途以毁灭性的打击。安达信、中天勤等会计师事务所就是范例。因此，我们可以预期会计信息舞弊和除标准无保留审计意见之外的其他审计意见是有相关性的。而保留意见、否定意见和拒绝表示意见的出具，往往与企业具体的违规、疑问、有失公允或信息缺失相联系。那么我们可以认为：在揭示企业的会计信息舞弊行为方面，注册会计师对各种审计意见类型的运用是不同的，也就是说审计师更有可能利用保留、否定和拒绝表示意见来揭示企业的会计信息舞弊行为。因此，我们建立了如下的假设。

假设 1-1：会计信息舞弊行为和除标准无保留审计意见之外的其他审计意见是有正相关性的。

假设 1-2：注册会计师师更有可能利用保留、否定和拒绝表示意见来揭示企业的会计信息舞弊行为。

我国独立审计起步较晚，但发展较快。1999 年 7 月 1 日第三批独立审计准则已经正式实行。1999 年底完成了会计师事务所的脱钩改制，提高了注册会计师的独立性。2000 年出现的一系列会计造假事件使得证监会、财政部、注册会计师协会等部门机构加强了对独立审计行业的监管。2001 年底，证监会颁布了《公开发行证券的公司信息披露编报规则第 14 号——非标准无保留审计意见及其涉及事项的处理》，规范注册会计师的审计意见出具行为。2002 年 8 月 1 日，中国注册会计师协会发布了《审计技术提示第

1号——财务欺诈风险》，列举了九大类54种可能导致公司进行财务欺诈或表明公司存在财务欺诈风险的因素。第1号提示提醒注册会计师在执行公司会计报表审计业务时，应当保持应有的职业谨慎。2003年，经财政部批准，中国注册会计师协会进一步修订了独立审计具体准则，修订后的独立审计报告准则的内容已经与国际审计准则的内容基本一致。随着中国股票市场的进一步发展，公众对注册会计师民事责任要求的加强，对会计师事务所和注册会计师的法律诉讼的增加，使得注册会计师的风险责任和风险意识均得到了提高。因此，有理由相信：进入21世纪，在我国资本市场上，注册会计师的审计质量将不断提高。由此，我们提出第2个假设。

假设2：进入21世纪，在我国资本市场上，注册会计师的审计质量应该有所提高，也就是说，随着时间的推移，会计信息舞弊与审计意见之间应该具有更强的相关性。

b. 基于会计信息舞弊的审计意见影响因素方面的研究假设

在舞弊发生当期，注册会计师针对企业的会计信息舞弊行为出具不同类型审计意见的影响因素是什么？在前人研究的基础上我们提出了如下的假设：

（1）债务契约假设

契约理论的债务契约假设认为，在不完全资本市场条件下，较高的资产负债率会导致较高的债务违约风险，使得外部投资者对企业的风险评价提高，增加了企业的债务融资成本。同时，随着银行业风险意识的不断增强，债务契约中对资产负债率也有一定的要求。因此，企业有动因将其资产负债率控制在一定的范围之内。并且财务状况越差的公司，为降低违约成本和融资成本，越有可能违背会计政策法规，通过会计造假来降低会计信息的可比性；同时财务状况越差的公司，注册会计师所面临的审计风险越大，因而被出具非标审计意见的可能性越大。所以，发生会计信息舞弊行为的企业的资产负债率与非标审计意见具有正相关关系。据此，我们提出假设3-1。

假设3-1：资产负债率与被出具的非标审计意见正相关

（2）事务所规模假设

从国外的研究来看，事务所的规模对会计师的独立性和审计质量都有很大的影响。西方注册会计师职业界历经数百年的发展，会计市场高度集中。而我国，从事上市公司审计业务的会计师事务所规模普遍偏小，市场非常分散，导致会计市场中的低层次竞争非常激烈。在这样的市场中，会计师事务所能够顶住各方面的压力，保证自己的独立性，勇于说“不”，直接的后果可能是客户的丢失。所以，我国会计师事务所的执业环境决定了独立性高的事务所，一旦出具了非标准意见，反而会失去客户，进而造成审计市场份额的减少。我国在 1999 年底基本完成了事务所的脱钩改制。而且，财政部先后发布了《会计师事务所扩大规模若干问题的指导意见》和《会计师事务所合并审批管理暂行办法》等文件，支持事务所合并扩大规模。那么合并所带来的规模扩大能否提高审计质量，是否如国外的研究那样，规模大的事务所比规模小的事务所具有更高的审计质量？据此，我们提出假设 3-2。

假设 3-2：事务所规模与非标准审计意见相关，但相关系数符号待定。

（3）客户资产规模假设

在西方研究中，资产规模经常作为政治成本等的替代变量。一般地讲，公司规模越大，公司的内部控制越健全有效，经营、管理水平越高，公司业绩波动性越小。发生会计信息舞弊的几率也较小规模的公司要小。因此认为，大企业被出具非标意见的可能性较小。另外，会计师事务所由于怕失去大客户，因而有适度放松审计监督的可能性，这也使得大企业被出具非标意见的可能性较小；因而，预期公司规模与审计意见呈负相关关系。据此，我们提出假设 3-3

假设 3-3：客户资产规模与被出具非标意见呈负相关关系

（4）现金流量假设

净利润的计量是以应计制为基础的，大多数的会计信息舞弊是直接影响净利润的，但是现金流量的计量是以现金制为基础的，操纵的空间相对较小。在发生会计信息舞弊的企业，即使可以虚增利润、虚构收入，但是却不可能带来相配比的现金流入。因此，我们可以预期在舞弊公司的净利润和经营活动现金流量之间必然存在着较大的差异。Ingram 和 Howard（1999）对盈余与经营活动产生的现金流量之间的关系进行研究。结果发现，在公司财务欺诈被揭穿以前公司盈余要比揭穿以后的盈余要高，但是揭穿前经营活动产生的现金流量要比揭穿后要小，在发生财务欺诈的公司，盈余减去经营活动现金流量的值是正的。因此，他们认为盈余与现金流量关系的审核是诊断是否存在财务欺诈的优良工具。耿建新，肖泽忠，续芹（2002）通过实证研究也证实了净利润现金差异率（净利润与调整过的经营现金流量之间的差异除以上年末总资产）可以作为盈余操纵的预警信号。另外，根据 Mutchler（1995）的研究可知，现金净流量/总负债指标对审计意见类型有很好的解释力。因此，本章假定现金利润比率、现金负债比率等现金流量指标与审计意见之间具有相关性。现金利润比率=经营现金净流量/净利润[①]，一般来讲，该比率越大，企业的盈利质量越强，若该比率小于1，说明企业本期净利润中存在没有实现的现金收入，即使盈利，也可能发生现金短缺，严重时也可以导致亏损。如果是虚构收入，也会导致利润偏高，该指标偏低，所以此时注册会计师倾向于出具非标准无保留审计意见。现金负债比率=经营现金净流量/债务总额，该指标反映当年现金净流量负荷总债务的能力，可衡量当年经营现金流量对全部债务偿还的满足程度，若此指标偏低，反映企业依靠现金偿还债务的压力较大，发生会计信息舞弊的可能性较大，因而被注册会计师出具非标准无保留意见的可能性也越大。据此，我们提出假设 3-4。

假设 3-4：现金利润比率与审计意见呈负相关关系；现金负债比率指标也与审计意见呈负相关关系

5.3 审计意见对会计信息舞弊的反应及其影响因素研究设计

5.3.1 模型选择与变量设计

a. 模型选择

本章研究的是审计意见对我国上市公司会计信息舞弊的反应及其影响因素问题，被解释变量——审计意见类型是一个虚拟变量，其取值只有两类情况：即“标准”与“非标”。对于被解释变量为二分类变量的分析，逻辑斯特（Logistic）回归模型具有不可替代的作用，逻辑斯特（Logistic）回

① 考虑到我国会计报表中的净利润与经营现金净流量的计算口径并不一致，所以涉及现金与利润收入比的现金利润比率指标，现金采用现金及现金等价物净增加额计算。

归分析除了具有分类判别的作用外，它对资料分布没有前提要求，即自变量可以是离散型，也可以是连续型变量，没有关于分布类型、协方差阵的严格假定。故本章采用逻辑斯特（Logistic）回归模型进行实证研究。

对于前面的假设 1-1、假设 1-2 和假设 2，即会计信息舞弊和除标准无保留审计意见之外的其他审计意见是有相关性的；注册会计师师更有可能利用保留、否定和拒绝表示意见来揭示企业的会计信息舞弊行为；随着时间的推移，会计信息舞弊与审计意见之间应该具有更强的相关性。本章采用如下的 Logistic 回归模型检验假设：

模型 1：

$$MODIFY=\beta_0+\beta_1FRAUD+\beta_2DR+\beta_3BIG+\beta_4XJLRB+\beta_5ROF+\beta_6LAUDIT+\beta_7CHANGE+\beta_8TASL+\beta_9YSBL+\beta_{10}MGSY+\beta_{11}MGJZC+\beta_{12}XJBL+\beta_{13}FHXBL+\varepsilon$$

其中：

被解释变量——审计意见类型（MODIFY）

该变量是指注册会计师出具的审计意见的类型，如果是标准无保留意见时取 0，否则取 1。

解释变量——是否舞弊（FRAUD）

该变量用于考查上市公司的会计信息舞弊行为，当企业发生了会计信息舞弊时取 1，否则取 0。

控制变量——审计费用率（ROF）

模型中其他的变量均为模型 1 的控制变量。

为检验前述假设 3-1 到假设 3-4，即针对企业的会计信息舞弊行为，审计师出具不同类型审计意见的影响因素是什么？我们同样采用 Logistic 回归模型进行分析，其模型如下：

模型 2：

$$MODIFY=\beta_0+\beta_1LNAT+\beta_2DR+\beta_3BIG+\beta_4XJLRB+\beta_5LAUDIT+\beta_6CHANGE+\beta_7TASL+\beta_8YSBL+\beta_9MGSY+\beta_{10}MGJZC+\beta_{11}XJBL+\beta_{12}FHXBL+\varepsilon$$

其中：

被解释变量——审计意见类型（MODIFY）

在模型 2 中我们对 MODIFY（审计意见类型）进行了重新定义，是指专门针对舞弊事项提出的非标准审计意见，由于审计测试和被审计单位内部控制的固有限制以及独立审计准则本身的缺陷，注册会计师即便是完全根据独立审计准则进行审计，也不能保证把所有的舞弊事项都揭露出来，所以我们定义的非标准审计意见是指专门针对证监会、财政部、上证所、深交所处罚决定中提到的舞弊事项中的某一项或某几项而提出的非标意见，否则为标准意见。

模型 2 中的解释变量就是假设 3-1 到 3-4 中提出的审计意见影响因素。

解释变量——资产负债率（DR）、资产规模（LNAT）、事务所规模（BIG）、现金负债比率（XJBL）和现金利润比率（XJLRB）。

模型中的其他变量为借鉴国内外有关文献所选取的一些控制变量。我们分别从事务所特征、盈余管理特征、审计的复杂程度以及公司经营成果和经营能力方面进行了选取，以控制影响注册会计师出具审计意见的其他影响因素。

事务所特征方面的控制变量——事务所变更（CHANGE）、上年的审计意见类型（LAUDIT）；

盈余管理特征方面的控制变量——非核心收益比率（FHXBL）；

审计的复杂程度方面的控制变量——应收款项比率（YSBL）；

公司经营成果和经营能力方面的控制变量——总资产周转率（TASL）、每股收益（MGSY）和每股净资产（MGJZC）。

模型 1 和模型 2 的主要区别在于考察样本不一样和变量选择有差异，模型 1 的观察对象是 2001 ~ 2004 年的舞弊样本公司以及对应的非舞弊控制样本公司，而模型 2 则是从 2000 ~ 2004 年发生舞弊的公司中选出审计师专门针对证监会、财政部、上证所和深交所的处罚决定中提到的某一项或某几项舞弊事项发表了非标意见的上市公司为研究样本，对应的同年度同行业的发生了舞弊但审计师没有针对舞弊事项发表非标意见的公司为控制样本。

模型 1 考察会计信息舞弊变量与审计意见的相关性，假设 1 主要考察 2007 ~ 2010 年所有样本中审计意见与会计信息舞弊的相关性，在假设 2 中主要考察历年样本中的审计意见与会计信息舞弊的关系，但是由于我们的舞弊样本有限，每年的样本量就更少了，所以为了验证假设 2，我们分别对

2007 年和 2008 年的样本，以及 2009 年和 2010 年的样本进行考察。检验 2009 年和 2010 年样本中审计意见与会计信息舞弊的相关性是否比 2007 年和 2008 年样本中二者的相关性更强。模型 2 主要考察在发生了会计信息舞弊的公司中，注册会计师针对企业的会计信息舞弊行为出具不同类型审计意见的影响因素是什么?

b. 变量设计

有关变量的经济含义、计算方法和预期符号见表 5-2。

表 5-2　研究变量说明表

变量名称	变量定义	变量解释	预期符号
MODIFY	审计意见类型，当为标准无保留意见[1]时，取 0；否则，取 1。	是本章的两个研究模型的被解释变量。但是在两个模型中的含义不同，详细解释见表后的说明。	---
FRAUD	是否舞弊，若发生了，则取 1；否则，取 0。	企业发生了会计信息舞弊行为，就容易被注册会计师出具非标准无保留意见。	+
LNAT	资产规模，用当年年末总资产的自然对数表示。	公司规模越大，内部控制越健全，发生舞弊的几率也较小规模公司要小。被出具非标意见的可能性较小。	-
DR	资产负债率[2]，即年末负债总额与资产总额之比。	财务状况越差的公司，注册会计师所面临的审计风险越大，因而被出具非标审计意见的可能性越大。	+
BIG	事务所规模，审计事务所是否为“十大”[3]，如果是，BIG=1，否则 BIG=0。	国外的大量研究发现：事务所的规模对会计师的独立性和审计质量都有很大的影响。虽然他们的研究结论并不一致，但我们可以认为事务所规模大小与其出具的审计意见类型存在一定的相关关系，但符号待定。	?
XJBL	现金负债比率，指经营现金净流量占总负债的比率，反映了公司偿还债务的现实能力。	该指标反映当年现金净流量负荷总债务的能力，可衡量当年经营现金流量对全部债务偿还的满足程度，若此指标偏低，反映企业依靠现金偿还债务的压力较大，发生会计信息舞弊的可能性较大，因而被注册会计师出具非标准无保留意见的可能性也越大。	-

变量名称	变量定义	变量解释	预期符号
XJLRB	现金利润比率，指经营现金与净利润的比率，用现金及现金等价物的净增加额与净利润的比率来计算。	该比率越大，企业的盈利质量越高，若该比率小于 1，说明企业本期净利润中存在没有实现的现金收入，即使盈利，也可能发生现金短缺，严重时也可以导致亏损。如果是虚构收入，也会导致利润偏高，该指标偏低。所以此时注册会计师倾向于出具非标审计意见。	-
ROF	审计费用率，等于年报审计费用[4]/年末总资产，是有关事务所特征方面的变量。	在我国现行的审计关系模式失衡的情况下，注册会计师迫于压力，倾向于"屈从"管理当局的决定，在审计意见出具上"避重就轻"，因此，一般认为审计意见与公司审计费用具有相关性。并且，伍利娜（2003）研究得出负面审计意见与审计费用显著相关。李补喜，王平心（2006）也得出非标准无保留审计意见与上市公司审计费用率显著正相关。	+
LAUDIT	上年的审计意见类型，为标准无保留意见[1]时，取 0；否则，取 1。是有关事务所特征方面的变量。	Mutchler 和 Williams（1990）；Joey（1993）得出在上一期被出具"非标"意见的公司更容易在后续年度当中被出具"非标"意见。李维安等人（2004）也发现审计意见具有一定的延续性。	+
CHANGE	事务所变更，如果当年审计事务所发生变更，取 1；否则，取 0。是描述事务所特征方面的变量	Chen 和 Church（1992）；Louwers（1998）研究得出审计师变更，上市公司危机程度严重，上市公司危机显性化时，审计师不仅比较容易察觉公司持续经营危机，而且相对容易说服客户从而出具"非标" 意见。	+
TASL	总资产周转率，销售净收入与总资产的比率，综合地反映了公司管理层的经营资产能力	高的资产周转率反映了较高的资产经营能力，所以本章预期企业的资产周转率越高，就越不可能收到非标准无保留审计意见	-
YSBL	应收款项比率，指应收款项占期末总资产的比率，反映上市公司审计的复杂程度	在财务报表审计中，应收款项账户较其他账户更复杂，特别是应收款项中的其他应收款更是"藏污纳垢"的地方。使注册会计师在审计中非常注重对应收款项的审计，因此上市公司资产中应收款项所占的比例越高，越容易被出具非标准无保留意见。	+

变量名称	变量定义	变量解释	预期符号
MGSY	每股收益，等于年末净利润比股本总数，反映了企业的经营成果	每股收益越大，审计师对公司的评价也可能越积极，所以被注册会计师出具非标准无保留意见的可能性也就越小。	-
MGJZC	每股净资产，等于年末股东权益比股本总数，反映了企业的经营成果	每股净资产越大，注册会计师对公司的评价也可能越积极，所以被注册会计师出具非标准无保留意见的可能性也就越小。	-
FHXBL	非核心收益比率，该指标主要指企业的非核心收益与企业净资产的比率。是描述上市公司盈余管理特征方面的变量。	非核心收益主要指投资收益、营业外收支净额和补贴收入等的代数和。该指标越大，上市公司通过非核心收益来进行盈余操纵的可能性就越大，所以我们预期注册会计师针对这种情况出具非标准无保留意见的可能性也越大。	+

说明： 1. 在模型 1 中，标准意见是指标准无保留审计意见，非标意见是指除标准无保留审计意见外的其他几种；而在模型 2 中，非标意见是指专门针对舞弊事项提出的非标准审计意见，其余的被定义为标准无保留意见。

2. 为防止个别样本极端值对整个回归模型结果的实质性影响，我们拟采取如下修正方案，即：当计算结果为负或大于 1 时也取 1。

3. 在本章的研究中，我们以会计师事务所每年的业务收入排名作为其规模判断的依据，排在前十位的属于“十大”，反之则属于“非十大”。

4. 由于大部分公司并没有披露年报审计费用，所以此处用公司的财务审计费用来代替年报审计费用。

5.3.2 样本选择与数据来源

a. 样本选择

由于本章的实证研究部分包括两个部分：会计信息舞弊与审计意见的相关性研究和基于会计信息舞弊的审计意见影响因素研究。这两部分的样本是不相同的，对前者的研究主要利用的是会计信息舞弊样本及其对应的控制样本作为研究样本，而后者主要是利用针对会计信息舞弊事项而被审计师出具了非标准无保留意见的样本和对应的控制样本为研究样本。所以本章要涉及到两次样本选择。

1. 舞弊样本及控制样本的选择

本部分通过对所有中国证监会、上海证券交易所、深圳证券交易所、财政部 2007～2011 年的处罚公告的查阅，筛选出因会计信息舞弊而被公开处罚的在沪深股市发行 A 股的上市公司为研究样本，同时，选取了对应的控制样本。

（1）舞弊样本的选择

本研究主要查找了所有中国证监会、上海证券交易所、深圳证券交易所、财政部 2007～2011 年的处罚公告和违规记录，选取了因会计信息舞弊而被公开处罚的在沪深股市发行的 A 股上市公司为研究样本。本章在筛选有关研究的舞弊样本时的选择标准如下：

①由于我们无法获得公司上市前的完整的财务报告，这将影响到我们对一些重要财务数据（如调整以后的经营活动产生的现金净流量）的分析。因此，我们剔除了上市前舞弊的公司，只选择了上市后（包括上市当年）舞弊的公司。

②由于上市公司的中期报告绝大多数没有进行审计并出具审计意见。因此本章剔除了中期报告、季度报告舞弊的上市公司，只选择年度报告舞弊的上市公司，并且剔除了因年报推迟披露而被公开处罚的样本。

③考虑到大部分舞弊公司连续几年都实施了舞弊，因此将舞弊公司的每一舞弊年度作为研究对象。

依据以上标准，最终得到 2007～2011 年因年度财务报告舞弊而被证监会、财政部、上证所和深交所公开处罚的 152 家 A 股上市公司作为舞弊样本。

（2）控制样本的选择

因为行业经济特征决定行业内公司的基本业绩表现，同行业可比公司的财务业绩在一定时间范围内不会出现太大的差异。因此应将控制样本所在行业与对应的舞弊样本保持一致。公司规模上的差别也会影响分析的进行。所以要选择规模相当的对照公司逐个与舞弊公司相配，来控制规模对分析结果的影响。另外，我们还考虑了上市地点的影响，研究样本和控制样本选在同一上市地，这样我们为每家舞弊公司选取了一个控制样本，选取的步骤如下：

①确定每家舞弊公司所属行业及其舞弊前一年末的资产总额。

②选取与舞弊公司同年度、同行业、同一上市地点的 A 股上市公司，将曾因会计信息舞弊行为而公开披露的公司和考察期间处于 ST、PT 的公司剔除。

③选取舞弊前一年与舞弊公司资产总额最为接近的上市公司（二者差异不超过 30%）为控制样本，当面临多家符合条件的公司时，以与舞弊公司具有相近的上市时间为标准，进行最终的选择。

由于并不是所有舞弊公司都能收集到满足条件的控制样本，最终我们为 2007 ~ 2011 年[①]115 个舞弊样本中的 100 个舞弊样本找到了对应的 100 个控制样本。

2. 非标样本及控制样本的选择

（1）非标样本的选择

为了验证假设 3，即是为了了解对发生会计信息舞弊的上市公司，在舞弊发生当期，注册会计师出具不同类型审计意见的影响因素是什么？我们对 MODIFY 变量（审计意见类型）进行了重新定义，具体指的是专门针对证监会、财政部、上证所、深交所处罚决定中提到的舞弊事项中的某一项或某几项而提出得非标意见，否则为标准意见。基于这样的分类，我们以前面选择出来的 152 家舞弊样本企业为初始样本，依据以下程序进行筛选：

①剔除 152 家舞弊企业中被注册会计师出具了标准无保留审计意见的企业，最后得到 55 家被审计师出具了非标准审计意见的公司。

②查阅 55 家公司的审计报告，并与证监会、财政部、上交所、深交所处罚决定或处罚公告进行逐一对比，找出注册会计师针对处罚决定或公告中的某一项或某几项提出非标意见的公司。

最后得出专门针对会计信息舞弊行为而被提出“非标意见”的企业为 30 家。

（2）控制样本的选择

通过上面的非标样本选择程序，我们最终得到因会计信息舞弊行为被

① 由于 2000 年审计费用并没有公布，没有办法得到审计费用率指标的数据，所以我们对会计信息舞弊与审计意见的相关性分析取的是 2001-2004 年的舞弊样本及其对应的控制样本。

注册会计师出具非标审计意见的公司只有30家，而标准审计意见[①]却有122家，数目相差太大。因此，我们不可能把因会计信息舞弊被注册会计师出具非标意见和标准意见的两类公司直接代入 Logistic 回归模型中进行回归分析。所以，我们采用鉴别分析的方法，采用1：1的配对比例为每家因会计信息舞弊行为而被出具非标审计意见的公司选取一个控制样本（以下简称“标准公司”），选取标准和理由如下：

①选取与非标公司同一年发生会计信息舞弊的“标准公司”。这样选择的目的是为了将两类公司放到大致相同的宏观环境和审计环境中。众所周知，我们所研究的几年间，新的会计准则、审计准则陆续出台，会计师事务所也经历了脱钩改制、内部整合等，审计环境不断发生着变化，所以我们有必要将研究样本和控制样本在年份上做到对应。

②根据非标公司所处的行业，尽量选取同一行业板块的标准公司。因为行业对注册会计师确定重要性水平有一定影响。行业的划分以中国证监会公布的分类标准为准，分别是：A 农林牧渔业、B 采掘业、C 制造业、D 电力、煤气及水的生产和供应业、E 建筑业、F 交通运输仓储业、G 信息技术业、H 批发和零售贸易、I 金融、保险业、J 房地产业、K 社会服务业、L 传播与文化产业、M 综合类。

最终，取得了30个非标样本和30个控制样本。

b. 数据来源

本研究所需要的主要数据和资料分别来自以下来源：

（一）本章关于舞弊样本的情况和资料来自中国证监会网站的2007-2011 年的处罚公告（上市公司处罚决定类）、财政部处罚公告（上市公司处罚决定类）以及上海证券交易所和深圳证券交易所关于上市公司的违规记录。

（二）上市公司的净资产收益率来和其他财务数据来源于香港理工大学中国会计与金融研究中心和深圳市国泰安信息技术有限公司联合开发的《中国上市公司财务数据库查询系统》（CSMAR）。

（三）审计报告、审计意见类型、主审上市公司的事务所名称以及审

① 此处的标准无保留意见指的是除专门针对企业的会计信息舞弊行为出具的非标准无保留意见外的其他审计意见，是经过我们重新定义以后的标准无保留意见。

计费用手工收集于上市公司年度财务报告。

5.4 审计意见对会计信息舞弊的反应及其影响因素的实证结果及阐释

5.4.1 描述性统计分析结果及其阐释

下面将对会计信息舞弊的基本情况以及各年度审计意见的分布情况进行概括，以了解上市公司会计信息舞弊发生当期审计的总体情况。

a. 会计信息舞弊样本的总体情况分析

（1）会计信息舞弊的手段分析

表 5–3 历年舞弊样本的舞弊手段统计情况

Tab.4–1 The description of fraud means of fraud samples in years past

年份(舞弊样本数) 舞弊手段	2007(37)		2008(29)		2009(31)		2010(40)		2011(15)		合计（152）	
	样本数目	所占比例	样本数目	所占比例	样本数目	所占比例	样本数目	所占比例	样本数目	所占比例	样本数目	所占比例
隐瞒或不及时披露重大事项	26	70%	21	72%	20	65%	27	68%	7	47%	101	66%
虚构或者是掩饰交易或事项	17	46%	18	62%	16	52%	18	45%	6	40%	75	49%
不恰当的会计核算	11	30%	11	38%	13	42%	9	23%	4	27%	48	32%
利用不恰当的关联交易	4	11%	6	21%	7	23%	17	43%	10	67%	44	29%
利用会计政策变更	4	11%	3	10%	1	3%	3	8%	0	0%	11	7%
其他手段	4	11%	2	7%	1	3%	1	3%	1	7%	9	6%

认识舞弊上市公司的舞弊手段是分析其特征的重点之一，只有充分认识常见的舞弊手段，注册会计师才能在审计工作中关注舞弊的预警信号，时刻保持警惕以察觉企业的会计信息舞弊行为。表 5-3 列出了 2007 ~ 2011

年度受处罚的 152 家舞弊样本进行舞弊采用的主要手段。从表中可以发现会计信息舞弊的上市公司往往采用多种舞弊手段，其中半数以上的舞弊样本采用了隐瞒或不及时披露重大事项的舞弊手段，近一半的舞弊样本通过虚构或者掩饰交易或事项来达到舞弊的目的。并且利用会计政策变更进行舞弊的手段呈下降的趋势，利用不恰当的关联交易的舞弊手段似乎越来越受企业的“欢迎”。

（2）会计信息舞弊的行业分布情况分析

为了考察因会计信息舞弊而处罚的上市公司的行业分布情况，我们根据中国证监会 2001 年 4 月 1 日公布的《上市公司行业分类指引》，将上市公司的行业类别划分为 A 到 M 的十三个行业（金融、保险业除外），然后考察因会计信息舞弊行为而受到违规处罚的上市公司的行业分布情况与所有上市公司的行业分布情况之间的关系。根据我们收集的样本，因会计信息舞弊行为而受到违规处罚的上市公司具有表 5-4 所示的行业分布。

表 5–4　因会计信息舞弊行为而受到违规处罚的上市公司的行业分布情况

行业代码	行　业 名　称	舞弊公司家数	占舞弊公司总数的比重(a)(%)	该行业上市公司数占上市公司总数比重(b)1680(%)	行业舞弊倾向指标
A	农、林、牧、渔业	14	9.2	（45）　2.68	+243.28
B	采掘业	1	0.7	（31）　1.85	-62.16
C	制造业	84	55	（954）56.79	-3.15
D	电力、煤气及水的生产和供应业	5	3.3	（67）　3.99	-17.29
E	建筑业	1	0.7	（30）　1.79	-60.89
F	交通运输、仓储业	8	5.3	（72）　4.29	+23.54
G	信息技术业	8	5.3	（113）　6.73	-21.25
H	批发和零售贸易业	8	5.3	（90）　5.36	-1.12
I	金融、保险业	---	----	（19）　1.13	----
J	房地产业	7	4.6	（90）　5.36	-14.18
K	社会服务业	2	1.3	（50）　2.98	-56.38
L	传播与文化产业	1	0.7	（11）　0.65	+7.69
M	综合类	13	8.6	（108）　6.43	+33.75
合计	--------	152	100	100	------

说明：

1. 十三个行业上市公司数占上市公司总数的比重根据中国证监会公布的《上市公司行业分类指引》中《上海证券交易所行业分类结果》和《深圳证券交易所行业分类结果》计算而来，没有对最新上市的公司进行更新。
2. 行业违规倾向指标＝100*（a–b）/b。它衡量了 a 和 b 之间的偏离程度。
3. 本章的舞弊样本中没有包括金融、保险业类的企业。

从表 5-4 显示的因会计信息舞弊行为而受到违规处罚的上市公司的行业分布情况看，各行业具有不同的信息披露违规倾向。如果某行业中因会计信息舞弊而受到处罚的上市公司占所有舞弊上市公司总数的比重超过该行业上市公司数占上市公司总数的比重，则说明该行业内的上市公司具有较高的会计信息舞弊倾向，表现为舞弊倾向指标的值较大。反之，舞弊倾向指标的值较小。从表中可以看出，具有较高舞弊倾向的行业分别是 A（农、林、牧、渔业）、F（交通运输、仓储业）和 M（综合类），而 K（社会服务业）、D（电力、煤气及水的生产和供应业）、B（采掘业）和 E（建筑业），具有较低的舞弊倾向。

b. 审计意见分布情况分析

注册会计师发表审计意见的三个考查指标是“合法性”、“公允性”和“一贯性”，就“合法性”而言，注册会计师有责任制定合理的审计计划，采用适当的审计程序，合理确信能发现会计报表的重大错误、舞弊以及对会计报表有直接影响的重大违反法规的行为。那么针对上市公司的会计信息舞弊违法行为，注册会计师的反应如何？其出具的审计意见类型如何？我们从表 5-5 中可以看出些许端倪：

表 5–5　企业会计信息舞弊的审计意见类型统计表

公司数目 \ 年份	2007	2008	2009	2010	2011	合计
所有发生年报舞弊的公司	37	29	31	40	15	152
其中：非标意见公司[a]	12	12	10	11	10	55
非标意见比重[b](%)	32	41	32	28	67	36
因舞弊而出具非标意见[c]	6	7	3	7	7	30
因舞弊的非标意见比重[d](%)	16	24	10	18	47	20

说明:

a. 指发生会计信息舞弊行为的公司中被出具非标意见的数量。

b. 指发生会计信息舞弊行为的公司中被出具非标意见公司占舞弊公司的比重。

c. 指因会计信息舞弊行为而被审计师出具非标意见的公司的数量。

d. 指因会计信息舞弊行为而被审计师出具非标意见的公司占舞弊公司的比重。

从表 5-6 可以看出，除 2008 和 2011 年外，因会计信息舞弊行为而被审计师出具非标意见的公司占舞弊公司的比重都低于 20%，2011 年的比例较高，原因在于：舞弊事件被揭发的时间上的滞后性，部分的年报舞弊公司还没有被发现并披露出来，所以导致这一比例较其他年度偏大。而 2008 年出现 24%的较高的比例，原因可能在于 2008 年是全球金融危机。在本章所收集的所有发生会计信息舞弊的上市公司中，只有平均约 20%的公司被审计师识别出来并出具了非标审计意见，这个比例是相当低的，这也从一个侧面反映出我国注册会计师并没有很好的完成独立审计查错揭弊的审计目标。

在上一节中，我们对本章研究的舞弊公司根据舞弊手段进行了归类，那么注册会计师在审计过程中更关注哪一类的舞弊呢?

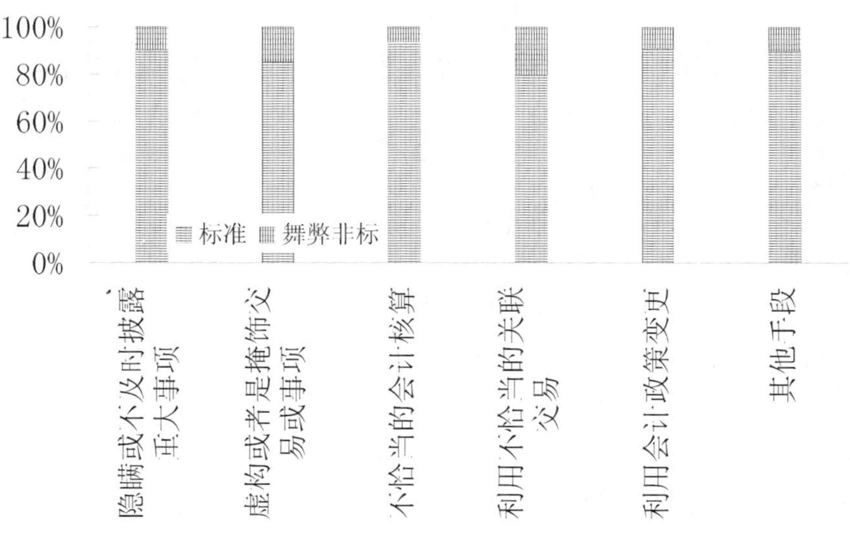

图 5-1 各舞弊手段的审计意见分布情况

上图 5-1 反映了各种舞弊手法被出具非标审计意见和标准审计意见的比例，我们可以看出六种舞弊手段被审计师揭露出来的比例都是非常低的（均低于 20%）。同时，我们也可以看出：利用不恰当的关联交易的舞弊手法已经引起了外部审计师的注意，与其他手法相比较，这种手段被揭发出来的比例较大。

c. 非标准无保留审计意见内容分析

表 5-6 是 2007 ~ 2011 年非标准无保留审计意见内容的分析表。由于样本区间都没有出现否定意见，在这里本章主要按带解释性说明段无保留意见、保留意见和无法表示意见分别列示，然后在此基础上对非标准无保留审计意见进行分类。目的有两点：其一，试图揭示出注册会计师出具非标准无保留审计意见的原因；其二，有助于进一步检验非标准无保留审计意见与会计信息舞弊行为的相关关系。

本章对样本所涉及的一般意义上的非标准无保留审计意见的内容进行描述性分析（表 5-6(a)）发现：在被出具带解释性说明段无保留意见的公司中，因为持续经营能力不确定的占 4.35%；因为重大不确定事项的占 34.78%左右；因为关联方交易和财产权归属的均占 4.35%。在被出具保留意见的公司中，有 25%涉及“持续经营能力”；因为关联方交易、财产权归属、账务处理和会计政策与会计估计的均占 16.67%。被出具无法表示意见的公司中，有 75%因为持续经营能力有重大不确定性。而持续经营不确定的审计意见仅占所有非标准审计意见的 23.64%。

另外，本章对样本所涉及的针对会计信息舞弊事项的非标准无保留审计意见的内容进行描述性分析（表 5-6(b)）发现：在被出具带解释性说明段无保留意见的公司中，没有因为持续经营能力不确定的和重大不确定事项的而出具的，在被出具保留意见的公司中，有 31.25%涉及“持续经营能力”，被出具无法表示意见的公司中，有 75%因为持续经营能力有重大不确定性。而持续经营不确定的审计意见仅占特别定义的针对会计信息舞弊事项的非标准审计意见的 36.67%。我们可以看出上市公司重大不确定事项、关联方交易、财产权归属、会计政策与会计估计、期初余额不确定、账务处理不恰当等违规事项是注册会计师舞弊审计过程中重点关注的项目，是审计风险的重要影响因素。这些特殊事项的披露既反映了上市公司的管理水平，同时又是审计工作的重点，直接体现了审计人员的独立性和行业职业水平。

表 5–7(a)　非标准无保留审计意见内容分析

	带强调事项段无保留意见(23)		保留意见(24)		无法表示意见(8)		合计(55)	
审计范围受到限制	1	4.35%	13	54.17%	7	87.5%	21	38.18%
重大不确定性事项	8	34.78%	7	29.17%	3	37.5%	18	32.73%
持续经营能力不确定	1	4.35%	6	25%	6	75%	13	23.64%
提醒公众关注	10	43.48%	1	4.17%			11	20%
财产权的归属	1	4.35%	4	16.67%	2	25%	7	12.73%
账务处理			4	16.67%	1	12.5%	5	9.09%
关联方交易	1	4.35%	4	16.67%			5	9.09%
会计政策、会计估计			4	16.67%			4	7.27%
期初余额不确定			2	8.33%	2	25%	4	7.27%
第三方审计			1	4.17%			1	1.82%

表 5–7 (b)　专门针对会计信息舞弊行为的非标准无保留审计意见内容分析

	带强调事项段无保留意见(6)		保留意见(16)		无法表示意见(8)		合计(30)	
审计范围受到限制			9	56.25%	7	87.5%	16	53.3%
持续经营能力不确定			5	31.25%	6	75%	11	36.67%
重大不确定性事项			5	31.25%	3	37.5%	8	26.67%
提醒公众关注	4	66.67%	1	6.25%			5	16.67%
关联方交易	1	16.67%	4	25%			5	16.67%
账务处理			3	18.75%	1	12.5%	4	13.33%
会计政策、会计估计			4	25%			4	13.33%
财产权的归属			2	12.5%	2	25%	4	13.33%
期初余额不确定			2	12.5%	2	25%	4	13.33%
第三方审计								

5.4.2 会计信息舞弊与审计意见的相关性分析的实证结果及其阐释

下面我们就前面取得的 100 个舞弊样本和对应的 100 个控制样本，利用 SPSS11.5 对审计意见与会计信息舞弊之间的相关性进行统计分析。

a. 舞弊样本和控制样本在舞弊前一年末资产总额的比较

在前面的样本选取中我们已经严格控制了舞弊年份、上市地点，另外对资产规模也加以控制，下面我们就资产规模的匹配效果进行比较分析。

表 5–7　两类样本舞弊前一年末总资产的配对检验

	平均数		中位数		t 检 验		符 号 检 验	
	舞弊公司	控制公司	舞弊公司	控制公司	t 值	Sig.值	Z 值	Sig.值
LNLAT	1.594E+09	1.659E+09	1.126E+09	1.065E+09	-.283	.778	-2.4627	0.089

由表 5-7 可见，不管是均值 t 检验还是中位数的符号检验，结果都不显著，表明舞弊公司和非舞弊公司舞弊前一年末总资产自然对数（LNLAT）的均值和中位数不具有显著差异，说明两类样本在规模上是匹配的。

b. 单变量分析

我们先对检验模型中的各变量进行单变量分析。表 5-8 列示了单变量分析的结果，其中 Part1 是对所有数值变量均值差异性的 T 检验结果，Part2 是对虚拟变量的 X^2 检验的结果。从表中可以看出特征：（1）非标准无保留意见样本在资产负债率（DR）、审计费用率（ROF）上显著高于标准无保留意见样本公司，另外，每股收益（MGSY）、每股净资产（MGJZC）、总资产周转率（TASL）、现金负债比率（XJBL）显著低于标准无保留意见样本公司，说明注册会计师出具非标准无保留意见时可能受到这些因素的影响。标准意见公司的现金利润比率（XJLRB）要高于非标意见公司，非核心收益比率（FHXBL）要低于非标意见公司，但是结果并不显著。（2）卡方检验表明，上年的审计意见类型（LAUDIT）和是否舞弊（FRAUD）指标被出具非标准无保留意见的数量显著超出预期分布，说明上一年被出具非标准无保留意见的企业和发生会计信息舞弊的企业更容易被出具非标准无保留意见。事务所规模和事务所变更被出具非标准无保留意见的数量也超出预期分布，但是结果并不显著。

表 5–8　标准样本和非标样本统计描述

Part1:连续变量的单因素检验（均值 t 检验）

变量 (N)	标准样本 (164)	非标样本 (36)	均值差	t–统计
DR	48.0393	58.6500	10.6107	2.943***
XJLRB	-0.1249	-1.2581	-1.1332	-0.491

变量 (N)	标准样本 (164)	非标样本 (36)	均值差	t–统计
ROF	0.037210	0.048310	0.011301	1.846**
MGSY	0.1328	-0.4453	-0.5781	-4.667***
MGJZC	2.9159	1.8394	-1.0764	-4.949***
FHXBL	18.3306	58.9491	40.6185	1.238
TASL	0.5601	0.3292	-0.2310	-4.152***
XJBL	0.0884	-0.1049	-0.1934	-2.789***
YSBL	9.4426	8.5144	-0.9282	-0.783
Part2:虚拟变量的卡方检验（括号内值为预期分布）				
	等于1的个数	标准样本	非标样本	Chi–Square(X^2)
CHANGE	26	20（21.3）	6（4.7）	0.439
BIG	43	35（35.3）	8（7.7）	0.014
FRAUD	100	68（82.0）	32（18.0）	13.279***
LAUDIT	23	14（18.9）	9（4.1）	6.958***

注： *, **, *** 分别表示在 10%, 5%和 1% 水平上显著。

c. 自变量的相关性分析

逻辑斯特模型要求自变量之间相互独立，所以在对自变量和因变量进行回归之前需要检验自变量之间的相关系数，本研究采用的是 Spearman 相关分析方法。自变量的相关系数矩阵见表 5-9 和表 5-10，由相关系数矩阵可以看出，资产规模（LNAT）与审计费用率（ROF）存在着较强的相关性，这与现实情况中审计收费的标准规定是相符合的，但是我们的审计费用率和资产规模并没有在同一个模型中出现，这两个变量之间的相关性并不会对模型造成影响。其他各变量之间的相关系数均处在-0.4-0.4 之间，我们可以认为变量之间不存在较严重的多重共线性，可以进行审计意见影响因素多变量检验的 Logistic 回归。

表 5–9　变量的相关系数矩阵

变量	FRAUD	DR	BIG	LNAT	ROF	CHANGE	LAUDIT
FRAUD	1	0.262**	-0.037	-0.072	0.056	0.089	0.141*
DR	0.262**	1	0.082	0.189**	-0.113	-0.044	0.045
BIG	-0.037	0.082	1	0.118	0.135	-0.021	0.117
LNAT	-0.072	0.189**	0.118	1	-0.611**	-0.078	-0.075
ROF	0.056	-0.113	0.135	-0.611**	1	0.064	0.198**

变量	FRAUD	DR	BIG	LNAT	ROF	CHANGE	LAUDIT
CHANGE	0.089	-0.044	-0.021	-0.078	0.064	1	0.094
LAUDIT	0.141*	0.045	0.117	-0.075	0.198**	0.094	1
MGSY	-0.270**	-0.224**	0.086	0.351**	-0.078	-0.035	-.115
MGJZC	-0.157*	-0.327**	-0.040	0.355**	-0.309**	-0.095	-0.191**
FHXBL	0.021	0.091	-0.035	0.001	-0.049	0.104	0.142*
TASL	-0.168*	0.191**	0.013	0.250**	-0.144*	-0.106	-0.088
XJBL	-0.168*	-0.058	0.041	0.208**	-0.103	-0.012	-0.011
YSBL	0.103	0.159*	-0.083	0.015	-0.002	-0.046	-0.157*
XJLRB	-0.035	-0.005	-0.150*	-0.042	0.073	-0.151*	0.056

注：*, **,分别表示在 5%和 1%水平上显著

表 5-10 变量的相关系数矩阵

变量	MGSY	MGJZC	FHXBL	TASL	XJBL	YSBL	XJLRB
FRAUD	-0.270**	-0.157*	0.021	-0.168*	-0.168*	0.103	-0.035
DR	-0.224**	-0.327**	0.091	0.191**	-0.058	0.159*	-0.005
BIG	0.086	-0.040	-0.035	0.013	0.041	-0.083	-0.150*
LNAT	0.351**	0.355**	0.001	0.250**	0.208**	0.015	-0.042
ROF	-0.078	-0.309**	-0.049	-0.144*	-0.103	-0.002	0.073
CHANGE	-0.035	-0.095	0.104	-0.106	-0.012	-0.046	-0.151*
LAUDIT	-0.115	-0.191**	0.142*	-0.088	-0.011	-0.157*	0.056
MGSY	1	0.280**	-0.037	0.299**	0.278**	0.034	-0.070
MGJZC	0.280**	1	-0.059	0.105	0.156*	-0.113	-0.093
FHXBL	-0.037	-0.059	1	0.042	-0.035	-0.115	0.065
TASL	0.299**	0.105	0.042	1	0.129	0.171*	0.005
XJBL	0.278**	0.156*	-0.035	0.129	1	0.010	0.004
YSBL	0.034	-0.113	-0.115	0.171*	0.010	1	0.003
XJLRB	-0.070	-0.093	0.065	0.005	0.004	0.003	1

注：*, **,分别表示在 5%和 1%水平上显著

d. 多变量分析

单因素分析不能揭示各变量相互作用的结果，为此需对样本利用二元逻辑斯特回归分析法进一步进行分析，以得出各变量之间的相互关系。表 5-11 为检验假设 1-1 和假设 1-2 而建立的模型 1 的 Logistic 回归分析的结果，其中 A 列是对标准无保留意见和非标准无保留意见的分析结果，B 列是剔

除了被出具保留、否定和拒绝表示意见的舞弊样本及其控制样本后对标准无保留意见和带强调事项段的无保留意见的分析结果，C 列是剔除了被出具带强调事项段无保留意见的舞弊样本及其控制样本后对标准无保留意见和保留、否定和拒绝表示意见的分析结果，表 5-12 为检验假设 2 而建立的模型 1 的 Logistic 回归分析的结果。

表 5-11 会计信息舞弊与审计意见相关性的 logistic 回归结果

Model 1

变量名称	预期符号	A、标准无保留与非标准无保留			B、标准无保留与带强调事项段无保留			C、标准无保留与保留、否定、拒绝表示		
		系数	wald	Sig	系数	wald	Sig.	系数	wald	Sig.
FRAUD	+	1.929	9.339***	.002	-.019	.000	.983	1.401	4.636*	.031
ROF	+	4.968	.296	.586	13.128	1.275	. 259	7.580	.639	.424
DR	+	.035	3.168*	.075	.066	4.050**	.044	.032	2.773*	.096
BIG	?	.044	.005	.943	.458	. 240	.624	-.260	.137	.712
XJLRB	-	-.007	.014	.624	-.018	1. 123	.289	-.006	.119	.730
CHANGE	+	-.235	.122	.727	-.750	.484	.487	-.082	. 011	.915
LAUDIT	+	.268	.126	.723	.563	.296	.586	.093	.014	. 907
MGSY	-	-1.204	6.012**	.014	-1.664	1.660	.198	-1.071	4.571**	.033
MGJZC	-	-.598	5.268**	.022	-.859	2.664	.103	-.464	2.851*	.091
FHXBL	+	.002	2.656	.103	.009	5.352**	.021	.001	.499	.480
TASL	-	-2.559	4.395**	.036	-6.982	4.524**	.033	-2.123	2.839*	.092
XJBL	-	-2.158	4. 031**	.045	2.489	. 633	.426	-2.466	4.576**	.032
YSBL	+	-.001	.014	.906	.132	2.582	.108	-.022	.241	.623
Constant	?	-2.588	2.731	.908	-4.049	2.580	.108	-2.690	2.730	.098
-2 Log likelihood		108. 404			48.497			92.839		
Cox & Snell R Square		.330			.253			.252		
Nagelkerke R Square		.541			. 562			.453		
预测正确性		87.0%			93.0%			88.8%		

双尾检验水平：*在 10 %水平上显著,**在 5 %水平上显著,***在 1 %水平上显著

表 5-11 给出了假设 1-1 和假设 1-2 的回归结果，表中的-2LL 是将对数似然比值乘以-2 来测量模型对数据的拟和度，好的模型的似然比值要高，其-2LL 相对要小，最终模型 1 中的-2LL 分别为 108. 404、48.497 以及 92.839，说明模型拟合度较好。Cox & Snell R2 统计量是被用来估计因变量的方差比

率，说明因变量的总变差由回归模型作出了解释的部分所占的比重大小，该比值的范围是 0 ~ 1，当 Cox & Snell R2→1，表明模型对样本的拟和程度越高；反之，模型对样本的拟和程度越差。Nagelkerke R2 是 Cox & Snell R2 的调整值。模型 1 的 Cox & Snell R2 分别为 0.330、0.253 以及 0.252，Nagelkerke R2 分别为 0.541、0.562 以及 0.453，均大于 0.45，这表明模型对样本的拟合度较好。

从模型 1 的 A 列的回归结果可以发现，解释变量 FRAUD 参数的符号为正，且在 1%的水平显著，这表明，企业发生会计信息舞弊的行为与注册会计师出具“非标”审计意见的概率呈正相关关系，即企业发生了会计信息舞弊行为，则越有可能被出具“非标”审计意见。证实了假设 1-1 是成立的。变量 XJLRB 和 XJBL 的参数符号为负，与我们的预期相同，XJBL 在 5%的水平上显著，但是 XJLRB 与审计意见的关系并不显著，这表明，利用现金流量分析进行审计并没有得到注册会计师广泛的关注。另外，我们发现资产负债率（DR）、每股收益（MGSY）、每股净资产（MGJZC）、总资产周转率（TASL）和现金负债比率（XJBL）与审计意见类型显著相关，并且与我们的预期符号一致。说明注册会计师在审计过程中对企业的经营能力、经营成果和偿债能力予以了关注。B 列和 C 列考察了注册会计师对各种不同审计意见类型的运用。从中我们可以看出：在 B 列中会计信息舞弊与审计意见呈现负相关关系，并且不显著。但是在 C 列中会计信息舞弊与审计意见具有显著正相关性，说明注册会计师利用保留、否定、拒绝表示意见揭示了企业的会计信息舞弊行为，发生会计信息舞弊的企业被出具带强调事项段的无保留意见的可能性不大，证实了假设 1-2 是成立的。同时，我们注意到在表 5-11 的 3 列中审计费用率与审计意见均呈现出正相关关系，虽然结论不显著，但是相关性系数都很大，尤其是在标准无保留意见与带强调事项段无保留意见一列的相关系数最大。我们可以预期，带强调事项段的无保留意见较其他非标准审计意见存在审计意见“购买”行为的几率要大。

表 5-12　分年度会计信息舞弊与审计意见相关性的 logistic 回归结果

Model 1

变量名称	预期符号	A、2001和2002年的样本（94）			B、2003和2004年的样本（106）		
		B	wald	Sig.	B	wald	Sig.
FRAUD	+	1.637	3.003*	.083	4. 824	6.728***	.009
DR	+	.021	. 454	. 500	.045	1.826	.177
ROF	+	10.357	.261	.609	30.213	2.678	.102
XJLRB	-	-.014	.486	.486	-.069	1.091	.296
BIG	?	-1.261	1.378	.240	2.027	1.843	.175
CHANGE	+	-.160	.028	.867	.152	.014	.906
LAUDIT	+	1.628	2.034	.154	-.787	.204	.652
MGSY	-	-.190	.016	.899	-1.947	6.361**	.012
MGJZC	-	-.949	4.102**	.043	-.047	.009	.923
FHXSYL	+	-.004	.632	.427	.007	6.522**	.011
TASL	-	-3.943	2.197	.138	-3.689	2.864*	.091
XJBL	-	-1.326	.179	.673	-3.215	3.232*	.072
YSBL	+	-.077	.792	.373	.088	1.614	.204
Constant	?	.102	.002	.969	-9.468	5.451	.020
-2 Log likelihood			50.323			41.627	
Cox & Snell R Square			.314			.438	
Nagelkerke R Square			.525			.706	
预测正确性			82.1%			80.9%	

双尾检验水平：*在 10 %水平上显著，**在 5 %水平上显著，***在 1 %水平上显著

表 5-12 中同样利用模型 1 对 2010 年以前与 2010 年及以后的审计意见与会计信息舞弊的相关性进行了 Logistic 回归分析。A 列的 Cox & Snell R2=0.314，Nagelkerke R2= 0.525>0.5， B 列的 Cox & Snell R2=0.438，Nagelkerke R2= 0.706>0.5，说明模型对样本的拟合度较好。回归结果中 A 列的解释变量 FROUD 的系数为 1.637，在 10%的水平上显著。而回归结果中 B 列的解释变量 FROUD 的系数为 4.824，在 1%的水平上显著。说明与 2010 年前相比较，2010 年及以后的审计意见的不同类型更能反应出上市公司的会计信息舞弊行为，具有更高的信息含量，从而验证了本章的假设 2。据此可以得出：第一、我国独立审计的整体水平和审计质量提高了，这是注册会计师自身职业素质、风险意识不断增强，国家的法规政策进一步完

善的成果。第二，我们不能排除由于带强调事项段无保留意见的增加而引起的相关系数变大和显著性增强，即注册会计师在审计意见出具中为了达到既能引起信息使用者注意，降低审计责任，又不至于让管理当局反对的“双赢局面”，而利用“说明段”来代替“保留段”，在审计意见出具上“避重就轻”的行为。

5.4.3 基于会计信息舞弊的审计意见影响因素分析的实证结果及其阐释

本部分实证分析主要是为了验证假设 3，即是为了了解在舞弊发生当期，注册会计师识别企业的会计信息舞弊行为主要受什么因素的影响。

a. 单变量检验

通过利用 SPSS11.5 对数据进行处理，得到如表 5-14 的研究样本和配对样本的均值检验结果。

表 5–13　非标公司和标准公司样本统计描述

Part1：连续变量的单因素检验（均值 t 检验）

变量 (N)	非标公司 (30)	标准公司 (30)	均值差	t–统计
DR	61.2253	48.0740	13.1513	2.532**
XJLRB	.4821	1.8021	-1.3200	-.762
LNAT	20.9609	20.8624	-3.6379	-.943
MGSY	-.4130	-.1250	-.2880	-1.668
MGJZC	1.9237	2.5117	-.5880	-1.637
FHXBL	77.2696	.3430	76.9266	1.969*
YSBL	9.9062	10.6093	-.7032	-.300
XJBL	-.0478	.0546	-.1024	-1.659
TASL	.3213	.4400	-.1187	-1.367

Part2：虚拟变量观察值为 1 的 X^2 检验(括号内为期望值)

变量	等于 1 的个数	标准公司	非标公司	Chi–Square(X^2)
BIG	11	3(5.5)	8(5.5)	2.273
CHANGE	5	2（2.5）	3（2.5）	0.200
LAUDIT	7	1（3.5）	6（3.5）	3.571*

从表 5-13 的 Part1 可以看出，标准公司与非标公司在资产负债率(DR)、非核心收益比率（FHXBL）这二个变量上存在显著差异。另外，标准公司

的现金利润比率（XJLRB）、现金负债比率（XJBL）要高于非标准意见公司，但是二者的差异不是很显著。从 Part2 可以看出，上年的审计意见类别（LAUDIT）显著高于期望值。事务所规模（BIG）和事务所变更（CHANGE）高于期望值，但是统计上不显著。

b. 多变量分析

表 5-14 审计意见影响因素的 logistic 回归结果

MODEL2					
变量	预期符号	B	S.E.	wald	Sig.
DR	+	.086	.035	6.157**	.013
BIG	?	1.840	1.103	2.784*	.095
LNAT	-	.749	.564	1.762	.184
XJLRB	-	-.071	.071	1.008	.315
CHANGE	+	1.089	1.481	.540	.462
LAUDIT	+	3.986	1.662	5. 748**	.017
MGSY	-	.865	.661	1.713	.191
MGJZC	-	.021	.338	.004	.950
FHXBL	+	.007	.003	6.067**	.014
YSBL	+	.047	.043	1.201	.273
XJBL	-	-3.605	1.593	5.120**	.024
TASL	-	-6.144	2.280	7.262***	.007
Constant	?	-19.478	11.482	2.878	.090
-2 Log likelihood			48.991		
Cox &Snell R Square			.434		
Nagelkerke R Square			.579		
预测正确率			80%		

双尾检验水平：*在 10 %水平上显著，**在 5 %水平上显著，***在 1 %水平上显著

由表 5-14 所示的 Logistic 回归结果显示了在各种影响因素共同作用下，资产负债率（DR）、上年的审计意见类型（LAUDIT）、非核心收益比率（FHXBL）、现金负债比率（XJBL）和总资产周转率（TASL）指标对审计意见类型的影响方向和影响程度，正如本章预期的那样，并且结果是显著的。其中，资产负债率、上年的审计意见类型、非核心收益比率与非标准审计意见成正相关关系，而现金负债比率（XJBL）和总资产周转率（TASL）指标与非标准审计意见成负相关关系，事务所规模这一虚拟变量与非标准

审计意见具有显著正相关关系，说明“十大”会计师事务所的舞弊审计质量要优于“非十大”会计师事务所。证明了假设 3-2 成立。资产负债率指标与审计意见类型成显著的负相关关系，证明了假设 3-1 成立。

从各指标对审计意见的影响程度来看，3 个哑变量中，上一年审计意见的类型和事务所规模对非标准审计意见的影响是显著的，其他对审计意见有显著影响的财务指标中，估计系数的大小依次为总资产周转率、现金负债比率、资产负债率、非核心收益比率。

客户资产规模与非标审计意见呈正相关关系，与预期不一致，假设 3-3 不成立。究其原因可能在于，上市公司的规模大了，其经济业务和会计事项也越多、越繁杂，其固有风险和控制风险的水平也可能越高，审计师出于审计风险的考虑，出具非标准审计意见的可能性也就相应提高了。

5.5 结论与政策建议

5.5.1 结论

从本章的实证结果可以看出：是否舞弊（FRAUD）与审计意见类型（MODIFY）显著正相关，说明发生会计信息舞弊的企业容易被出具非标意见，并且，我们进一步研究发现，注册会计师主要是利用保留、否定、拒绝表示意见揭示了企业的会计信息舞弊行为，发生会计信息舞弊的企业被出具带强调事项段的无保留意见的可能性不大。

另外，我们发现资产负债率（DR）、每股净资产（MGJZC）、总资产周转率（TASL）、每股收益（MGSY）、和现金负债比率（XJBL）与审计意见显著相关，并且与我们的预期符号一致。说明由于法律风险，以及相关政策监管的加强，审计师在出具审计意见时有所顾虑，并表现出明显的风险规避特征。在审计过程中对企业的经营能力、经营成果和偿债能力予以了关注。从另一个角度也说明相关的政策起到了应有的效果，在一定程度上对审计师产生了威慑作用，增大了审计师的执业隐性成本。但是现金利润比率（XJLRB）与审计意见的关系并不显著，这表明利用现金流量分析进行审计并没有得到注册会计师广泛的关注。审计费用率与审计意见呈现出正相关关系，虽然结论不显著，但是相关性系数都很大，尤其与带强调事项段无保留意见的相关系数最大。我们可以预期，带强调事项段的无保留意见较其他非标准审计意见存在审计意见“购买”行为的几率要大。

关于分年度会计信息舞弊与审计意见的相关性分析中，我们发现与2010年前相比较，2010年及以后的审计意见的不同类型更能反应出上市公司的会计信息舞弊行为，具有更高的信息含量。说明近年来我国独立审计的整体水平和审计质量有所提高。

在对专门针对会计信息舞弊事项发表的非标审计意见的影响因素的研究中，我们发现资产负债率（DR）、上一年的审计意见类型（LAUDIT）、非核心收益比率（FHXBL）、现金负债比率（XJBL）和总资产周转率（TASL）指标对审计意见类型的影响方向和影响程度，如本章预期的那样，并且结果是显著的。其中资产负债率、上年的审计意见类别、非核心收益比率与非标准审计意见成正相关关系，而现金负债比率和总资产周转率指标与非标准审计意见成负相关关系，事务所规模这一虚拟变量与非标准审计意见具有显著正相关关系，说明“十大”会计师事务所的舞弊审计质量要优于“非十大”会计师事务所。另外，我们发现客户规模越大，被出具非标审计意见的可能性越大，但是结果并不显著。

5.5.2 政策建议

总体上来说，我国独立审计质量仍然比较低下，事务所规模普遍较小。基于本章的研究，本人认为有以下的一些改进措施。

a. 必须提高注册会计师对舞弊进行审计的能力。审计人员舞弊审计能力的提高对于上市公司会计信息舞弊行为的治理具有特别重要的意义。目前，借鉴美国 SAS NO.82“财务报告中对舞弊的考虑”，我国于2006年已经出台了《中国注册会计师审计准则第1141号——财务报表审计中对舞弊的考虑》。这样，对于注册会计师究竟该如何进行舞弊审计有了相应的准则指导。但是准则的作用的真正发挥还有待于我们注册会计师的实际工作成果。组织专家、学者研究企业舞弊的形式、反舞弊的审计程序和方法。总之，对于舞弊审计的开展，我国还比较落后，但国外的研究已经相对比较成熟，我们可以通过学习、借鉴来提高我国审计人员的舞弊审计水平。同时要注意以我国的实际情况为基础，要根据企业的常规舞弊手段设计出有效的设计程序，不以完善审计工作底稿为目的，发现企业的重大错弊行为才是注册会计师的终极目标。

b. 为使我国证券市场和审计行业规范、健康发展，监管部门要正确认识和把握我国证券市场的审计服务定价的现实情况，分析和研究影响审计质量和独立性的各种因素，采取切实可行措施，消除审计费用率对审计意见存在的潜在影响。审计行业的主管部门，针对客户的盈余管理等行为，密切关注可能存在的注册会计师的审计意见变通行为，制定积极措施，遏制异常的价格行为，进一步促进审计独立性的提高。

c. 扩大我国事务所规模。我国国内会计师事务所规模普遍较小。许多事务所在某种程度上有动机屈从于客户压力，因为客户可能以增加审计费用来“诱惑”或者以变更事务所来“威胁”事务所。因此，注册会计师可能在有限的程度上报告已经发现的错报，事务所无法绝对独立于其客户。实证研究也表明，会计师事务所的规模越大，审计质量越高。要提高我国会计师事务所的审计质量，改变会计师受制于客户的情况，就应当进一步扩大会计师事务所的规模，把中小事务所进行合并来增强会计师事务所的独立性。随着中国会计师事务所规模的扩大，会计师事务所的整体审计质量也有望提高。

d. 要加强对现金流量表的审计。在当前高现金舞弊盛行的背景下，审计师必须排除现金流量舞弊的情况。虽然现金流量涉及到信用度较高的第三方——银行，在理论上很难作假，但中国上市公司的造假有日益严重、复杂、隐蔽的趋势，因此要加强对现金流量表的审计，重视企业的获取现金能力、收益质量和资产流动性等方面的现金流量分析。注意遵循必要的审计程序。向被审计单位了解情况并获得必要的书面证明和相关资料，采用审阅、复核的方法对被审计单位的会计资料进行审核以保证资料的真实可靠。要求审计人员必须进一步提高自身的业务素质和职业道德水平。

5.6 小结

本章选取证监会、财政部、上交所和深交所 2002 ~ 2007 年处罚公告中因会计信息舞弊行为而被公开处罚的上市公司为研究对象，通过对考察样本和控制样本的参数和非参数的检验以及对各变量的相关性分析，构建了以审计意见为因变量的 Logistic 回归模型，对会计信息舞弊和审计意见的关系以及基于会计信息舞弊的审计意见影响因素进行了实证分析，研究发现：注册会计师在一定程度上能够对的会计信息舞弊行为发表非标准无保留审计意见，而且随着时间的推移，非标准无保留审计意见与会计信息舞弊的相关性更强，审计质量有所提高；资产负债率、上年的审计意见类型、非核心收益比率、现金负债比率和总资产周转率指标与审计意见具有显著相关性，“十大”会计师事务所的舞弊审计质量要优于“非十大”会计师事务所，客户资产规模与非标审计意见呈正相关关系，但是结果并不显著。为此，提出了进一步提高注册会计师发现重大错弊的能力、切实消除审计费用率对审计意见的潜在影响、扩大会计事务所规模、加强对现金流量表的审计等政策建议。

第六章　会计信息舞弊识别模型的构建与检验

6.1 引言

第四章的研究表明，对于我国上市公司年报中隐藏的会计信息舞弊现象，投资者并未识别，反而对其认同并更加看好，股市也未对其做出明显的市场反应。这说明表明市场对会计信息舞弊信息的识别能力不高，会计信息使用者还不能根据其特定的决策需要对会计信息舞弊信息做出适当反应，使得会计信息舞弊信息有一定的生存土壤。虽然会计信息舞弊事件时有发生，然而大量的实证研究表明，舞弊公司的舞弊对象是对外披露的会计信息，舞弊内容必然在财务报告中有所反映，尤其是对数据化信息的舞弊能使“企业的财务结构出现异常的状态”[215]，这种异常更多地体现为对会计核算根本原则和逻辑的违背，体现为某些会计要素对应关系上的矛盾。舞弊者只要进行会计信息舞弊，就总是会留下蛛丝马迹的。从大量财务报告舞弊案件事后看，只要实施简单的分析性程序就可以察觉舞弊的端倪[216]，那么就有可能建立一套会计信息舞弊识别模型，通过科学的风险预警系统的监测，当有着内部逻辑的众多监测指标出现异常情况时，自动发出不同种类的风险预报，并将之转化成一般投资者能够理解的信息[217]，这将极大地提高会计信息使用者及时识别会计信息舞弊的能力。本章以沪深股市2007~2011 年 39 家舞弊公司的 50 份年报为样本，通过对我国舞弊上市公司财务特征和治理结构特征的描述性统计与剖面分析，寻找并筛选出能显著显示会计信息舞弊行为的敏感指标，将分析性复核审计程序与多元线性回归模型（简称 LPM 模型，下同）和 Logistic 模型两种统计分析方法相结合，分别构建我国上市公司会计信息舞弊行为识别评判指标体系及其识别模型，并利用公开可得的财务数据和非财务数据，对所构建识别模型的识别效果进行比较分析与检验，在可操作的条件下寻求一种最有效的识别模型，以期客观评判并预测我国证券市场可能产生会计信息舞弊行为的上市公司，并提出相关的政策建议，从而为会计信息舞弊行为的实时监控和综合治理提供决策参考。

6.2 研究方法与模型选择

6.2.1 研究方法

本章的研究方法是：确定一组舞弊公司，以其舞弊年度的舞弊年报为研究样本；再根据一定的标准确定一组未舞弊公司，以其年报作为控制样本；结合国内外学者的研究成果和案例分析以及我国上市公司会计信息舞弊的动机和手段的基础上，利用分析性复核法寻找识别会计信息舞弊的指标体系，采用 t 检验和 Wilcoxon 秩和检验等统计方法对两组样本数据进行分析，从中揭示出哪些指标在两组中存在一致而显著的差异；最后运用具有显著差异的指标体系，利用 SPSS 软件提供的 LPM 模型和 Logistic 模型两种统计分析方法分别建立会计信息舞弊的识别模型，并对模型的识别效果进行评价和比较，试图把经验分析发展成为一种更加易于实践操作，也更加直观的会计信息舞弊识别方法，以期找出一种预测准确率高、操作简便、运算简洁、适用范围广的优化模型，为实践中更快更准确的识别会计信息舞弊提供定量化的支持。

6.2.2 模型选择

a. LPM 模型

LPM 模型就是两个或者两个以上的变量的关系通过有关的参数直接用直线关系来表达，模型的一般形式为：

$$y_i = a + b_1X_{1i} + b_2X_{2i} + b_3X_{3i} \cdots\cdots + \varepsilon_i$$

然后可以通过残差图、方差分析或者 r^2，等来评价方程是否有效的反映了变量之　　间的关系。分析中将采用 SPSS 软件提供的 linear 方法。

b. Logistic 模型

Logistic 回归是广义线性模型的一个特例，对于分类数据的回归问题，由于正态误差不对应于一个 0-1 类别，因而不适合使用正态线性模型。在此情况下，Logistic 回归是可用的一个重要方法。Logistic 回归模型之所以如此备受学者们的欢迎，最大原因在于其所依赖的 Logistic 概率函数能够为两种不同的非数字化变量提供了一种较为准确的衡量指标，即用“1”和“0”代表两种不同的逻辑变量。而且它没有关于自变量分布的假设条件，避开了线性回归所面临的各种难以满足的前提假设。该回归模型的结构包括三部分：首先，待检验变量是以线性形式依赖于自变量；其次，通过连接函数将待检验变量的期望与线性自变量相联系；第三，误差函数是二项的。

这种方法通常用 Y 代表一个个体或者一个实验单元，它的取值有两种可能，分别记为 0 和 1，X=（X_1，X_2，X_3……X_t）^{t}表示自变量向量，是一组可以说明 Y 发生概率大小的变量，用以表示 Y 在某一特定情况下(以 1 表示)发生的概率，p=Prob (Y=1/X)，则由 P 可以推出以下的回归方程：

$$\log it(P)=\ln\frac{p}{1-p}=\alpha+\sum_{i=1}^{k}\beta_i x_i=\alpha+\beta_1 x_1+\beta_2 x_2+\ldots\ldots+\beta_k x_k$$

其中，X=（X_1，X_2，X_3……X_t）^{t} 表示自变量向量，β=（β_1，β_2，β_3，……β_t）^{t} 是一组与 X 对应的回归系数，α 是模型的截距，α、β 是待估的参数，在得到α、β 的参数估计以后，在某一特定情况下发生的概率就可以通过以下式求得：

$$p=\frac{\exp(\alpha+\beta x)}{1+\exp(\alpha+\beta x)}$$

本模型采用逐步回归依据的是条件参数估计原则，就是根据各自变量加入分析所能取得最大的模型卡方增量即卡方检验最显著的原则来加入新自变量，直到没有能够取得显著的变量为止。模型选择的逐步回归概率条件是：P 小于等于 0.2 进入模型，P 大于 0.25 移出模型。分析中将采用 SPSS 提供的 Binary Logistic 方法进行分析。

6.3 样本选择与数据来源

6.3.1 样本选择

a. 研究样本的选择

根据中国证监会网站和和有关证券报的披露信息，从 1995 年至今，因提供虚假财务报告而受到证券监管部门的处罚或正在接受调查的上市公司共有 56 家。由于我国的会计准则和会计信息披露还不很完善，会计信息舞弊涉及的内容又较多，同时考虑到本研究的研究重点，笔者选择有关研究样本的标准如下：

（1）确定会计信息舞弊的样本组。研究样本选择的正确与否，直接关系到研究成果的合理性和应用价值。其首要标准是所选公司的会计行为是否符合所界定的会计信息舞弊概念。按照会计信息舞弊信息的性质，上市公司的会计信息舞弊情况可以分为：影响资产、影响利润和不影响资产和利润。由于不影响资产和利润的类型主要是“虚假披露募集资金用途、隐瞒重大事项”等，通常在财务报表上没有虚假的迹象，故剔除。由于不同类型的会计信息舞弊行为对财务报告的影响迥异，是否反映以及如何反映在三大财务报告之间、会计科目之间也存在着很大的差异，若将不同类型会计信息舞弊识别指标归为一类会弱化指标的识别作用。考虑到资产和利润的虚假是会计信息舞弊行为中最为恶劣，也是对投资者和债权人的利益影响最大的舞弊行为，且资产和利润的虚假表现于会计科目和会计账户中，通过一系列财务指标能够反映出其中的异常。考虑到资产和利润的虚增是会计信息舞弊的主要内容，因此，本书将会计信息舞弊识别模型的识别目标定为会计信息舞弊中的资产和利润的虚增。

（2）确定研究期间。会计信息舞弊事件总是发生在一定的相关期间内，不同年度公司所处环境的差异，会导致公司的各项指标受到与时间跨度有关因素的影响。2007 年后实施新会计制度，同时鉴于我国证券市场发展状况以及上市公司相关数据的可获得情况，笔者选择 2007 年后涉及会计信息舞弊的上市公司年报，故以 2007 ~ 2012 年为研究期间。

（3）对样本数据完整性的要求。由于上市公司的中期报告（简称中报）

与年度报告（简称年报）不具有可比性，中报中披露的财务数据有限并且未经审计，而年报涉及的内容最广泛、最全面，从某种程度上讲，是对公司一年来所披露信息的概括和总结。所以，本研究应剔除中报舞弊的上市公司，只选择年报舞弊的上市公司。另外，由于无法获得公司上市前完整的财务报告，这将影响到笔者对一些重要财务数据（如经营活动产生的现金净流量）的分析，因此，本研究剔除了上市前舞弊的公司，只选择了上市后（包括上市当年）舞弊的公司。

根据上述标准，我们选取了符合上述条件的 39 家上市公司作为舞弊公司。由于有些舞弊公司的会计信息舞弊行为可能涉及一年以上的年报，多个年份，而一个年度的数据就可以构成一个样本，故将舞弊公司每一舞弊年度的年报作为研究样本。在我们所选取的 39 家舞弊上市公司中，有 1 家公司涉及 4 年的年报，1 家公司涉及 3 年的年报，7 家公司涉及 2 年的年报，29 家涉及 1 年的年报，总计 39 家舞弊公司累计涉及 50 个年次的数据，我们以一份年报作为一个样本，共有 50 个研究样本。

b. 控制样本的选择

据已有的研究结果显示，不同的行业有不同的运作特点、不同的资本结构，甚至还可能有不同的会计处理程序，反映到财务数据也就各有特色。另外，资产总额、股本总额、股东权益总额等公司规模上的差别也会影响公司的运作和业绩。所以，行业因素和公司规模均是影响会计信息舞弊发生可能性的重要因素。再者，因资产或利润虚假而公开披露的公司、考察期间处于 ST、PT 阶段的公司和被出具“非标准无保留意见”的公司以及“利润与现金流量乘积小于零”的公司，其提供的会计信息可信度较低，这类公司不应包含于控制样本中。为了控制外部环境、行业因素和公司规模对分析结果的影响，应选择与所在样本行业相同，资产总额、股本总额、股东权益总额等公司规模相当的对照公司逐个与研究样本相配，同时剔除因资产或利润虚假而公开披露的公司、考察期间处于 ST、PT 阶段的公司和被出具“非标准无保留意见”的公司以及“利润与现金流量乘积小于零”的公司。考虑数据收集的难度，我们为每个研究样本选取了一个控制样本，选取的步骤如下：

（1）确定每个舞弊公司舞弊的年度、所属的行业和当年年末的资产总额、股本总额、股东权益总额；

（2）选取在同一交易所的A股上市公司中与舞弊公司同年度、同行业、资产总额、股本总额、股东权益总额最为接近的上市公司作为控制样本；

（3）当面临符合条件的多家公司时，以与舞弊公司具有相近的上市时间为标准，进行最终的选择；

（4）剔除因资产或利润虚假而公开披露的公司、考察期间处于ST、PT阶段的公司和被出具"非标准无保留意见"的公司以及"利润与现金流量乘积小于零"的公司。

经过以上四个步骤的配对，我们选择出50个控制样本。

至此，我们共选择样本100个，其中，研究样本和控制样本各50个。

6.3.2 样本特征

a. 研究样本的行业分布和年度分布

表6-1、图6-1、图6-2列示了50个研究样本的行业特征和舞弊年度分布情况。从中我们可以看出这50个研究样本的行业分布和年度分布特点：

（1）研究样本涉及的行业较广，但相对集中。由表6-2和图6-1可见，这39家舞弊公司的50份年报分别涉及9个不同的行业，其中：有25个样本涉及制造业，占50%；11个样本涉及综合业，占22%； 3个样本涉及信息技术业，占6%；3个样本涉及批发零售贸易业，占6%；2个样本涉及农林牧渔业，占4%；2个样本涉及交通运输、仓储业，占4%；2个样本涉及房地产业，占4%；1个样本涉及社会服务业，占2%；1个样本涉及建筑业，占2%。研究样本相对集中于制造业和综合业，在我们选取的50份研究样本中，涉及这两个行业的样本为36个（其中制造业和综合业分别为25个和11个），占全部研究样本的72%。

（2）研究样本主要集中于2007～2010年。由表6-1和图6-2可见，2007～2010年是会计信息舞弊高峰期，在50个研究样本中，涉及这四个年度的研究样本为46个，占全部研究样本的92%，其中：涉及2007年的有15个，占30%；涉及2008年的有11个，占22%；涉及2009年的有12个，占24%；涉及2010年的有8个，占16%。而涉及2011～2012只有4个，只占全部研究样本的8%，其中：涉及2011年的有3个，占6%；涉及2012

年的有 1 个，占 2%。但这并不一定表明近年来我国上市公司的会计信息舞弊行为有所减少或者财务报告质量有所提高，主要是因为会计信息舞弊行为的发现有一定的难度，在公布时间上有一定的滞后性。

表 6-2　研究样本的行业分布和年度分布

行业与代码 \ 年度		2007	2008	2009	2010	2011	2012	合计	比例
农林牧渔业	A				1	1		2	4%
制造业	C	7	7	6	3	1	1	25	50%
建筑业	E			1				1	2%
交通运输、仓储业	F		1	1				2	4%
信息技术业	G	1		1	1			3	6%
批发和零售贸易业	H	2		1				3	6%
房地产业	J		1	1				2	4%
社会服务业	K	1						1	2%
综合类	M	4	2	1	3	1		11	22%
合计		15	11	12	8	3	1	50	100%
比例		30%	22%	24%	16%	6%	2%	100%	/

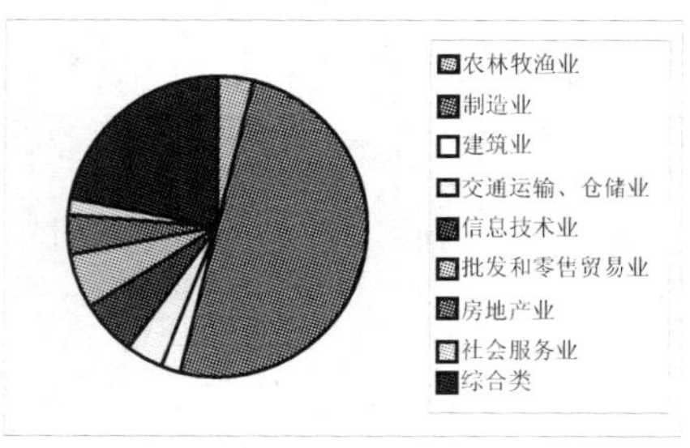

图 6-1　研究样本的行业分布

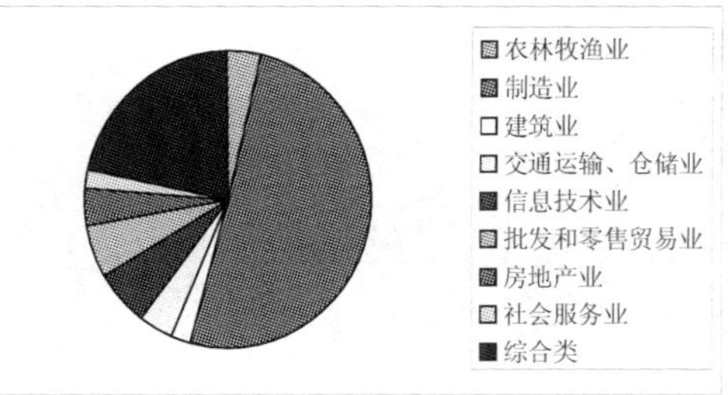

图 6-2　研究样本的年度分布

b. 研究样本与控制样本规模变量的描述性统计

表 6-2 列示了研究样本和控制样本舞弊当年的资产总额、股本总额、股

东权益总额和主营业务收入的描述性数据，并对研究样本和控制样本之间这些指标的差异分别进行了 t 检验和 Wilcoxon 秩和检验。

由表 6-2 来看，两类样本中体现公司规模的资产总额、股本总额、股东权益总额和主营业务收入非常接近，通过 t 检验和 Wilcoxon 秩和检验，二者的 P 值均大于 0.10，也发现两类样本的资产总额、股本、股东权益的均值和中值都没有显著性差异，说明两类样本的规模相似，从而排除了规模因素对会计信息舞弊行为的影响，也使我们后面分析研究样本与控制样本的差异更有说服力。

表 6–2 研究样本与控制样本舞弊当年规模变量的描述性统计

规模变量	均值		中值		t 检验 p 值	Wilcoxon 秩和检验 p 值
	研究样本	控制样本	研究样本	控制样本		
资产总额(百万元)	1143	1257	865	878	0.56	0.78
股本总额(百万元)	255	232	175	186	0.35	0.82
股东权益总额(百万元)	575	598	385	465	0.65	0.28
主营业务收入(百万元)	708	675	322	425	0.83	0.21

注：如果 P 值≤0.01，则认为检验对象之间差异高度显著；如果 0. 01<P 值≤0.05，则认为检验对象之间差异显著；如果 0.05<P 值≤0.10，则认为检验对象之间有一定的差异；如果 P 值>0.10，则认为检验对象之间无差异。

6.3.3 数据来源

本书的样本数据来源于中国证监会公告（上市公司处罚决定类）、财政部处罚公告（上市公司处罚决定类）以及中国证监会指定的信息披露网站——巨潮资讯（http://www.cninfo.com.cn）、证券之星网站（http://www.stockstar.com）、上市公司资讯网（http://www.cnlist.com）、数码证券网（http://www.my0578.com.cn）、金融街网站（http://www jrj. com. cn）和全景网站（www. p5w. net）、香港理工大学中国会计与金融研究中心和深圳市国泰君安信息技术有限公司联合开发的《中国上市公司财务数据库查询系统》（CSMAR Financial 2.1）和《中国股票市场交易数据库查询系统》（CSMAR Trading 2.1）以及三大证券报（中国证券报、上海证券报、证券时报）。为确保上市公司财务数据资料的准确性和全面性，所涉及的公司财务数据还和中国证券监督管理委员会（http://www.csrc.gov.cn）官方网站公布的数据形成补充与验证。年报审计意见数据主要通过《上市公司年报大全》和全景网络等途径收集。

6.4 识别指标体系的设计及其描述性统计

6.4.1 识别指标体系的设计

当一家公司不能通过正常的经营活动取得良好的经营业绩时，它可能就会采取会计信息舞弊的方式来“创造”更多的利润。由于会计报表之间存在的勾稽关系，上市公司会计信息舞弊行为影响的不仅是净利润一个会计数据，还会影响到很多会计数据。例如，上市公司通过虚构销售收入来虚增利润，就会导致销售收入的超常增长，而虚构销售收入还会产生大量的应收帐款，那么舞弊公司的应收帐款占总资产的比重可能就比非舞弊公司的要高，而应收帐款周转率可能会比非舞弊公司的要低；一些上市公司通过少结转产品成本而虚增利润，舞弊公司的存货周转率可能就会比非舞弊公司要低。由于会计报表之间的勾稽关系，虚增利润会引起许多会计指标的异常变化，一些直观而且容易获取的外部财务指标可以使我们产生警觉，财务指标连年恶化的公司容易有会计信息舞弊的动机，而一些与历史或与同业相比过于乐观、增幅过快的财务指标也常隐藏着会计信息舞弊的风险。这些异常的数据可能是源于舞弊，也有可能是舞弊的先决条件。

另外，公司治理结构作为会计监管的一个重要方面，是确保上市公司会计信息质量的内部制度安排，完善的公司内部治理结构，既可以防范内部人滥用职权、侵犯中小投资者利益，还可以保证公司财务报表的可信性和防止类似利润操纵行为的发生，有助于提高会计信息的可靠性。大量的研究表明，会计信息舞弊是治理结构弱化的必然结果。从表面上看，我国上市公司的治理结构形成了“三会四权”的制衡机制，即股东大会、董事会、监事会和经理层分别行使最终控制权、经营决策权、监督权和经营指挥权。但从实际情况看，由于股权的过度集中，公众股东的高度分散，董事会由大股东操纵或由内部人控制，形同虚设，没有形成健全的独立的董事会来保证健全的经营机制，以及相应建立一套健全的经理层聘选和考核机制[218]。而当上市公司存在一定的会计信息舞弊动机，而公司治理结构又出现一定的薄弱方面，上市公司就有可能发生会计信息舞弊行为。

再者，上市公司资产运作和关联交易的背后往往是证券欺诈，包括实施会计舞弊与二级市场操纵。资本运作尤其是比较频繁时说明资本运作的真实性值得考究。由于历史和体制上的原因，我国上市公司与其母公司、集团公司之间存在千丝万缕的关系，关联交易已经成为上市公司进行报表粉饰或利润转移的常用工具。当然，关联方交易并不就意味着会计信息舞弊，如果关联方交易双方确实是以公允价格定价，则不会对交易双方产生异常影响。但事实上，有些公司的关联方交易采取了协议定价的原则，定价的高低取决于公司利润转移的需要。这样，关联方交易就成为一种十分重要的会计信息舞弊的手段，上市公司资产运作对于其实施舞弊有着“异曲同工”之效。因此，不公允的关联交易和过度的资产运作可作为侦查会计信息舞弊的又一征兆。

基于此，笔者根据国内外的研究成果和会计信息舞弊案例，结合我国资本市场上市公司的特点和舞弊公司的特征，并考虑到指标的可获得性，共选取了主要涉及到与上市公司有关的财务特征、治理结构特征和关联交易特征的 17 个识别指标，具体各指标的定义、计算公式、说明与预测符号见表 6-3。

表 6–3　识别会计信息舞弊行为的指标体系

指标类型	指标符号	指标定义	指标计算	预测符号
财务状况	X_1	资产负债率	负债总额/资产总额	+
	指标解释：这个变量可以衡量利润操纵的债务契约动因，资产负债率越高，企业违反债务契约的风险就越大，企业获得新的贷款的难度增加。由此，我们预期，舞弊公司的资产负债率较高。			
	X_2	现金债务总额比	经营活动产生的现金净流量/负债总额	−
	指标解释：舞弊公司在收入、净利润增长的同时通常没有现金流量的实质性增长或净利润的增长幅度远远超过货币资金的增长幅度。由此，我们预期，舞弊公司现金债务总额比较低。			

<table>
<tr><th>指标类型</th><th>指标符号</th><th>指标定义</th><th>指标计算</th><th>预测符号</th></tr>
<tr><td rowspan="4">盈利能力</td><td>X_3</td><td>总资产报酬率</td><td>净利润/平均资产总额</td><td>+</td></tr>
<tr><td colspan="4">指标解释：舞弊公司往往虚增利润，由此，我们预期，在总资产相似的情况下，舞弊公司的总资产报酬率较高。</td></tr>
<tr><td>X_4</td><td>销售利润率</td><td>净利润/主营业务收入</td><td>+</td></tr>
<tr><td colspan="4">指标解释：舞弊公司通常少转成本、少计费用来虚增利润，由此，我们预期，舞弊公司销售利润率较高。</td></tr>
<tr><td rowspan="4">盈利质量</td><td>X_5</td><td>净利润现金保证率</td><td>现金及其等价物净增加额/净利润</td><td>—</td></tr>
<tr><td colspan="4">指标解释：舞弊公司在收入、净利润增长的同时通常没有现金流量的实质性增长或净利润的增长幅度远远超过货币资金的增长幅度。由此，我们预期，舞弊公司净利润现金保证率较低。</td></tr>
<tr><td>X_6</td><td>调整后每股现金流量</td><td>调整后的经营现金净流量/总股数</td><td>—</td></tr>
<tr><td colspan="4">指标解释：舞弊公司在收入、净利润增长的同时通常没有现金流量的实质性增长或净利润的增长幅度远远超过货币资金的增长幅度。由此，我们预期，舞弊公司调整后每股现金流量较低。</td></tr>
<tr><td rowspan="6">营运能力</td><td>X_7</td><td>总资产周转率</td><td>主营业务收入/平均资产总额</td><td>+</td></tr>
<tr><td colspan="4">指标解释：舞弊公司通常虚构收入，由此，我们预期，在总资产规模相似的情况下，舞弊公司具有较高的总资产周转率。</td></tr>
<tr><td>X_8</td><td>应收帐款周转率</td><td>主营业务收入/平均应收账款净额</td><td>—</td></tr>
<tr><td colspan="4">指标解释：舞弊公司采用虚构交易和事实及不当确认收入手段，在虚增收入的同时往往虚挂应收账款，导致公司期末大量无法收回的应收账款，从而使其应收账款周转率远低于行业或前期水平。由此，我们预期，研究样本可能有较低的应收帐款周转率。</td></tr>
<tr><td>X_9</td><td>存货周转率</td><td>主营业务成本/平均存货总额</td><td>—</td></tr>
<tr><td colspan="4">指标解释：舞弊公司少转成本，多计存货的结果是使存货周转率下降，由此，我们预期，在总资产规模相似的情况下，研究样本可能有着较低的存货周转率。</td></tr>
<tr><td>资产</td><td>X_{10}</td><td>存货占资产的比重</td><td>存货/资产总额</td><td>+</td></tr>
</table>

指标类型	指标符号	指标定义	指标计算	预测符号
质量	指标解释：存货的急速增长意味着公司经营前景不容乐观。舞弊公司可能采取改变存货计价方式、不及时转结存货成本等方式来减少主营业务成本，因此虚增收入公司期末应保持较高的存货水平，从而使其存货在总资产中远高于行业或前期水平。由此，我们预期，在资产总额相似的情况下，舞弊公司存货占资产的比重相对较高。			
	X_{11}	应收账款占流动资产的比重	应收帐款/流动资产总额	+
	指标解释：舞弊公司的应收帐款往往高于非舞弊公司，由此，我们预期，在流动资产总额相似的情况下，舞弊公司应收账款占流动资产的比重相对较高。			
关联交易	X_{12}	其他应收账款占总资产的比	其他应收款/总资产	+
	指标解释：关联交易是一个中性词语，但由于交易过程中，交易双方地位小平等的特点，给上市公司利用关联交易进行利润操纵以很大的空间。因此，关联交易存在利润操纵的巨大风险。资产运作和关联交易的背后往往是证券欺诈，包括实施会计信息舞弊与二级市场操纵。尤其是年末的资本运作和关联交易，其可信性更值得怀疑。由此，我们预期，关联交易度越高的公司发生会计信息舞弊行为的可能性越大。			
公司治理	X_{13}	董事会持股比例	董事会成员持有的股本/股本总额	+
	指标解释：董事会持股比例反映了上市公司的内部人控制程度。由此，我们预期，董事会持股比例比例越高，就越有可能发生会计信息舞弊舞弊。			
	X_{14}	Herfmdahl 指数	前 3 大股东持股比例的平方和	+
	指标解释：股权集中度越高，越有可能形成控股股东控制，从而产生利益侵占效应，尤其是当大股东缺位和市场缺乏有效的监控机制时，更容易发生大股东侵害小股东利益的行为，从而影响公司价值的最大化。由此，我们预期，在我国上市公司目前的股权结构下，股权集中度越高的公司发生会计信息舞弊行为的可能性越大。			
	X_{15}	董事会规模	董事会的人数	+
	指标解释：董事会规模的精简，便于内部的协调，有利于提高董事会的效率。由此，我们预期，董事会规模较大的公司发生会计信息舞弊行为的可能性越大。			

指标类型	指标符号	指标定义	指标计算	预测符号
	X_{16}	董事长与总经理是否合一	哑变量，如果董事长兼任总经理，赋值为 1，否则，赋值为 0。	+
	虽然，董事长和总经理两职合一有利于提高其创新自由度，但对高级管理人员监督的有效性降低了；分离可以增强董事会的独立性，有利于其发挥有效的监督，使总经理加强对相关利益主体尤其是股东的关注。由此，我们预期，董事长和总经理两职合一的公司发生会计信息舞弊行为的可能性越大。			
	X_{17}	审计意见	哑变量，被 CPA 出具标准无保留审计意见赋值为 0，否则，赋值为 1。	+
	指标解释：CPA 出具的非标准无保留审计意见是上市公司会计信息舞弊的重要信号之一。因此，被 CPA 出具非标准无保留审计意见的公司发生会计信息舞弊行为的可能性越大。			

6.4.2 识别指标体系的描述性统计

将研究样本和控制样本两类样本按 0，1 分组，1 为舞弊公司，0 为非舞弊公司，采用 SPSS 软件对数据进行均值、中值的 t 检验和 Wilcoxon 秩和检验处理，处理的结果如表 6-4。

表 6–4　会计信息舞弊识别指标体系的描述性统计

指标类型	指标符号	Mean（均值）		Mdian（中值）		t 检验 p 值	Wilcoxon 秩和检验 p 值
		研究样本	控制样本	研究样本	控制样本		
	X_1	.5579	.4225	.4586	.4318	.027**	.045**
财务	X_2	-.2460	.1417	-.0042	.1014	.002***	.001***
状况	X_3	-1.1709	.1101	.0011	.0010	.167	.358
盈利	X_4	-.0091	.0024	.0033	.0023	.062*	.023**
能力	X_5	-.5794	2.9859	.2552	.8605	.041**	.019**
盈利	X_6	.0025	.2617	.0013	.1840	.006***	.004***
质量	X_7	.3303	.5067	.3136	.4400	.006***	.001***
营运能力	X_8	2.7427	11.0663	2.1699	4.7976	.001***	.000***
	X_9	4.6701	5.3698	1.7227	3.1000	.469	.021**
资产	X_{10}	.2322	.1663	.1867	.1248	.031**	.083*
质量	X_{11}	.2338	.1880	.2228	.1800	.133	.023**
关联交易	X_{12}	.2384	.0011	.1459	.0014	.003***	.000***

公司治理	X_{13}	9.15	5.22	5.42	2.88	.03**	.12
	X_{14}	.1323	.2306	.1055	.2016	.001***	.001***
	X_{15}	10.61	9.16	11	9	.006***	.011**
	X_{16}	.33	.35	0	0	.837	.835
	X_{17}	.43	.16	0	0	.002***	.003***

注：1. t 检验被用于检验各变量均值的统计显著水平，均为双侧检验。Wilcoxon 秩和检验被用于检验各变量中值的统计显著水平，均为双侧检验。均值和中值之间的检验结果不一致表明这些识别指标的分布不服从正态分布，由于 t 检验适用于正态分布，Wilcoxon 秩和检验对变量的分布无限制，因此当均值与中值的检验结果不一致时，理论上一般以中值的 Wilcoxon 秩和检验为准。在以后的研究中，我们的分析也主要是以 Wilcoxon 秩和检验结果为依据。

2. ***在 1%的水平下显著；**在 5%的水平下显著；*在 10%的水平下显著。

从表 6-4 中可以看出：在 t 检验和 Wilcoxon 秩和检验中，对单个变量来说，在 5%的显著性水平下，X_1（资产负债率）、X_2（现金债务总额比）、X_4（销售利润率）、X_5（净利润现金保证率）、X_6（调整后每股现金流量）、X_7（总资产周转率）、X_8（应收帐款周转率）、X_9（存货周转率）、X_{10}（存货占资产的比重）、X_{11}（应收账款占流动资产的比重）、X_{12}（其他应收账款占总资产的比）、X_{14}（Herfmdahl 指数）、X_{15}（董事会规模）、X_{17}（审计意见）等 14 个识别指标对上市公司会计信息舞弊行为具有显著的解释力（t 检验和 Wilcoxon 秩和检验的 P 值均小于 0.05 或 Wilcoxon 秩和检验的 P 值小于 0.05），其余 X_3（总资产报酬率）、X_{13}（董事会持股比例）、X_{16}（董事长与总经理是否合一）3 个识别指标的检验结果与预期不符，对会计信息舞弊不具有显著解释力（t 检验和 Wilcoxon 秩和检验的 P 值均大于 0.05）。

6.5 会计信息舞弊识别模型的构建与检验

在 6.4 节，笔者对与上市公司会计信息舞弊有关的财务特征指标和公司治理特征指标和关联交易特征指标进行了 t 检验和 Wilcoxon 秩和检验，并对研究样本和控制样本的这些指标进行了描述性统计和剖面分析，这些特征指标已经提供了一定的识别会计信息舞弊的能力，但具体应选取哪些指标，该指标达到何种临界值时会计信息舞弊的可能性最大？本节将运用 LPM 模型和 Logistic 模型，以检验结果显著的变量作为判定指标，构建我国上市公司会计信息舞弊的识别模型，并比较其识别会计信息舞弊行为的效果。

6.5.1 LPM 模型的构建与检验

a. LPM 识别模型的构建

本研究首先应用 LPM 模型分析，以发生会计信息舞弊行为的概率为因变量，即舞弊公司为 1，非舞弊公司为 0，以 14 个检验结果显著的识别指标为自变量，利用 SPSS 软件的 DiscriminantAnalysis 中的 Use stepwise method 选项，对 1998 ~ 2003 年的 50 家研究样本和 50 家控制样本依次进行回归分析，从 14 个变量中选择若干变量进入模型。多元逐步判别分析首先从模型中没有变量开始，将模型外的对模型的判别力贡献最大的变量加入到模型中，同时考虑已经在模型中，但又不符合留在模型中的条件的变量从模型中剔出。直到模型中所有变量都符合留在模型中、模型外的变量都不符合进入模型为止。采用 SPSS 系统默认的判别方法：根据 Wilks' Lambda 值进行逐步选择变量，并进行 F 检验。当一个自变量进入模型后，对模型内各变量以及模型外的自变量进行方差分析和 F 检验。变量进入模型中的依据为系统默认值，即：选择的标准是：F 值的概率值小于 0.15 的进入，大于 0.20 的剔除。回归的结果如表 6-5、6-6、6-7：

表 6–5　进入模型的变量

Model	Variables Entered	Method
1	X_2	Stepwise (Criteria: Probability-of-F-to-enter<=.150, Probability-of-F-to-remove>=.200).
2	X_6	Stepwise (Criteria: Probability-of-F-to-enter<=.150, Probability-of-F-to-remove>=.200).
3	X_8	Stepwise (Criteria: Probability-of-F-to-enter<=.150, Probability-of-F-to-remove>=.200).
4	X_{12}	Stepwise (Criteria: Probability-of-F-to-enter<=.150, Probability-of-F-to-remove>=.200).

Model	Variables Entered	Method
5	X_5	Stepwise (Criteria: Probability-of-F-to-enter<=.150, Probability-of-F-to-remove>=.200).
6	X_{14}	Stepwise (Criteria: Probability-of-F-to-enter<=.150, Probability-of-F-to-remove>=.200).
7	X_{17}	Stepwise (Criteria: Probability-of-F-to-enter<=.150, Probability-of-F-to-remove>=.200).
8	X_{11}	Stepwise (Criteria: Probability-of-F-to-enter<=.150, Probability-of-F-to-remove>=.200).

表 6-6　回归系数及显著性检验

Variables	Unstandardized Coefficients		t	Sig	Collinearity Statistics	
	B	Std. Error			Tolerance	VIF
Constant	3.25	1.25	3.02	.003***		
X_2	-1.83	.169	-1.62	.002***	.785	1.388
X_6	-1.88	.985	-2.36	.043**	.852	1.175
X_8	-.456	.137	-2.65	.001***	.800	1.250
X_{12}	2.25	.112	1.38	.042**	.738	1.358
X_5	-.139	.069	-2.49	.036**	.575	1.765
X_{14}	-14.26	4.16	-2.78	.000***	.685	1.457
X_{17}	1.83	.895	1.18	.036**	.885	1.189
X_{11}	.272	.165	1.94	.048**	.985	1.650

注：***在 1%的水平下显著；**在 5%的水平下显著；*在 10%的水平下显著。

表 6-7　回归方差分析表

	Sum of Squares	Mean Square	F	Sig
Regression	4.712	.942	4.514	.001
Residual	49.064	.209		
Total	53.776			

从回归的结果看，在进入回归方程的 8 个变量中，X_{14} 的判别效果显著，显著性水平为 0.000，但其回归系数的符号与我们预期不符。X_{11} 的判别效果最差，但显著性水平也在 0.048。方程总体的回归效果非常好，F 的显著

性水平为 0.001。

为避免多重共线性，对入选回归方程的 8 个变量进行多重共线性检验。本书使用的检验指标是容许度（TOL）和方差膨胀因子（VIF）。计算公式如下：

$TOL_j=1-R_j^2=1/VIF_j$

其中，R_j^2 为 X_j 对其余 k-1 个自变量回归中的判定系数 R^2。当 TOL 较小时,认为存在多重共线性。一般地，方差膨胀因子 VIF 大于 10，认为具有较高地多重共线性。本章进入回归方程的 8 个变量的 VIF 都小于 10，可认为他们之间不存在显著的多重共线性。以 F_P 代表上市公司发生会计信息舞弊的概率，它的取值区间是 0 ~ 1。由此，我们得到 LPM 模型的方程如下：

$F_P=3.25-1.83\ X_2-1.88\ X_6-0.456\ X_8+2.25\ X_{12}-0.139\ X_5-14.26X_5+1.83\ X_{17}+0.272\ X_{11}$

b. LPM 识别模型识别效果的检验

我们将模型识别中出现的错误分为两类：一类是将实际是舞弊公司通过模型判定为非舞弊的公司，定义为一类错误；另一类是将实际非舞弊的公司通过模型判定为舞弊公司，定义为二类错误。如果发生二类错误，投资者可能会错过一个盈利机会，但如果出现的是一类错误，投资者就会有实实在在的经济损失。

事实上，由于会计信息舞弊的偶然性，市场上每家上市公司都存在舞弊的可能。也就是说，对于投资者来说，投资任何一家公司都存在会计信息舞弊的风险，如果风险比较小，是可以承受的，如果风险很大，就要引起警戒。考虑到投资者承担风险的能力和使用模型可能出现两类错误的后果，笔者选择 0.33 作为会计信息舞弊识别模型的实际判别点。也就是说，如果一个上市公司发生会计信息舞弊的概率高于 0.33，就认为该公司有会计信息舞弊的嫌疑。即判别标准为：$F_P<=0.33$ 为非舞弊公司，$F_P>0.33$ 为舞弊公司。

将 50 家非舞弊公司的样本和 50 家舞弊公司的样本用 LPM 模型进行检验，结果如表 6-8。

表 6–8　LPM 模型实际识别效果

观测值		预测值			正确预测率（%）
		公司类型		合计	
		0	1		
公司类型	0	36	14	60	72
	1	11	39	50	78
总的正确预测率（%）					75
总的误判率（%）					25

表 6-8 表明，使用 LPM 模型预测会计信息舞弊，在 50 个非舞弊公司中有 36 家被列入非舞弊公司，而有 14 家被误判为舞弊公司，准确率达到 72%。在 50 家舞弊公司中，有 39 家被判为有舞弊嫌疑的公司，有 11 家被列入非舞弊公司的范围，正确率达到 78%。总体而言，这个模型的整体判别准确率达到了 75%，识别效果较好。

6.5.2 Logistic 识别模型的构建与检验

a. Logistic 识别模型的构建

运用二元 Logistic 模型回归分析，以发生会计信息舞弊行为的概率 F_P 为因变量，即非舞弊的公司定义为 0，舞弊的公司定义为为 1，以 14 个识别指标为自变量，采用 Forward 方式，对 1998 ~ 2003 年的 50 家非舞弊公司的样本和 50 家舞弊公司的样本依次进行回归，从 14 个变量中选择若干变量进入模型。选择的标准是：$F_P<=0.15$ 的进入，$F_P>0.20$ 的剔除。回归结果如表 6-9、表 6-10、表 6-11、表 6-12、表 6-13。

表 6–9　模型卡方检验表

		χ^2（Chi–square）	df	Sig.
步骤 1	Step	31.716	1	.000
	Block	31.716	1	.000
	Model	31.716	1	.000
步骤 2	Step	14.154	1	.000
	Block	45.870	2	.000
	Model	45.870	2	.000
步骤 3	Step	13.000	1	.000

	Block	58.870	3	.000
	Model	58.870	3	.000
步骤 4	Step	6.346	1	.007
	Block	66.216	4	.000
	Model	66.216	4	.000
步骤 5	Step	5.820	1	.016
	Block	72.036	5	.000
	Model	72.036	5	.000
步骤 6	Step	4.868	1	.027
	Block	76.904	6	.000
	Model	76.904	6	.000
步骤 7	Step	2.461	1	.117
	Block	79.365	7	.000
	Model	79.365	7	.000
步骤 8	Step	4.545	1	.033
	Block	83.910	8	.000
	Model	83.910	8	.000

根据表 6-9，我们看到最终模型的卡方值为 83.910，显著水平为.000，说明模型中包含的自变量整体检验非常显著。

表 6–10　最终模型的拟和优度检验

步骤	–2LL	Cox & Snell R^2统计量	Nagelkerke R^2统计量
1	109.686	.267	.356
2	95.532	.362	.483
3	82.532	.439	.585
4	75.186	.478	.637
5	69.366	.507	.675
6	64.498	.530	.706
7	62.037	.541	.721
8	56.492	.561	.748

表 6-10 中-2LL 是将对数似然比值乘以-2 来测量模型对数据的拟和度，好的模型的似然比值要高，其-2LL 相对要小，本模型中-2LL=57.492。Cox & Snell R^2 和 Nagelkerke R^2 统计量利用数量来解释 Logistic 模型中的变化，它们与线性模型中的 R^2 相似。本模型的 Cox & Snell R^2=0.561，Nagelkerke R^2=0.748，说明方程的拟和度较好。

表 6-11　Hosmer-Lemeshow 检验表

步骤	χ^2（Chi-square）	df	Sig.
1	19.282	8	.013
2	5.375	8	.717
3	5.188	8	.737
4	4.409	8	.818
5	5.330	8	.722
6	14.616	8	.067
7	2.908	8	.940
8	11.381	8	.181

表 6-11 中，Hosmer-Lemeshow 统计量>0. 05，接受原假设，即认为观测数据与预测数据之间没有显著差异，也就是认为模型对数据拟和度较好。

表 6-12　观测量分类表

步骤 1	观测值	预测值			正确预测率（%）
		公司类型		合计	
		0	1		
公司类型	0	30	20	50	60
	1	7	43	50	86
总的正确预测率（%）					73
总的误判率（%）					27
步骤 2	观测值	预测值			正确预测率（%）
		公司类型		合计	
		0	1		
公司类型	0	37	13	50	74
	1	7	43	50	86
总的正确预测率（%）					80
总的误判率（%）					20
步骤 3	观测值	预测值			正确预测率（%）
		公司类型		合计	
		0	1		
公司类型	0	40	10	50	80
	1	6	44	50	88

步骤 1	观测值	预测值			正确预测率（%）
		公司类型		合计	
		0	1		
总的正确预测率（%）					84
总的误判率（%）					16

步骤 4	观测值	预测值			正确预测率（%）
		公司类型		合计	
		0	1		
公司类型	0	40	10	50	80
	1	5	45	50	90
总的正确预测率（%）					85
总的误判率（%）					15

步骤 5	观测值	预测值			正确预测率（%）
		公司类型		合计	
		0	1		
公司类型	0	42	8	50	84
	1	5	45	50	90
总的正确预测率（%）					87
总的误判率（%）					13

步骤 6	观测值	预测值			正确预测率（%）
		公司类型		合计	
		0	1		
公司类型	0	43	7	50	86
	1	5	45	50	90
总的正确预测率（%）					88
总的误判率（%）					12

步骤 7	观测值	预测值			正确预测率（%）
		公司类型		合计	
		0	1		
公司类型	0	45	5	50	90
	1	6	44	50	88
总的正确预测率（%）					89
总的误判率（%）					11

步骤 8	观测值	预测值			正确预测率（%）
		公司类型		合计	
		0	1		

步骤 1	观测值	预测值			正确预测率（%）
		公司类型		合计	
		0	1		
公司类型	0	45	5	50	90
	1	5	45	50	90
总的正确预测率（%）					90
总的误判率（%）					10

表 6-12 是包含常数项和 8 个变量的模型以概率值 0.33 作为舞弊公司和非舞弊公司的分界点，得出的预测值与实际数据的比较表。从表中可以看出 50 家非舞弊公司有 5 家被误判为舞弊公司，准确率为 90%；50 家舞弊公司有 5 家被误判为非舞弊公司，准确率为 90 %；总的正确判断率为 90%，误判率较低。

表 6–13　最终模型统计量

变量	系数	标准误差	Wald	df	Sig.	Exp（B）
CONSTANT	3.790	1.237	9.379	1	.002**	44.239
X_2	-2.043	.685	8.904	1	.003***	.130
X_6	-1.966	.988	3.961	1	.047**	.140
X_8	-.465	.137	11.446	1	.001***	.628
X_{10}	5.826	2.895	4.050	1	.044**	338.935
X_{12}	2.25	.112	7.875	1	.006***	.628
X_5	-.147	.071	4.317	1	.038**	.863
X_{14}	-15.316	4.228	13.123	1	.000***	.000
X_{17}	1.839	.892	4.254	1	.039**	6.292

注：***表示 α =0.01（1%）的条件下通过显著性检验；**表示 α =0.05（5%）的条件下通过显著性检验。

表 6-13 为最终模型中各变量的相关统计量。如果预期假设正确，则 Logistic 回归中的 wald 检验的结果将显示 X 变量前的系数应显著异于零。从显著性水平（Sig.）一栏来看，X_2（现金债务总额比）、X_5（净利润现金保证率）、X_6（调整后每股现金流量）、X_8（应收账款周转率）、X_{10}（存货占总资产的比）、X_{12}（其他应收账款占总资产的比）、X_{14}（Herfmdahl 指数）

X_{17}（审计意见）等八个变量检验的显著性都小于 0.05，因而对会计信息舞弊的解释力都是显著的。由表 6-14 可以写出会计信息舞弊的识别模型为：

$$F_P=3.79-2.043X_2-0.147\ X_5-1.966X_6-0.465\ X_8+5.826X_{10}+2.25\ X_{12}-15.316\ X_{14}+1.839\ X_{17}$$

b. Logistic 识别模型识别效果的检验

根据回归得到的 Logistic 模型方程，笔者仍以 0. 33 为判别点，即判别的标准为：即判别标准为：FP<=0.33 为非舞弊公司，FP>0.33 为舞弊公司。对 1998 ~ 2003 年的 50 家非舞弊公司的样本和 50 家舞弊公司的样本进行判别，结果如表 6-14：

表 6–14　最终模型统计量

观测值		预测值			正确预测率（%）
		公司类型		合计	
		0	1		
公司类型	0	45	5	50	90
	1	5	45	50	90
总的正确预测率（%）					90
总的误判率（%）					10

表 6-14 表明，在 50 个非舞弊公司中有 45 家被列入非舞弊公司，而有 5 家被误判为舞弊公司，准确率达到了 90%。在 50 家舞弊公司中，有 45 家被判为有舞弊嫌疑的公司，有 5 家被列入非舞弊公司的范围，正确率达到了 90%。总体而言，这个模型的整体判别准确率达到了 90%，已达到较高水平。

6.5.3 LPM 模型与 Logistic 模型识别效果的比较

以上实证分析结果表明，会计信息舞弊行为的确会使舞弊公司显示出与非舞弊公司不同的财务特征、治理结构特征和关联交易特征，表现在财务指标上，就是舞弊公司的某些财务指标显著的异于同类非舞弊公司。利用两种种模型对会计信息舞弊识别效果的显著性比较结果见表 6-15。

表 6-15　LPM 模型与 Logistic 模型识别指标显著性的比较

统计方法	显著性指标[1]							
LPM 模型	X_2	X_6	X_8	X_{12}	X_5	X_{14}	X_{17}	X_{11}
Logistic 模型	X_{14}	X_8	X_2	X_{12}	X_5	X_{17}	X_{10}	X_6

实证研究的结果显示，采用 LPM 模型与 Logistic 模型统计判别方法建立对会计信息舞弊的识别模型都具有一定的识别效果，但由于所采用的方法和限制条件不同，两种模型的识别效果也不一样，具体识别效果的比较见表 6-16。

表 6-16　LPM 模型与 Logistic 模型识别效果的比较

统计方法	一类错误[2]	二类错误[3]	误判率	准确预测率
LPM 模型	22%	28%	25%	75%
Logistic 模型	10%	10%	10%	90%

6.6 实证结果及其阐释

6.6.1 均值 t 检验和中值 Wilcoxon 秩和检验的结果及其阐释

均值 t 检验和中值 Wilcoxon 秩和检验的结果表明：研究样本的 X_1（资产负债率）、X_2（现金债务总额比）、X_4（销售利润率）、X_5（净利润现金保证率）、X_6（调整后每股现金流量）、X_7（总资产周转率）、X_8（应收帐款周转率）、X_9（存货周转率）、X_{10}（存货占资产的比重）、X_{11}（应收账款占流动资产的比重）、X_{12}（其他应收账款占总资产的比）、X_{14}（Herfmdahl 指数）、X_{15}（董事会规模）、X_{17}（审计意见）等 14 个指标显著异于控制样本，其中：X_1（资产负债率）、X_4（销售利润率）、X_7（总资产周转率）、X_{10}（存货占资产的比重）、X_{11}（应收账款占流动资产的比重）、X_{12}（其他应收账款占总资产的比）、X_{15}（董事会规模）、X_{17}（审计意见）等 8 个指标是正指标，其符号与预期假设相符，研究样本显著高于控制样本；X_2（现金债务总额比）、

① 根据显著性大小或进入模型的先后顺序排列，越靠前表示显著性越强或先进入模型。

② 一类错误是指把舞弊公司判断为非舞弊公司。

③ 二类错误是指把非舞弊公司判断为舞弊公司。

X_5（净利润现金保证率）、X_6（调整后每股现金流量）、X_8（应收帐款周转率）、X_9（存货周转率）等是负指标，其符号与预期假设相符，研究样本显著低于控制样本；我们注意到，X_{14}（Herfmdahl 指数）与预期假设不符，我们预期是正指标，但检验结果表明它是负指标，研究样本显著低于控制样本。而研究样本的 X_3（总资产报酬率）、X_{13}（董事会持股比例）、X_{16}（董事长与总经理是否合一）等三个指标与控制样本无显著差异，甚至有些指标非常接近，几乎不具有差异，与预期假设不符。对此，笔者解释如下：

舞弊公司的 X_1（资产负债率）显著高，X_2（现金债务总额比）显著低，说明舞弊公司的负债比重较大，具有高负债资本结构的公司财务风险因此增大，同时长期偿债能力也存在着较大的问题，公司短期偿债能力也很薄弱。虽然可以通过举新债还旧债，但公司的偿债能力并没有得到真正的改变。而短期偿债能力薄弱的公司，为了履行债务契约，管理层会有更大的通过舞弊美化财务报告的动机，以蒙蔽投资者和债权人。另外也有通过改善盈利指标，以上市或再融资圈钱，减少偿债压力的欺诈动机。但舞弊行为不能带来真实的偿债能力。

舞弊公司的 X_4（销售利润率）和 X_{12}（其他应收账款占总资产的比）显著高而 X_3（总资产报酬率）无显著差异，说明其他应收款的多少在一定程度上可以反映出上市公司与关联方联系的紧密程度，其他应收账款占总资产比重的明显异常说明这些公司通过资产重组和不正当关联交易实现的利润大都体现为其他业务利润、投资收益、营业外收入等，因此舞弊公司的非主营业务利润占利润总额的比重可能相对要大，而主营业务占利润总额的比重可能相对要小，舞弊公司在主营业务盈利很差的情况下，出现高额利润总额的结果，大多是依靠营业外的经济活动来实现的，因而达到了与非舞弊公司相近的总资产报酬率。

舞弊公司 X_5（净利润现金保证率）和 X_6（调整后每股现金流量）显著低，说明舞弊公司在收入、净利润增长的同时通常没有现金流量的实质性增长或净利润的增长幅度远远超过货币资金的增长幅度。由此，舞弊公司 X_5（净利润现金保证率）和 X_6（调整后每股现金流量）都显著低于非舞弊公司。同时，这两个指标还是反映企业现金流量的指标，舞弊公司这两个有关现金流量的指标显著低于非舞弊公司的水平，说明由于现金是现金实现制的会计记账方法，现金流量指标不容易被操纵，所以目前我国上市公司对现金流的舞弊还比较少，另一方面也说明现金状况不佳的公司会有比较强的欺诈动机。

舞弊公司 X_7（总资产周转率）显著高、X_8（应收帐款周转率）、X_9（存货周转率）显著低，说明舞弊公司采用虚构交易和事实及不当确认收入手段，在虚增收入的同时往往虚挂应收账款，导致公司期末大量无法收回的应收账款，因此，在相似的资产规模中，舞弊公司有着更多的应收款项和流动资产，而有着较少的货币资金和固定资产，从而使其应收账款周转率远低于非舞弊公司而总资产周转率远高于行业或前期水平。另外，许多公司是通过少结转产品成本来操纵利润，这也导致舞弊公司有着更小的存货周转率。

舞弊公司 X_{10}（存货占资产的比重）、X_{11}（应收账款占流动资产的比重）显著高，说明舞弊公司存货销售不畅，周转不灵，主营业务盈利能力无法得到保障，另外，也有企业通常多计存货，少计销售成本来调节利润，因此虚增收入的公司期末应保持较高的存货水平，从而使其存货在总资产中远高于行业或前期水平。另外也说明，舞弊公司使用频率较高的舞弊途径是在未满足收入确认的条件下确认收入或是虚构收入。由于舞弊公司在虚增主营业务收入的同时却无法及时实现收入或根本无法实现收入，故而应收账款的增加会大大多于主营业务收入的增加，有大量的应收账款挂于账上。为了消除因应收账款过多而引起的投资者和专业分析师的怀疑，很多舞弊公司会将应收账款向其他应收款进行转移，其他应收款因此被 CPA 称为“会计报表的垃圾桶”和“利润调节器”。采用这些舞弊手段的公司与同行业的非舞弊公司相比，会表现出应收款项占主营业务收入和流动资产比例显著高的舞弊特征。

企业存货占总资产的比率越大，即企业的存货销售不畅，周转不灵，主营业务盈利能力无法得到保障，另外，也有企业通常多计存货，少计销售成本来调节利润，因此，当存货占总资产的比重比同行业规模相当的企业显著大时，企业实施会计信息舞弊以粉饰财务报告的

舞弊公司的 X_{15}（董事会规模）显著高，X_{13}（董事会持股比例）、X_{16}（董事长与总经理是否合一）与非舞弊公司无显著差异，说明我国舞弊公

司的董事会庞大而不具有效力和监事会的无效，另一方面也反映了一些发生会计信息舞弊的公司为了掩饰其舞弊行为而故意设置一个较为庞大的董事会。董事会的规模越大，相互之间的协调所需花费的时间就越多，尽管规模大的董事会拥有具备公司或财务背景的外部董事的可能性要大，但是由于我国证券监管部门要求独立董事中至少有一人为会计专业背景，因此大、小规模的董事会在此问题上的差别并不会非常明显。舞弊公司的 X_{13}（董事会持股比例）、X_{16}（董事长与总经理是否合一）与非舞弊公司无显著差异，说明舞弊公司董事会持股比例、董事长与总经理合一的现象在非舞弊公司也普遍存在。

舞弊公司的 X_{14}（Herfmdahl 指数）显著低，说明股权越集中，公司发生会计信息舞弊的可能性越小，当上市公司的股权集中度较低，股权结构比较分散时，上市公司更容易发生会计信息舞弊。这说明，虽然股权集中度越高，越有可能形成控股股东控制，从而产生利益侵占效应，尤其是当大股东缺位和市场缺乏有效的监控机制时，更容易发生大股东侵害小股东利益的行为，从而影响公司价值的最大化，但从另一方面来说，股权适度集中时，大股东得到的好处明显多于小股东，股权结构也会越稳定，具有长期专注的特性，股东会就越重视长期发展经营管理和战略决策，使得股东的利益产生趋同效应，有利于对上市公司实行更强的监督，从而减少舞弊发生的可能性。

舞弊公司的 X_{17}（审计意见）显著高，说明舞弊公司被出具非标准无保留审计意见的比重明显高于非舞弊公司且与上市公司会计信息舞弊的可能性正相关，可能的原因在于：虽然在对会计信息舞弊的现状分析中我们也发现部分 CPA 在公司舞弊中有时充当了合谋者的角色，但是，CPA 在赢得客户的同时也要承担一定的风险，所以，CPA 往往在发表审计意见时往往采用很模糊的表述，而且普遍采用意见段和解释说明段对上市公司会计报表发表意见。此外，随着各项会计、审计准则和法规的颁布和实施，CPA 的审计独立性、审计责任意识和风险意识都不断增强，注册会计师在一定程度上发挥了“经济警察”作用。这两方面原因都使得近年来被出具非标准无保留审计意见的公司开始增多。因此，上市公司被出具非标准无保留审计意见，公司实施会计信息舞弊以粉饰财务报告的可能性增大。回归结果及相关检验显示了这个变量对识别上市公司会计信息舞弊有显著作用。

6.6.2 LPM 模型与 Logistic 模型回归结果的阐释

由 LPM 模型与 Logistic 模型回归结果可知，这些能够显著显示会计信息舞弊征兆的识别指标主要包括 X_2（现金债务总额比）、X_5（净利润现金保证率）、X_6（调整后每股现金流量）、X_8（应收帐款周转率）、X_{10}（存货占资产的比重）、X_{11}（应收账款占流动资产的比重）、X_{12}（其他应收账款占总资产的比）、X_{14}（Herfmdahl 指数）、X_{17}（审计意见）等，这些指标既有显示财务特征方面的，如 X_2（现金债务总额比）、X_5（净利润现金保证率）、X_6（调整后每股现金流量）、X_8（应收帐款周转率）、X_{10}（存货占资产的比重）、X_{11}（应收账款占流动资产的比重），尤其是 X_5（净利润现金保证率）、X_6（调整后每股现金流量）还反映了公司的现金流量状况，又有显示公司治理特征方面的，如 X_{14}（Herfmdahl 指数）和 X_{17}（审计意见），也有显示关联交易方面的，如 X_{12}（其他应收账款占总资产的比），因而比较全面地反映了舞弊公司的特征。虽然其他指标没有进入最后的回归方程，但并不是说它们对因变量没有解释力，只是由于与解释力更强的自变量之间存在很强的相关性而被剔除掉了。所以在使用识别模型之后，应对其他具有识别功能的指标进行进一步的分析。

另外，LPM 模型与 Logistic 模型两种统计方法的总体误判率都低于 30%，说明识别模型具有一定的有效性。但两者的比较来看，无论一类错误还是二类错误，Logistic 模型的效果都好于 LPM 模型，正确率达到了 90%；而 LPM 模型在两类错误的判断上的误判率都是高于 Logistic 模型，可能是根据估计出的模型识别上市公司是否存在会计信息舞弊时，简单地选取 0.33 作为舞弊临界点，现实中会计信息舞弊公司分布概率远远不是那么简单。虽然经验研究表明上市会计信息舞弊现象比较严重，但是足以招致监管部门公开查处的公司比较有限，所以真正被公开查处存在会计信息舞弊行为的上市公司概率可能小于 0.33，这可能对分类结果产生了一定影响。对于投资者来说，一类错误可能导致实实在在的投资损失，二类错误至多只是丧失一个可能的获利机会，因此，一类错误的风险远远大于二类错误。在实际工作中可以多采用 Logistic 回归的方式进行识别，并辅助以

LPM 模型进行复核性检验，从而提高识别的准确率。如果两种模型同时判断出的结论都是存在舞弊嫌疑，这样的公司就是值得重点追查的对象。

尽管两种识别模型具有一定的有效性，但是从总体分析中还是可以看出模型的识别能力还有有待进一步加强。这两种方法都不能很好的将绝大部分舞弊公司有效地从样本中筛选出来，正确率最高也只达到90%，还不能很好的满足会计信息使用者的实际需要。

6.7 结论与建议

6.7.1 结论

通过以上研究，我们可以获得以下结论：

a. 会计信息舞弊可以通过定量的方式鉴别出来的

当给定上市公司相关特征变量，我们运用本章所建立的模型就能够预测出其会计信息舞弊的概率。会计师事务所、中国证监会、证券交易所等相关监管机构可以根据现有人力、物力、财力科学合理的圈定调查范围，集中精力，对违规概率较大的上市公司实施有针对性的重点监管调查，从而加强对上市公司信息披露行为管理与监督的科学性和有效性，提高监管工作的效率和质量，更好地为保护广大投资者，尤其是中小投资者的权益。但是我们不能仅仅根据模型的结果或因为某些指标存在差异，就简单断定该公司存在舞弊行为，因为相关特征指标的异常或某些特征的具备只是预示该公司可能存在会计信息舞弊行为，充其量只是一个警示信号，它旨在提醒会计信息使用者根据特征指标异常提供的信息，进一步收集其他信息来予以证实，也提高判断的准确性。

b. 财务状况恶化不仅是财务危机的预警信号，也是会计信息舞弊的动因信号

上市公司财务状况恶化不仅是财务危机的预警信号，也促使上市公司产生会计信息舞弊的动机。资产负债率显著高、现金债务总额比显著低的公司更容易陷入会计信息舞弊中。高负债的资本结构和较差的短期现金偿债能力会增强上市公司会计信息舞弊的动机。

c. 尽管舞弊公司通过舞弊可以达到与非舞弊公司相似的盈利能力，但

其它财务指标方面仍能显示出舞弊的征兆

我们知道，我国上市公司受到严格的政府管制，而盈利能力的高低是上市公司能否实现融资的重要考核指标，而前期的研究也表明了我国上市公司有着普遍的为了达到融资要求而操纵净资产收益率的现象，而本书所设置盈利能力指标没有一个指标进入最终的回归方程，其具体原因可能是舞弊公司通过各种舞弊手段达到了与非舞弊公司相似的盈利能力。但是，体现公司财务状况的现金债务总额比、体现公司盈利质量的净利润现金保证率和调整后每股现金流量、体现公司营运能力的应收帐款周转率、体现公司资产质量的存货占资产的比重和应收账款占流动资产的比重以及体现公司关联交易程度的其他应收账款占总资产的比等指标都进入了最终的回归方程，对上市公司会计信息舞弊具有显著的解释力。因此，尽管舞弊公司通过舞弊可以达到与非舞弊公司相似的盈利能力，但其仍表现为财务状况较差、盈利质量不高、营运能力不佳、资产质量较低、关联交易程度较高等征兆。

d. 上市公司对利润的舞弊远远高于对现金流量的舞弊

上市公司对利润的舞弊远远高于对现金流量的舞弊，因此净利润或利润总额有关的指标表现企业真实盈利能力存在着严重的缺陷。用这些指标评价企业，将给投资者带来巨大的风险。而净利润现金保证率指标显示出良好的识别作用，调整后每股现金流量也具有很重要的参考价值。

e. 我国上市公司的股权应适度集中，不宜太分散

Warfield 等（1995）提出，当管理人员入股或机构所占股权增加时会降低代理人成本，因此也减少了经理人员操纵盈余数字的可能性。La Porta 等（1998）发现股权集中度与财务报告质量负相关。刘立国、杜莹（2003）的研究也发现股权集中度与会计信息舞弊的发生呈负相关，本书的研究也表明上市公司的股权集中度与发生会计信息舞弊行为的可能性显著负相关，这就给我们一个启示，和高度集中、高度分散两种股权结构相比，适度集中，有相对控股股东存在，在其他大股东与之相制衡的股权结构总体上有利于公司内、外部治理机制发挥作用。在证券市场尚欠发达的中国，上市公司的股适当保持上市公司的股权集中度可以促进公司经营业绩的增长，提高股东对公司的监控效率，减少“搭便车”现象。

f. 关联交易频繁的公司更可能发生会计信息舞弊行为

随着我国会计准则的不断完善，通过会计政策选择和会计估计变更进行会计信息舞弊的空间愈来愈小，而通过关联交易进行会计信息舞弊已经成为上市公司的首选方法。据《证券时报》和联合证券公司 1999 年所作的一项调查显示，在上市公司进行利润操纵的手段中，进行关联交易的占 55.56%,巧用会计政策的占 44.44%。就 2000 年年报来看，在 1018 家上市公司中，有 29 家上市公司通过关联交易实现为数不菲的一次性转让收益，公司的净利润指标由此大大改观。因此，资产运作和关联交易的背后往往是证券欺诈，包括实施会计信息舞弊与二级市场操纵。尤其是年末的资本运作和关联交易，其可信性更值得怀疑。本书的研究也表明，关联交易度越高的公司发生会计信息舞弊行为的可能性越大。

g. 非标准无保留审计意见是上市公司会计信息舞弊的重要信号之一

从逻辑上说，会计信息舞弊与非标准无保留审计意见之间并不存在直接对应关系，会计信息舞弊只是非标准无保留审计意见的充分条件而非必要条件，即会计信息舞弊常常导致非标准无保留审计意见并不意味着被出具非标准无保留审计意见的上市公司一定存在会计信息舞弊行为。但是，现有的经验研究结果表明，CPA 出具非标准无保留审计意见在绝大多数情况下都是由于上市公司的会计信息舞弊行为，在现阶段的中国资本市场上，会计信息舞弊与非标准无保留审计意见之间确实具有很高的相关性，总体上可以表明他们之间存在共生互动关系。因此，审计意见可以从另一个侧面反映出上市公司会计信息质量状况，并对市场评判上市公司会计信息质量起到至关重要的作用。CPA 出具的非标准无保留审计意见是上市公司会计信息舞弊的重要信号之一。因此，被 CPA 出具非标准无保留审计意见的公司发生会计信息舞弊行为的可能性越大。

6.7.2 政策建议

根据以上的研究结论，笔者提出以下建议：

a. 改变证券管理制度中以盈余数字为核心的参数体系

证券管理制度应对上市公司的盈利情况和现金流量状况进行综合考虑和要求。现行的如配股政策虽然几经变化，但净资产收益率一直是盈利要求中的重要因素，而上市公司也因此特别重视这个盈余比率，忽略了公司业绩的实质性增长。因此有必要对相关的证券管理制度进行补充或修改。重视利润指标的同时，考察现金流量指标的状况，以形成更为有效的约束，减少因制度诱发的舞弊动机。

b. 在年报信息披露中增加每股现金指标

由于上市公司对现金的舞弊较为困难，所以在年报的披露中增加每股现金指标，同时公布该指标的历年变动情况和行业数据，并要求上市公司对该指标的异常波动做出合理的解释，以加强现金指标在报表分析中的运用，增加现金指标的有用性。其中行业指标是作为横向比较的依据，历年指标作为纵向比较的依据。除了注意每股现金指标外，还要特别关、应收账款周转率、其它应收账款总产的比和资产负债率指标，也对其进行横向和纵向分析。

c. 完善上市公司法人治理结构

从某种程度上来说，公司治理结构的缺陷是上市公司会计信息舞弊的根本原因。完善上市公司法人治理结构，包括对外部治理结构的完善，诸如建立职业经理人市场以、建立合理的经理报酬激励制度、完善法律法规和规范审计市场等；公司内部旨在相互制衡的法人治理结构亟待加强，使股权适度集中，增强董事会、监事会的独立性等。为了预防上市公司的会计信息舞弊行为，在公司治理结构方面，应增设独立董事，特别是增加会计专业人士的数量，还要加强对独立董事的监督，应尽快出台对独立董事不履行职责的处罚规定，这对提高会计信息质量，抑制管理层导向的会计信息舞弊，保护中小投资者的利益有着非常重大的意义。

d. 持续关注舞弊公司的征兆

随着政策和制度的完善，上市公司进行舞弊的手段会更加隐蔽和多样化，因此，深入分析上市公司动机与可能采用的舞弊手段，及时把握可能引起的指标特征的变化，不断增加新的检验指标。及时而又全面地考察会计信息舞弊的征兆和舞弊公司可能具有的特征，可以以中注协颁布的《审计技术提示第 1 号—财务欺诈风险》为指南。舞弊公司与非舞弊公司在财务指标和非财务指标上的确存在较大差异，但是我们不能仅仅根据某些指标存在差异，就简单断定该公司存在舞弊行为，因为财务指标的异常或某些特征的具备只是预示该公司可能存在会计信息舞弊行为，这只是一个警示信号，它旨在提醒使用者根据财务指标异常提供的信息，进一步收集连续的信息来予以证实，也提高预测的准确性。

e. 密切关注上市公司关联方交易行为的合理性

由于非公允关联交易的隐蔽性和表面的合法性，注册会计师有不少由于没有识别关联方交易导致审计失败的例子，普通投资者及监管部门往往不能及时发现它的存在，至其交易或相关问题暴露时，却已经造成了惊人的甚至是无法挽回的损失。解决不恰当的关联方交易问题，需要信息披露制度对此进行更详细更严格的规定。现存的问题主要是对关联交易的审查只侧重于是否披露，而忽视了其是否具有公允性，只要求披露关联交易方，关联交易的内容、数量、价格、金额，以及该项交易对公司的影响，但在规定披露的信息中，缺少关联交易定价的基础以及对该交易公允性的说明等。对于规定的“关联交易方、关联交易对公司的影响”的内容，也没有如香港法例那样做出规范性的详细规定。因此信息披露制度对关联交易的规定需要进一步的完善。

f. 充分发挥注册会计师的经济警察职能

一方面要求注册会计师加强其对现金流量表的审计，对公司的应收账款、其他应收款、主营业务收入等易被操纵的科目加以重点关注和审核，要求审计人员提高业务素质和职业道德水平。另一方面要加强对注册会计师行业的监管，加强对违反独立审计准则行为的惩戒，以增强事务所保持独立性的外在压力。可借鉴国外证券中介机构在承担相关证券业务的时候，需要承担无限的民事责任。

6.8 小结

本章首先借鉴前人的研究成果，并结合我国公司治理的特殊问题和关联交易状况，运用均值 t 检验和中值 Wilcoxon 秩和检验的统计分析方法，建立了全面反映企业财务特征、关联交易特征和公司治理特征，包括资产负债率、现金债务总额比、销售利润率、净利润现金保证率、调整后每股现金流量、总资产周转率、应收帐款周转率、存货周转率、存货占资产的比重、应收账款占流动资产的比重、其他应收账款占总资产的比重、Herfmdahl 指数、董事会规模、审计意见等对会计信息舞弊行为具有显著解释力的识别指标体系；然后，以反映我国舞弊公司财务特征、关联交易特征和公司治理特征的识别指标体系为基础，并以参数估计、非参数估计、LPM 模型和 Logistic 模型等为统计分析手段，分别构建了适合中国资本市场的，基于公开披露的财务数据和非财务数据的区别舞弊公司和非舞弊公司的 LPM 识别模型和 Logistic 识别模型；最后，以沪深股市 2007~2012 年 39 家舞弊公司的 50 份年报为研究样本，比较了 LPM 识别模型和 Logistic 识别模型对会计信息舞弊的识别效果。当给定上市公司相关特征变量，运用 LPM 识别模型和 Logistic 识别模型能够预测出其会计信息舞弊的概率。实证研究发现：（1）能够显著显示会计信息舞弊征兆的识别指标主要包括现金债务总额比、净利润现金保证率、调整后每股现金流量、应收帐款周转率、存货占资产的比重、应收账款占流动资产的比重、其他应收账款占总资产的比、Herfmdahl 指数、审计意见等，这些指标既有显示财务特征方面的，如现金债务总额比、净利润现金保证率、调整后每股现金流量、应收帐款周转率、存货占资产的比重、应收账款占流动资产的比重，尤其是净利润现金保证率、调整后每股现金流量还反映了公司的现金流量状况；又有显示公司治理特征方面的，如 Herfmdahl 指数和审计意见；也有显示关联交易方面的，如其他应收账款占总资产的比，因而比较全面地反映了舞弊公司的特征。在财务特征方面，存货占资产的比重和应收账款占流动资产的比重与会计信息舞弊行为显著正相关，现金债务总额比、净利润现金保证率、调整后每股现金流量和应收帐款周转率与会计信息舞弊行为显著负相关，虽然舞弊公司通过操纵利润达到了与控制样本公司相似的盈利能力，但是舞弊公司的资产质量、盈利质量、资产利用效率与现金流量水平都明显差于非舞弊公司；在公司治理特征方面，非标准无保留审计意见与会计信息舞弊行为显著正相关，Herfmdahl 指数与会计信息舞弊行为显著负相关；在关联交易特征方面，其他应收账款占总资产的比重与会计信息舞弊行为显著正相关。（2）LPM 模型与 Logistic 模型两种统计方法的总体误判率都低于 30%，说明识别模型具有一定的有效性。但两者的比较来看，无论一类错误还是二类错误，Logistic 模型的效果都好于 LPM 模型，正确率达到了90%；而LPM模型在两类错误的判断上的误判率都是高于Logistic模型。在这些实证研究结论的基础上，笔者提出了改变证券管理制度中以盈余数字为核心的参数体系、在年报信息披露中增加每股现金指标、进一步完善上市公司法人治理结构、持续关注舞弊公司的征兆、密切关注上市公司关联方交易的合理性、充分发挥注册会计师的经济警察职能等相应的政策建议。

第七章　总结与展望

7.1 本书的主要工作与创新

经济越发展，会计越重要；会计越重要，会计信息舞弊的危害性就越大。会计信息舞弊的危害程度取决于会计信息使用者对会计信息舞弊行为的市场反应与识别能力，从一定意义上说，会计信息舞弊行为的危害程度与会计信息使用者对会计信息舞弊行为的市场反应与识别能力呈负相关。而目前国内外对这些问题关注较少，已有的少量研究也未达成共识，有些方面的研究甚至还是空白。因此，系统地研究我国上市公司会计信息舞弊行为的市场反应与识别问题具有重要的理论价值和实践意义。基于此，本书借鉴经济学、管理学、会计学、统计学、伦理学、心理学、法学等多学科知识，运用理论联系实际，规范分析与实证分析相结合、定性分析与定量分析相结合的方法，对我国上市公司会计信息舞弊行为的市场反应与识别问题进行了深入研究。本书主要工作与创新之处可概括为以下四方面：

1. 明确界定和辨析了会计信息舞弊及其相关概念，澄清了会计信息舞弊及其相关的会计错误、盈余管理、会计操纵等概念之间的关系；从契约理论、博弈理论、委托代理理论、产权理论、内部人控制理论、有限理性理论、行为动力理论、人格结构理论的视角阐释了引发上市公司会计信息舞弊的理论根源；从会计信息观、有效市场假说和功能锁定假说，分析了会计信息对市场具有相当的影响力，企业管理当局能够影响会计信息质量并影响市场。

2. 依照“会计信息舞弊泛滥，制度缺陷使然”这一逻辑，从我国股票市场制度背景出发，演绎出“我国股市不会对上市公司会计信息舞弊行为做出明显市场反应”的假说，并以沪深股市舞弊公司为研究样本，分别采用超额收益法和多元线性回归法实证检验了我国股市对上市公司会计信息舞弊行为的市场反应表现为：上市公司年报中隐藏的会计信息舞弊信息不具有市场传导效应，投资者对于上市公司年报中隐藏的会计信息舞弊信息并未多加关注，不仅不能识别而且还被虚假信息所误导，从而不能“透过会计数字看本质”；在此基础上进一步分析了我国股市未对上市公司会计信息舞弊行为做出明显市场反应的原因在于：我国上市公司会计信息披露的整体有效性较低、多数中小投资者“幼稚”和“无知”、投资者集体的非理性、证券市场的不规范等，并提出了培养信用意识，构建信用体系；加强上市公司会计信息披露的立法和监管；严格立法，重拳打击“庄家”；积极培育机构投资者；提高投资者使用会计信息的能力等政策建议。

3. 通过对考察样本和控制样本的参数和非参数的检验以及对各变量的相关性分析，构建了以审计意见为因变量的 Logistic 回归模型，对会计信息舞弊和审计意见的关系以及基于会计信息舞弊的审计意见影响因素进行了实证分析，研究发现：注册会计师在一定程度上能够对的会计信息舞弊行为发表非标准无保留审计意见，而且随着时间的推移，非标准无保留审计意见与会计信息舞弊的相关性更强，审计质量有所提高；资产负债率、上年的审计意见类型、非核心收益比率、现金负债比率和总资产周转率指标与审计意见具有显著相关性，“十大”会计师事务所的舞弊审计质量要优于“非十大”会计师事务所，客户资产规模与非标审计意见呈正相关关系，但是结果并不显著。为此，提出了进一步提高注册会计师发现重大错弊的能力、切实消除审计费用率对审计意见的潜在影响、扩大会计事务所规模、加强对现金流量表的审计等政策建议。

4. 运用均值 t 检验和中值 Wilcoxon 秩和检验的统计分析方法，建立了全面反映企业财务特征、关联交易特征和公司治理特征，包括资产负债率、现金债务总额比、销售利润率、净利润现金保证率、调整后每股现金流量、总资产周转率、应收帐款周转率、存货周转率、存货占资产的比重、应收账款占流动资产的比重、其他应收账款占总资产的比重、Herfmdahl 指数、董事会规模、审计意见等对我国会计信息舞弊行为具有显著解释力的识别指标体系，并以参数估计、非参数估计、LPM 模型和 Logistic 模型等为统计分析手段，分别构建了适合我国资本市场的，基于公开披露的财务数据和非财务数据的区别舞弊公司和非舞弊公司的 LPM 识别模型和 Logistic 识别模型，并以沪深股市舞弊公司的年报为研究样本，比较了 LPM 识别模型和 Logistic 识别模型对会计信息舞弊的识别效果，提出了改变证券管理制度中以盈余数字为核心的参数体系、在年报信息披露中增加每股现金指标、进一步完善上市公司法人治理结构、持续关注舞弊公司的征兆、密切关注上市公司关联方交易的合理性、充分发挥注册会计师的经济警察职能等相应的政策建议。

7.2 研究局限性与改进建议

由于作者自身能力和其它主客观条件的限制，本书仅对我国转轨经济形态下的上市公司会计信息舞弊行为的市场反应与识别问题进行了初步研究。作为一种尝试性研究，这只是一个研究起点，还存在着许多研究局限性，需要我们在未来的研究中进一步改进和完善。

首先，研究内容的局限性。由于会计问题绝不是一个技术问题，其更深层次的意义是体现制度、文化和社会结构问题，不同的制度和社会文化结构对会计信息舞弊行为的约束作用或对会计信息真实性的影响力是完全不同的。因而，上市公司会计信息舞弊行为是一个错综复杂和盘根错节的研究课题，全面的会计信息舞弊行为防范和治理尚需全体社会成员从公共意识、道德规范到实际行动的共同努力①。因此，防范上市公司的会计信息舞弊行为更重要的应该是培养全民的公德意识和公信意识，而这方面的研究在本书未能得到足够的体现，这实际上需要我们进一步研究。

---

① 正如哈佛大学的一个制度经济学研究小组（LLSV，2002）认为的那样，如果一个社会的整体风气倾向于利用一切漏洞实施舞弊行为，那么不管这个社会的法律制度及其制度的执行如何完善，终究会因实施成本的过于高昂和法不责众而使得制度归于失败。俄罗斯的经验就是一个很好的例子。俄罗斯虽然有一部非常好的公司法和一部非常好的破产法，但由于俄罗斯整个社会不可抑制的贪污腐败和普遍的寻租行为，俄罗斯这些完善的法律甚至是法典并未取得应有的效果。一个相反的例子是英国。英国法律制度实行的是判例法，并未有很详细且完善的法律条文，如到 2001 年 3 月，英国会计准则委员会制订并仍然生效的会计准则仅有 10 项，涉及政府补贴会计、增值税会计、存货与长期合同、折旧会计、研究开发会计处理、资产负债表日后事项会计、物业投资会计、外币折算、租赁和租赁合同的会计处理、分部报告等，但由于英格兰民族特有的严谨和遵纪守法，英国的舞弊现象就很少。

其次，研究样本的局限性。在本书的第四章、第五章，虽然采用对照样本的方法剔除了公司规模、盈利能力、所在行业和上市地点等对样本的影响，但未能剔除其它一些非法定披露事件对会计信息舞弊行为市场反应与识别的影响。同时，信息披露时点前后还可能伴随其它事件的发生与公告，我国信息披露制度上的群聚特征（例如净收益、利润分配、审计意见等信息的同时披露）更增加了对同时发生事件之影响进行有效控制的难度，这必然对本书的研究结果造成一定的影响。只有对信息群聚效应加以控制或消除，我们进行的会计信息舞弊行为市场反应与识别研究才可能是有意义的。建议后续研究应加强对样本的选择过程，剔除非法定披露事项、信息披露时点前后伴随的其它事件和信息披露制度上的群聚特征对会计信息舞弊行为市场反应与识别的影响。另外，本书只选择已经被处罚或被审计后发现的舞弊公司作为样本，未包括未发现的和审计中的舞弊公司；只涉及财务信息舞弊问题，未涉及非财务信息舞弊问题（我们很难推断会计信息使用者会对其十分关注，毕竟证券市场中有许多其它的、更为直观和被强调的财务信息，何况投资者对非财务信息的理解能力很可能是较弱的）；再者，我们以目前没有受到处罚的公司作为正常公司为已知的舞弊公司进行配对，但目前没有受到处罚的公司并不意味着就没有舞弊，也并不意味着其财务报告就是真实的，可能有很多舞弊公司尚未暴露[①]。如果存在尚未暴露的舞弊公司作为舞弊公司的配对公司，那么就会使我们的统计检验结论受到置疑；加之由于我国证券市场起步较晚，本书研究可选取样本数据数量较少，时间跨度较短，可能难以捕获会计信息舞弊行为对股票市场的全部影响，研究结论也许存在误差。建议后续研究者扩大样本选择范围，在更长的时间跨度上选取更多的样本、采用更长的估计期进行实证检验、经验分析与模型构建。

再次，研究范围的局限性。本书只是从总体上研究了上市公司会计信息舞弊行为的市场反应与识别，其应用意义有一定的局限性。不同目的、不同背景下的会计信息舞弊行为，其对股票市场的影响是不同的，市场反应与识别也是有区别的。但本书未能对不同目的、不同背景下会计信息舞

① 陈亮、王炫即认为受到处罚的公司只是舞弊公司的一小部分，尚有更多的舞弊公司正处于被调查阶段而尚未暴露出来。

弊行为的市场反应与识别能力差异进行深入研究。因此进一步的研究应当对会计信息舞弊行为细分，以考察股票市场对不同会计信息舞弊行为的反应与识别。全面研究各种类型会计信息舞弊行为的市场反应与识别将有利于我们正视会计信息舞弊行为的经济后果，以及为优化上市公司会计行为和改善会计信息质量提供新的思路。另外，舞弊识别模型选取的样本都是虚增收入、利润或资产的性质，如果用这些模型来预测虚减利润的公司就会有一定的局限。此外，由于模型是根据发行上市公司财务报告数据分析而来，对于预测非上市公司财务报告舞弊不一定适用。

最后，研究数据的局限性。我国的上市公司会计信息舞弊行为往往从原始凭证开始舞弊，并极力保持财务报告表面的真实性，从而掩盖舞弊事实。这也给运用财务数据研究上市公司会计信息舞弊行为的市场反应与识别问题带来了先天的限制。另外，目前我国证券市场经验研究尚缺乏统一的标准数据库，本书研究所需的大部分数据是通过查询深圳国泰安信息技术有限公司和香港理工大学中国会计与金融研究中心联合开发的 CSMAR 数据库（包括公司财务数据库和股票交易数据库）得来的，也有一些数据是作者个人通过包括网站和报纸查询等各种渠道人工收集而来，数据是否标准有待验证，因此，样本数据在完整性与准确性方面可能存在不足，希望随着我国证券市场相关数据库建设的不断完善，后续研究在样本数据的完整性和准确性方面得到进一步改进。

尽管本书的研究存在上述局限，但随着我国证券市场的发展和财务会计制度的进一步规范，本书的研究结论对提高资本市场对会计信息舞弊行为的市场反应与识别能力将具有越来越强的有效性和现实意义。笔者的研究正是这方面的一个初步探索。

7.3 未来研究展望

首先，根据其它相关研究，网络神经的识别效果和准确性比 logistic 更有效，未来可以考虑利用网络神经法构建上市公司会计信息舞弊行为的识别模型。

其次，可能采用公司自身数据的纵向对比研究会具有更好的预测效果，因此，未来的研究可以考虑加入对舞弊公司的时间序列分析，采用纵向对比指标的预测研究，运用经济统计方法，采集上市公司的有关财务数据，筛选影响会计信息舞弊市场反应与识别的各种因素，确定主要影响因素，并针对不同样本上市公司探讨这些影响因素的形成机理，从而建立一套具有普遍意义的财务机制，并根据这套选择机制，研究我国上市公司财务管理监控体系。

再次，未来的研究应重视审计报告的作用。投资者的信息来源有限，处于极度的信息不对称地位，而注册会计师能够接触到上市公司的原始凭证、记账凭证、发票、总账、明细账、经济合同等第一手资料，其审计报告对投资者而言是具有一定的参考价值的，尤其是当注册会计师出具了非无保留意见的审计报告，其说明段和意见段能够给投资者很多有用的信息。随着我国目前对会计师事务所及注册会计师监管力度的加大，审计报告的独立性和公正性将不断得以提高，阅读审计报告也将成为投资者进行风险防范的一条有效途径。

最后，注重提升投资者自身素质的研究。部分上市公司之所以披露不真实的会计信息，是因为不真实的会计信息的披露能给它们带来巨大的舞弊收益，而该收益能否实现最终取决于投资者。因为，如果投资者都能够识别并拒绝接受不真实的会计信息，那么，不真实的会计信息就不会有人“买单”，也就不可能会产生收益问题。当然，要使投资者都能够识别并拒绝接受不真实的会计信息，目前是不现实的，然而，我们至少可以通过采取各种有效措施来切实提高投资者的素质，使其具备一定的会计基础知识，提高他们分析和甄别会计信息舞弊信息的能力，增强他们运用法律武器维护自身合法权益的法律意识，这在客观上也将起到有效抑制上市公司实施会计信息舞弊行为的冲动。

参考文献

[1] 国家会计学院《会计诚信教育》课题组. “不作假帐”与会计诚信的现实思考[J]. 会计研究，2003，(01)：31-38.

[2] 李若山，金彧昉，祁新娥. 对当前我国企业舞弊问题的实证调查[J]. 审计研究，2002，(02)：17-22.

[3] Carnes K C and Gierlasinski N J. Forensic accounting skills: will supply finally catch up to demand?[J]. Managerial Auditing Journal, 2001, (Jun).

[4] 李若山. 审计案例——国外审计诉讼案例[M]. 沈阳：辽宁人民出版社，1998.

[5] [美]迈克尔·查特菲尔德. 会计思想史[M]. 文硕等，译. 北京：中国商业出版社，1989.

[6] 葛家澍. 美国关于高质量会计准则的讨论及其对我国的启示[J]. 会计研究，1999，(05)：6-7.

[7] 刘英雁. 财务报表审计中关注舞弊的研究[D]. 上海：上海财经大学会计学院，2003.

[8] 朱国泓. 财务报告舞弊的二元治理——中国上市公司激励优化与会计控制研究[D]. 上海：复旦大学管理学院，2001.

[9] 纪乐航.《首席财务官》杂志调查：六分之一 CFO 被迫做假账[J]. 东方会计周刊，2003，(02).

[10] 李明辉. 上市公司财务报告法律责任之研究[D]. 厦门：厦门大学管理学院，2003.

[11] 巴曙松. 华尔街研究丑闻与利益冲突下的制度选择[N]. 中国经济时报，2006-6-19(4).

[12] 张继民. 市场经济有效运作的两大支柱[N]. 中国证券报，2006-7-1(6).

［13］江泽民. 领导干部金融知识读本[M]. 北京：中国金融出版社，1998.

［14］黄世忠，叶丰滢. 上市公司报表粉饰新动向：手段、案例与启示[J]. 财会通讯（综合版），2006，(01)：14-19.

［15］娄权．我国上市公司财务报告舞弊行为之经验研究[J]．证券市场导报，2003，(10)：8-12.

［16］王淑萍．会计诚信与职业道德[J]．会计之友，2003，(11)：8-9.

［17］裘宗舜，韩洪灵．会计透明度及影响会计透明度实现的三个梯次[J]．上海会计，2002，(05)：3-5.

［18］严晖．会计信息舞弊行为论[D]．厦门：厦门大学管理学院，2001.

［19］黄世忠．上市公司会计信息质量面临的挑战与思考[J]．会计研究，2001，(10)：6-11.

［20］中国会计学会．会计监管专题[M]．北京：中国财政经济出版社，2003.

［21］李若山．我国会计问题的若干法律思考[J]．会计研究，1999，(06)：16-25.

［22］Zeff S A. The Rise of Economic Consequences[J]. Journal of Accountancy，1978，(12)：14-17.

［23］Arthur Levitt. Numeral Game[J]. the Journal of Capital Market，1999，(01).

［24］佩雷菲特．论经济“奇迹”[M]．朱秋卓，杨祖功，译．北京：中国发展出版社，2001.

［25］陈弘. 浅议我国上市公司治理结构的法律制度环境[J]. 经济师，2000，(10)：22-23.

［26］Scott William R. Financial Accounting Theory[M]. Prentice-Hall Co：，1997.

［27］Healy P， A Hutton and K Palepu. Information asymmetry, Corporate disclosure, and the capital markets：A review of the empirieal disclosure literature[J]. Journal of Accounting &Economics，2001，(31)：405-440.

［28］Littleton. 会计理论结构[M]．杨树滋，译．北京：中国商业出版社，1989.

[29] Stephen A Zeff, Bala G Dharan. 现代财务会计理论——问题与争论[M]. 夏冬林，译. 北京：经济科学出版社，2000.

[30] 周勤业，卢宗辉，金瑛. 上市公司信息披露与投资者信息获取的成本效益问卷调查分析[J]. 会计研究，2003，(05)：3-8.

[31] 李若山，金彧昉. 当前美国会计信息法律责任的变化[J]. 会计研究，2001，(11)：59-60.

[32] 吴水澎. 中国会计理论研究[M]. 北京：中国财政经济出版社，2000.

[33] 文丽，王贵春. 财务信息失真预警监控体系的构建[J]. 财会月刊，2004，(06)：14-17.

[34] Beaver W H and Engel E E. Discretionary Behavior with Respect to Allowances for Loan Losses and the Behavior of Security Prices[J]. Journal of Accounting and Economics，1996，(22)：177-206.

[35] 綦好东. 会计信息舞弊的经济解释[J]. 会计研究，2002，(08)：22-27.

[36] 鲁讯，转自郭道扬. 中国会计史稿(上册)[M]. 1. 北京：中国财政经济出版社，1982.

[37] Healy P M and Wahlen J M. A Review of the Earnings Management Literature and its Implications for Standards Setting[J]. Accounting Horizons，1999，(11)：104-121.

[38] 秦江萍，段兴民. 会计信息舞弊及相关概念辨析[J]. 财会月刊，2005，(13)：54-55.

[39] Hand J R M. Resolving LIFO uncertaint3:A theoretical and empirical examination of 1974-1975 adoptions and non-adoptions[J]. Journal of Accounting Research，1992，(31)：21-49.

[40] Beaver W H. Financial Reporting: An Accounting Revolution[M]. Prentice Hall，1989.

[41] Wahlen J. The nature of information in coimnercial bank loan loss disclosures[J]. Accounting Review，1994，(July)：455-478.

[42] Petroni K. Optimistic Reporting in the Property-casualty Insurance Industry[J]. Journal of Accounting and Economics，1992，15：485-508.

[43] Anthony，Kathy Petroni. Accounting Estimation Errors and Firm

Valuation in the Property-Casualty Insurance Industry[J]. Journal of Accounting,Auditing and Finance, 1992, (Summer): 257-281.

[44] Atiase R. Predisclosure Information, Firm Capitalization, and Security Price Behavior around Earnings Announcements[J] . Journal of Accounting Research, 1998, (02): 21-36.

[45] Beaver and M McNichols. The characteristics and valuation of loss reserves of properiycasualty insurers[J] . Working paper,Stanford University, 1998,.

[46] McNicholes and Wilson. Evidence of Earnings Management from the Provision for Bad Debts[J]. Journal of Accounting Research, 1998, 26: 1-31.

[47] Petroni, S Ryan and J Wahlen. Discretionay and non-discretionay revisions of loss reserves by property-casualy insurers:Differential implications for future profitabilty,risk and market value[J]. Working paper,Indiana University, 1999,.

[48] Subramanyam. The Pricing of Discretionary Accruals[J]. Journal of Accounting and Economics, 1996, (22): 249-281.

[49] Hirst D E and Hopkins P E. Comprehensive Income Disclosures and Analysts' Valuation Judgement[J]. NBER Working Paper, 1998,: 28-49.

[50] Teoh S H, Welch N and Wong T J. Earnings Management and the Underperformance of Seasoned Equity Offerings[J]. Journal of Financial Economics, 1998a, 50(Oct): 63-99.

[51] Teoh S H, Wong T J and Rao G. Are the Accruals During and Initial Public Offering Opportunistic?[J]. Review of Accounting Studies, 1998, (03): 175-208.

[52] Loughran T and Ritter J. The Operating Performance of Firms Conducting Seasoned Equity Offerings[J]. Journal of Finance, 1997, 11: 23-50.

[53] Aharony J, Lin C J and Loeb M. Initial Public Offerings, Accounting

Choices, and Earnings Management[J]. Contemporary Accounting Research, Vol:7, 1993, P: 61-81, 1993, 07: 61-81.

［54］ Friedlan J. Accounting Choices of Issuers of Initial Public Offerings[J]. Contemporary Accounting Research, 1994, 06: 1-32.

［55］ Healy P M. The Effect of Bonus Schemes on Accounting Decisions[J]. Journal of Accounting and Economics, 1985, 07(1-3): 85-107.

［56］ DeAngelo L. Managerial Competition, Information Costs, and Corporate Governance: the Use of Accounting Performance Measures in Proxy contents[J]. Journal of Accounting and Economics, 1988, 01: 113-143.

［57］ Foster G. Briloff and The Capital Market[J]. Journal of Accounting Research, 1979, (Spring).

［58］ Dechow P, Sloan R and Sweeney A. Detecting Earnings Management[J]. Accounting Review, 1995, 05: 193-225.

［59］ Beneish M D. Detecting GAAP Violation: Implications for Assessing Earnings Management among Firms with Extreme Financial Performance[J]. Journal of Accounting and Public Policy, 1997, (16): 271-309.

［60］ Xie Hong. Are Discretionary Accruals Mispriced? A reexamination[J]. Working Paper, 1999.

［61］ Kasznik. On the Association between Voluntary Disclosure and Earnings Management[J]. Journal of Accounting Research, 1999, (05): 458-467.

［62］ 瓦茨，齐默尔曼．实证会计理论[M]．陈少华，黄世忠，陈光等，译．大连：东北财经大学出版社，2000.

［63］ Jerry C and Shiing-Wu Wang. Political Costs and Earnings Management of Oil Companies During The 1990 Persian Guff Crisis[J]. 1998, (10): 103-117.

［64］ Ball R and Brown P. An Empirical Evaluation of Accounting Income Numbers[J]. Journal of Accounting Research, 1968, (Autumn).

［65］ Rayburn J. The Association of Operating Cash Flow and Accruals

Security Returns[J]. Journal of Accounting Research, 1986, (September): 121-325.

[66] Dechow, Sloan and Sweeney. Cause and Consequences of Earnings Manipulation: An Analysis of Firms Subject to Enforcement Actions by the SEC[J]. Contemporary Accounting Reseczch, 1996, 13(Spring).

[67] Summers S L and Sweeney J T. Fraudulent Misstatement Financial Statements and Insider Trading: An Empirical Analysis[J]. Accounting Review, 1998, (Jan): 131-146.

[68] Beneish M D. Incentives and Penalties Related to Earnings Overstatements That Violate GAAP[J]. Accounting Review, 1999, 04(04): 425-457.

[69] 华金秋. 美国 COSO 舞弊财务报告研究及其借鉴[J]. 政权市场导报, 2001, (11).

[70] Barker, Donald W B and Michael J. Top Management Fraud: Something Can Be Done Now[J]. The Internal Auditon, 1976, (Oct).

[71] 秦江萍. 上市公司会计信息舞弊：国外相关研究综述与启示[J]. 会计研究, 2005, (6).

[72] Beasley M S. An Empirical Analysis of the Relation between the Board of Director Composition and Financial Statement Fraud[J]. Accounting Review, 1996, 71(10): 443-465.

[73] Beasley M S. Boards of Directors and Fraud[J]. CPA Journal, 1998, 68(04): 56-58.

[74] DeFond and Jiambalvo. Incidence and Circumstance of Accounting Errors [J]. Accouutiug Review, 1991, 66(July).

[75] Loebbecke J and John. Corporate Governance and Disclosure Quality[J]. Accounting and Bussiness Research, 1992, (Spring).

[76] Dwright D W. Evidence on the Relation Corporate Governance Characteristics and the Quality of Financial Reporting[EB]. www.ssrn.com.

[77] McMullen, Dorothy A, Raghunandan K and Rama D. Internal Control

Reports and Financial Reporting Problems[J]. Accounting Horizons, 1996, (Dec).

[78] La Porta R, F Lopez-de-Silanes, A Shleifer and R Vishny. Law and Finance[J]. Journal of Political Economy, 1998, 106: 1113-1155.

[79] 刘立国、杜莹. 公司治理与会计信息质量关系的实证研究[J]. 会计研究, 2003, (2).

[80] Beasley, Carcello, Hermanson and Lapides. Fraudulent financial reporting: consideration of industry trait and corpor; governance mechanisms[J]. Accouuting Horizons, 2000, (December): 441-454.

[81] Carcello and Neal L. Audit Committee Composition and Auditor Reporting[J]. Accounting Review, 2000, 75(Oct).

[82] Abbott, Parker and Peters. Audit Committee Characteristics and Financial Misstatement: A Study of the Efficacy of Certain Blue Ribbon Committee Recommendations[J]. 2002, .

[83] Groveman . Ow Auditors can Detect Financial Statement Misstatement[J]. Journal of Accountancy, 1995, (10): 83-86.

[84] Persons O. Using Financial Statement Data to Identify Factors Associated with Fraudulent Financing Reporting[J]. Journal of Applied Business Research, 1995, (11): 38-46.

[85] Thomas A Lee, Robert W Ingram and Thomas P Howard. The Difference between Earnings Management and Operating Cash Flow as an Iindicator of Financial Reporting Fraud[J]. Contemporary Accounting Research, 1999, (06): 749-786.

[86] Bell Timothy B and Carcello Joseph V. A Decision Aid for Assessing the Llikelibood Fraudulent Financial Reporting[J]. Auditing, 2000, Spring.

[87] Albrecht W S and Romney M B. Red-flagging Management Fraud: a Validation[J]. Advances in Accounting, 1986, (03): 323-333.

[88] Cottrell D M and Albrecht W S. Recognizing the Symptoms of Employee Fraud[J]. Health Care Financial Management, 1994, (May): 19-25.

[89] Albecht W S, Wernz G W and Williams T L. Fraud: Bring the Light to

the Dark Side of Business[M]. New York：New York Irwin Inc，1995.

[90] Barbara A Apostolou. The Relative Importance of Management Fraud Risk Factors[J]. Behavioral Research in Accounting，2001，13.

[91] 张立民，陈小林. 虚假财务报告成因分析[J]. 中国注册会计师，2002，(08)：19-25.

[92] Coglitore F and Berryman R. Analytical Procedures: A Defensive Necessity[J]. Auditing，1988，(07)：50-163.

[93] Calderon T G and Green B P. Analysts Forecasts as Exogenous Risk Iindicator in Analytical Auditing[J]. Advances in Accounting，1994，(12)：281-300.

[94] Bell T，Szykowny S，Willingham J. Assessing the Likelihood of Fraudulent Financial Reporting: A Cascaded Logic Approach[C]. Working Paper. Montvale, N J: KPMG Peat Marwick，1993.

[95] Ameen E C and Strawser J R. Investigating the Use of Analytical Procedures: An Update and Extension[J]. Auditing，1994，(13)：68-79.

[96] Boatsman J R， C Moeckel and B K W Pei. The Effects of Decision Consequences on Auditors' Reliance on Decision Dids in Audit Planning[J]. Organizational Behavior and Human Decision Processes，1997，71：211-247.

[97] Hansen J V, McDonald J B, Messier W F et al. A generalized Qualitative-Response Model and the Analysis of Management Fraud[J]. Management Science，1997，(42)：1022-1032.

[98] Green B P and Choi J H. Assessing the Risk of Management Fraud through Neural Network Technology[J]. Auditing，1997，(16)：14-28.

[99] Fanning K and Cogger K Neural. Detection of management fraud using published financial data[J]. International Journal of Intelligent Systems in Accounting, Finance & Manageme，1998，(07)：21-41.

[100] Eining M M, Jones D R and Loebbecke J K. Reliance on Decision Aids: An Examination of Auditors'Assessment of Management

Fraud[J]. Auditing:A Journal of Practice and Theory, 1997, (16): 1-19.

[101] Spathis C, Doumpos M and Zopounidis C. Detecting Falsified Financial Statements: a Comparative Study Using Multicriteria Analysis and Multivariates Statistical Techniques[J]. Euronean Accounting Review, 2002, (11): 506-535.

[102] Lin J W, Hwang M I and Becker J D. A fuzzy neural network for assessing the risk of fraudulent financial reporting[J]. Managerial Auditing Journal, 2003, (18): 657-665.

[103] 蒋义宏. 会计信息失真的现状、成因与对策研究——上市公司利润操纵实证研究[M]. 北京：中国财政经济出版社，2002.

[104] 王跃堂，罗慧. 盈余管理的资本市场观及其对我国的启示[J]. 外国经济与管理，2001，23(12)：18-23.

[105] 赵宇龙. 会计盈余披露的信息含量—来自上海股市的经验证据[J]. 1998，(07)：21-28.

[106] 陈晓，陈小悦，刘钊. A 股盈余报告的有用性研究——来自上海、深圳股市的实证数据[J]. 经济研究，1999，(06)：21-27.

[107] 孙铮，王跃堂. 资源配置与盈余操纵之实证研究[J]. 财经研究，1999，(04)：3-8.

[108] 王跃堂，孙铮，陈世敏. 会计改革与会计信息质量[J]. 会计研究，2001，(07)：16-26.

[109] 张为国，徐宗宇. 实证研究、会计选择与证券市场[J]. 会计研究，1997，(10)：6-13.

[110] 朱伟骅. 上市公司信息披露违规公开谴责效果的实证研究[J]. 经济管理，2003，(16)：92-96.

[111] 高大为，魏巍. 盈余管理对资本结构的影响——中国上市公司的实证分析[J]. 南开管理评论，2004，07(06)：67-72.

[112] 宋建峰. 盈余管理的动机透视及其对审计的意义[J]. 证券市场导报，1998，(12).

[113] 陆建桥. 中国亏损上市公司盈余管理实证研究[J]. 会计研究，1999，(09)：25-35.

［114］ 陈汉文，林志毅，严晖. 公司治理结构与会计信息质量[J]. 会计研究，1999，(05).

［115］ 杜滨. 中国证券市场盈余管理现象的实证研究[D]. 上海：复旦大学管理学院，2001.

［116］ 阎达五，王建英. 上市公司利润操纵行为的财务指标特征研究[J]. 财务与会计，2001，(10)：20-25.

［117］ 陈信元，张田余，陈冬华. 预期股票收益的横截面多因素分析：来自中国证券市场的经验证据[J]. 金融研究，2001，(06)：10-15.

［118］ 郑朝晖. 上市公司十大管理舞弊案分析及侦察研究[J]. 审计研究，2001，(06)：45-53.

［119］ 门瑢. 上市公司编造会计信息的识别[J]. 财务与会计导刊，2002，(11)：48-49.

［120］ 李爽. 会计信息失真的现状、成因与对策研究——会计报表粉饰问题研究[M]. 北京：经济科学出版社，2002.

［121］ 张启銮. 如何识别虚假财务报表[J]. 财会月刊，2003，(09)：25.

［122］ 秦志敏. 上市公司盈利质量透视策略[J]. 会计研究，2003，(07)：53-54.

［123］ 章美珍. 财务报告舞弊端倪甄别及治理对策[J]. 当代财经，2002，(05)：67-70.

［124］ 刘立国，杜莹. 公司治理与会计信息质量关系的实证研究[J]. 会计研究，2003，(02)：28-36.

［125］ 曹利. 中国上市公司财务报告舞弊特征的实证研究[D]. 上海：复旦大学管理学院，2003.

［126］ 丁友刚，郝玉芹. 财务报告舞弊动因分析与警戒信号识别[J]. 财会通讯（学术版），2004，(12)：52-54.

［127］ 张子叶，邓菁晖. 浅谈注册会计师对舞弊性财务报告的审计关注[J]. 财会月刊，2002，(05)：36-37.

［128］ 杨英强. 会计信息舞弊的成因及对策研究[D]. 成都：西南财经大学财税学院，2003.

［129］ 陈亮，王炫. 会计信息欺诈经验分析及识别模型[J]. 国泰君安证

券研究通讯，2003，(02).

[130] 方军雄. 财务报表舞弊与发现方法的分析[J]. 上市公司，2002，(07).

[131] 张长海，陈险峰，吴顺祥. 舞弊性财务报告识别的实证研究[J]. 美中经济评论，2005，(01)：1-10.

[132] 蔡祥，李志文，张为国. 中国实证会计研究述评[J]. 中国会计与财务研究，2003，(02)：155-183.

[133] 刘玉廷.《企业会计制度》的中国特色与国际惯例的充分协调[N]. 中国证券报，2005-5-9.

[134] 袁晓勇. 企业舞弊防范与对策[M]. 北京：北京经济学院出版社，1995.

[135] 申展. 会计错弊与查账技巧[M]. 北京：中国财政经济出版社，2000.

[136] 李丽. 西方审计委员会制度及其对我国的启示[J]. 上海会计，2001，(12).

[137] Jensen M C and Meckling W H. Theory of the Firm, Managerial Behavior Agency Costs and Ownership Structure[J]. Journal of Financial Economics，1976，(Oct)：3-4.

[138] 陆建桥. 中国亏损上市公司盈余管理实证研究[M]. 北京：中国财政经济出报社，2002.

[139] 雷光勇. 会计契约论[M]. 北京：中国财政经济出版社，2004.

[140] Williamson 0. The Economic Institutions of Capitalism[M]. New York：Free Press，1985.

[141] [美]哈特. 企业、合同与财务结构[M]. 费方域，译. 上海：上海三联出版社，山海人民出版社，1998.

[142] 刘建秋，刘冬荣. 会计诚信解读：基于契约理论的分析[J]. 科学•经济•社会，2005，23(02)：75-79.

[143] 张维迎. 博弈论与信息经济学[M]. 上海：上海三联出版社，上海人民出版社，1996.

[144] 邓春华. 基于博弈理论的上市公司盈余管理研究[J]. 会计研究，2003，(05)：37-42.

[145] 谢康. 信息经济学原理[M]. 长沙：中南工业大学出版，1998.

[146] Akerlof C. The Market for “Lemon”: Qualitative Uncertainty and the Market Mechanism[J]. Quarterly Journal of Economics, 1970, 84: 488-500.

[147] 阿罗. 信息经济学(中译本)[M]. 北京: 北京经济学院出版社, 1989.

[148] 林毅夫等. 充分信息与国有企业改革[M]. 上海: 上海三联书店、上海人民出版社, 1997.

[149] 秦江萍. 企业会计信息舞弊及其控制:基于博弈理论的分析[J]. 财经论丛, 2005, (04): 54-58.

[150] 〔日〕青木昌彦,〔美〕钱颖一. 转轨经济中的公司治理结构:内部人控制和银行的作用[M]. 北京: 中国经济出版社, 1995.

[151] 梁杰, 王漩, 李进中. 现代公司治理结构与会计信息舞弊关系的实证研究[J]. 南开管理评论, 2004, 7(06): 47-51.

[152] 朱叶. 中国上市公司资本结构研究[M]. 上海: 上海财经大学出版社, 2003.

[153] 西蒙. 管理行为[M]. 杨硕, 译. 北京: 北京经济学院出版社, 1988.

[154] 谢军, 李明辉. 论会计师事务所选择的信号传递功能[J]. 当代财经, 2003, (02): 114-118.

[155] 黎毅, 龚丽, 江金英. “有限理性”理论与我国上市公司会计信息失真[J]. 财经理论与实践, 2004, 25(01): 80-83.

[156] 刘杰. 中国上市公司盈余管理实证研究[D]. 厦门: 厦门大学管理学院, 1999.

[157] 陈小悦, 肖星, 过晓艳. 配股权与上市公司利润操纵[J]. 经济研究, 2000, (01).

[158] 孙铮, 王跃堂. 资源配置与盈余操纵之实证研究[A]. 见: 孙铮, 李增泉. 中国证券市场财务与会计透视[C]. 上海: 上海财经大学出版社, 2001. 118-128.

[159] 鲍恩斯, 吴溪, 李辉. 证券市场配股政策的变迁及其市场影响[J]. 证券市场导报, 2004, (10): 61-65.

[160] John B H. 行为主义[M]. 李维, 译. 杭州: 浙江教育出版社, 1998.

[161] 霍尔.佛洛伊德. 心理学入门[M]. 第 1 版. 北京: 商务印书馆, 1985.

[162] 魏明海．盈利管理的基本理论问题及其研究评述[J]．会计研究，2000，(09)：37-42．

[163] 汤云为，陆建桥．论证券市场中的会计研究：发现与启示[J]．经济研究，1998，(07)：50-59．

[164] 汤云为，陆建桥．论证券市场中的会计研究:发现与启示[J]．经济研究，1998，(07).

[165] 陈晓．有效市场假说的定义、检验途径与意义[J]．投资研究，1999，(04)：30-33．

[166] 威廉姆 R.司可脱．财务会计理论[M]．陈汉文等，译．北京：机械工业出版社，2000．

[167] Dunker F．On Problem Solving[J]．Psychological Monographs，1945，(05)：25-36．

[168] Luchins A S．Mechanization in Problem Solving: the Effect of Einstellung[J]．Psychological Monographs，1942，(06)：177-193．

[169] Ijiri Y，Jaedicke R K and Knight K E ．The Effects of Accounting Alternatives on Management Decisions[J]．Research in Accounting Measurement，1966，(02)：15-26．

[170] Jensen R E ．An Experimental Design for Study of Effects of Accounting Variations in Decision Making[J]．Journal of Accounting Research，1966，(04)：243-258．

[171] Ashton R H．Cognitive Changes Induced by Accounting Changes: Experimental Evidence 458-476．

[172] Hand J R M．A Test of the Extended Functional Fixation Hypothesis[J]．Accounting Review，1990，(10)：165-189．

[173] Ball，Ray and S P Kothari．Security Returns around Earnings Announcements[J]．Accounting Review，1991，(10)：66-94．

[174] Chen Kcvin and M P Schoderbek．Tax Rate Increase and Deferred Tax Adjustments: A Test of Fundamental Fixation[J]．Journal of Accounting Research，1999，(14)：378-406．

[175] 沈艺峰．会计信息披露和我国股票市场半强式有效性的实证分析

[J]. 会计研究，1996，(01)：14-17.

[176] 吴世农，黄志功. 上市公司盈利信息报告、股价变动与股市效率的实证研究.[J]. 会计研究，1997，(04)：12-17.

[177] 陈小悦，陈晓，顾斌. 中国股市弱式效率的实证研究[J]. 会计研究，1997，(09).

[178] 胡朝霞. 中国股市弱式有效性研究[J]. 投资研究，1998，(01)：29-35.

[179] 杨朝军，蔡明超，刘波. 上海股市基于会计信息反应半强式有效性的实证分析[J]. 预测，1999，(05)：42-43.

[180] 蒋晓. 我国股市是否强式有效的实证研究[J]. 经济师，2001，(10)：36-37.

[181] 刘棍，李凯，张永平. 上海股票市场半强式有效性实证分析[J]. 锦州师范学院学报(自然科学版)，2001，(01)：70-72.

[182] 何德旭，王轶强，王洁. 上市公司信息披露"预警制度"的实证分析—兼论我国证券市场的有效性和过度反应[J]. 当代经济科学，2002，(03)：30-36.

[183] 阎大颖. 实证分析中国股票市场内部及与国际市场之间价格长期走势的因果关系[J]. 南开经济研究，2003，(03)：63-66.

[184] 林玲，曾勇，唐小我. 收益公布效应的实证研究[J]. 管理科学学报，2001，(03)：46-45.

[185] 道格拉斯·C·诺思. 经济史中的结构与变迁[M]. 上海：上海三联书店，1981.

[186] R 科斯，A 阿尔钦，D 诺斯. 财产权利与制度变迁——产权学派与新制度学[M]. 第1版. 上海：上海三联书店，上海人民出版社，2002.

[187] 张维迎. 企业理论与中国企业改革[M]. 北京：北京大学出版社，1999.

[188] 何旭强，郑江淮，刘海鹏. 股权分置背景下的隧道效应与过度融资[R]. 北京：海通证券股份有限公司，2004.

[189] Pagano, Marco, and Alisa Roel. The Choice of Stock Ownership Structure: Agency Costs, Mornitoring, and the Decision to Go

Public[J]. Quarterly Journal of Economics，1998，113：187-226.

［190］李明辉. 简论中小股东利益的保护[J]. 当代经济研究，2001，(08)：67-71.

［191］陆正飞，汤立斌，卢英武. 我国证券市场信息披露存在的主要问题及原因分析[J]. 财经论丛，2002，(01)：61-65.

［192］]戴圆晨. 股市泡沫生成机理以及大辩论引发的深层思考——兼论股市运行扭曲及庄股情结.[J]. 经济研究，2001，(04).

［193］郑士贵. 论国家宏观政策对股市的影响[J]. 管理科学文摘，1998，(11)：24-28.

［194］张成威，石巧荣. 中国股市政策市的特征和形成机理分析[J]. 郑州大学学报(哲学社会科学版)，1998，(02)：35-39.

［195］李向军. 中国股市应建立政策与股市的协调机制[N]. 证券日报，2006-11-26.

［196］金晓斌，唐利民. 政策与股票投资者博弈分析[R]. 海通证券，2000.

［197］邹昊平. 政策性因素对中国股市的影响:政府与股市投资者的博弈分析[J]. 管理世界，2000，(11)：20-28.

［198］吕继红，赵振金. 中国股票市场的波动、政策干预与市场效应[A]. 见：刘树成，沈沛. 中国资本市场前沿理论研究文集[C]. 北京：社会科学文献出版社，2000. 55-70.

［199］许均华，李启亚. 宏观政策对我国股市影响的实证研究[J]. 经济研究，2001，(09)：12-21.

［200］陈斌，李信民，杜要忠. 中国股市个人投资者状况调查[R]. 深圳：深圳证券交易所综合研究所，2002.

［201］陆正飞，刘桂进. 中国公众投资者信息需求之探索性研究[J]. 经济研究，2002，(04)：36-44.

［202］Fama，Eugene F. The Behavior of Stock Market Prices[J]. Journal of Business，1965，38：34-105.

［203］Greene. Econometric analysis [M]. Fourth Edition. Prentice-Hall Inc，2000.

［204］陈信元，张田余. 资产重组的市场反应——1997 年沪市资产重组

实证分析[J]. 经济研究，1999，07：47-55.

[205] 赵宇龙，王志台. 我国证券市场"功能锁定"现象的实证研究[J]. 经济研究，1999，(09)：56-63.

[206] 沈艺峰，吴世农. 我国证券市场过度反应了吗？[J]. 经济研究，1999，(02)：21-26.

[207] 陈汉文，陈向民. 证券价格的事件性反应[J]. 经济研究，2002，(01)：40-47.

[208] 孙爱军，陈小悦. 关于会计盈余信息含量的研究——兼论中国股市的利润驱动性[J]. 北京大学学报，2002，(01).

[209] 周宏. 上海证券市场年报公布的市场效应研究[J]. 会计研究，2004，(07)：78-83.

[210] Fama & French. the Cross Saction of Stock Retruns[J]. Journal of Finance，1992，(47)：427-465.

[211] 陈小悦，孙爱军. CAPM 在中国股市的有效性检验[J]. 北京大学学报(哲学社会科学版)，2000，(04)：28-37.

[212] 杨朝军，蔡明超，傅继波. 上海股票市场资本资产定价的横截面研究[J]. 系统工程理论与实践，2001，(10)：66-70.

[213] 陈信元，张田余，陈冬华. 预期股票收益的横截面多因素分析：来自中国证券市场的经验证据[J]. 金融研究，2001，(06)：10-15.

[214] 陈收，陈立波. 中国上市公司"规模效应"的实证研究[J]. 中国管理科学，2002，(06)：8-12.

[215] Joseph T Wells. Irrational rations[J]. Journal ofAccountancy，2001，(08).

[216] 张立民，陈小林. 虚假财务报告成因分析[J]. 中国注册会计师，2002，(08)：19-25.

[217] 王洪波，宋国良. 风险预警机制——在躁动和阵痛下风险创业投资机构必备的生存工具[M]. 北京：经济管理出版社，2002.

[218] 屠光绍，朱从玖. 公司治理:国际经验与中国实践[M]. 北京：人民出版社，2001.

附 录

附录一

美国审计准则公告第 82 号（SAS No.82）所列示的舞弊风险因素

美国《审计准则公告第 82 号（SAS No.82）——财务报告审计中对舞弊的关注》，列举了一些与管理当局舞弊有关的典型风险因素，当存在这些风险因素时，说明公司出现财务报告舞弊的可能性大大增加。

一、管理当局的特点及其控制环境的影响力

1. 存在管理者舞弊的动机，如公司的红利、股票期权或者其它奖励构成管理者报酬的有关重要部分，这部分的价值主要依经营业绩、财务状况和现金流量状况目标的完成情况而定；管理者过分感兴趣于通过激进的会计方法来维持或抬高公司的股价或盈利趋势；为了达到证券分析师、贷款人或其它第三方的不切实际的预期；管理者希望通过不正当的方法使利润最小化，以达到减少税金的目的。

2. 管理当局对内部控制和财务报告程序不能表现出恰当的态度。这样的信号包括：错误的公司价值观和道德观念；公司被一个人或一个小团体所控制，缺乏有效的董事会或审计委员会的监督；重大控制缺乏有效的监督；管理当局制定了过分激进的财务目标；管理当局对规则的制定者表现出严重的漠视等。

3. 非财务管理者过分参与会计原则的选择或重要会计估计的判断。

4. 高级管理者、法律顾问和董事会成员的频繁更换。

5. 管理当局与现任或前任审计师的关系紧张。

6. 公司或其高级管理者有因违反证券法规被起诉或处罚的历史。

二、与行业状况有关的风险因素

1. 新会计制度准则或规则的出现可能会削弱整个行业的稳定性和盈利能。

2. 行业竞争激烈、市场饱和导致毛利率下降。

3. 发生重大变化的行业，如技术的快速革新、产品的迅速淘汰等。

4. 经营失败增加、顾客需求减少的衰退中的行业。

三、与公司经营特点和财务稳定性有关的风险因素

1. 公司虽然实现了盈利和盈利的增长，但经营活动不能产生充足的现金流量。

2. 从公司总体的财务状况考虑，为了保持竞争优势，迫切需要获得更多的资金，如用于研究开发费用的支出或资本支出。

3. 资产、负债、收入或费用的确认依赖重要的估计，涉及非常主观的职业判断或不确定性，或者在近期存在重大的变化可能对公司的财务状况产生破坏性的影响，如应收帐款最终收回的可能性、销售收入确认的时间、金融工具的可靠性等。

4. 关联公司之间进行的重大交易，主要的交易可能没有通过公司间正常的程序、或者关联公司没有被审计、或者是被其它的事务所进行的审计。

5. 重大的、不寻常的或高度复杂的交易，尤其是这些交易发生在会计期末。

6. 过分复杂的组织结构，涉及众多的或不寻常的法律实体。

7. 与同行业不同竞争对手相比，不正常的增长速度或盈利能力。

8. 满足债务合约的条件存在着困难。

9. 不切实际的、激进的销售或盈利的奖励计划。

10. 可能面临破产或敌意收购的威胁。

11. 如果公司报告了不良的经营业绩，可能导致公司的重大交易，如公司合并计划、或合同的签订被推迟或取消等。

附录二

美国审计准则公告第 99 号（SAS No.99）所列示的舞弊风险因素

2002 年 10 月，美国注册会计师协会发布了与审计准则公告第 82 号（SAS No. 82）题名一样的《审计准则公告第 99 号（SAS No.99）——财务报告审计中对舞弊的关注》，取代了原来的 SAS No.82。SAS No.99 认为导致舞弊发生的条件有三个，即动机或压力、机会和态度。首先，管理层有动机或而临着压力，为管理者舞弊提供了原因，其次有环境的存在，如缺乏控制，管理者凌驾于控制之上等，这为管理者舞弊提供了一定的机会，最后是管理者能为他们的舞弊行为寻找到合理的理由。一些管理者的态度、价值观等使他们故意或蓄意地进行不诚实的行为，然而一些诚实的管理者在面临着足够大的压力下，在一定的环境里，也会发生舞弊。动机或压力越大，管理者越能为自已的舞弊行为找到合理的理由。SAS No.99 在附录中列举了与财务报告舞弊有关的若干风险因素。

一、与动机或压力有关的风险因素

由于经济、行业或公司经营状况等原因，公司财务的稳定性或盈利能力受到威胁；由于竞争激烈或市场饱和，产品的毛利率下降；难以适应技术革新、产品更新或利率调整等市场环境的剧烈变动；市场需求急剧下降，所处的行业或整个经济环境的经营失败日益增加；经营性亏损可能导致公司破产、取消抵押品赎买权、或敌意收购的发生；经营活动产生的现金流量连年为负值，或虽然帐面有利润并且利润不断增长，但经营活动不能产生正的现金净流量；与同行业的其它公司相比，增长速度更快或盈利能力过高；新颁布的法规可能对公司的经营业绩和财务状况产生严重的负面影响等；管理当局承受着来自满足第三方要求或预期的压力；由于管理当局对外提供的信息或年报过分乐观，而导致投资分析师、机构投资者、重要的债权人等对公司的盈利能力或增长的趋势产生小合理的期望；为了满足再融资的条件，为研究开发的支出或资本性支出筹集资金；为了满足债务契约的条件；不良的财务业绩可能对公司未来的重大交易（如合并、签约等）产生严重的负面影响；公司的财务业绩可能对管理者或董事会成员个人的财富产生威胁；管理者个人的财富过于集中于公司；管理者报酬（如红利、股票期权等）的重要部分依赖于激进的目标，如股价、经营业绩、财务状况和现金流量等；董事会给管理者或经营者制定了过分激进的财务目标，如销售收入目标、盈利奖励目标等。

二、与机会有关的风险因素

由于行业或公司经营的性质给财务报告舞弊提供了机会；重大的关联交易，不符合正常的商业运作程序，或未经审计，或由其它公司进行审计；资产、负债、收入、费用的计量建立在重要的估计上，这些估计包含了难以证实的主观判断或不确定性事项；尤其是发生在年末的重大的、不寻常的、高度复杂的交易，造成“实质重于形式”的难题；发生于跨境的重大的经营活动；重要的银行户头、子公司、分公司设在税收优惠区，但不开展实质性的经营活动；对管理者控制的失效；管理层被一个人或一个小团体所控制；董事会或审计委员会对财务报告的形成和内部控制缺乏有效的监督；复杂的或不稳定的组织结构；内部控制的缺陷。

三、与态度或自我合理化有关的风险因素

管理当局对公司的价值观或道德观的交流或支持不力，或者是灌输了不恰当的价值观或道德标准；非财务人员过分参与会计政策的选择或重大会计估计的确定；公司、高级管理人员、董事会成员曾存在违反法律和法规的不良记录，或因涉嫌舞弊或违反法规而被起诉；管理当局过分强调保持或提高公司股价或盈利水，管理当局向分析师、债权人或其它第三方等就实现不切实际的目标作出承诺；管理当局没有及时纠正已经发现的内部控制的重大缺陷；管理当局出于逃税的目的而减少帐面利润；管理当局与现任或前任注册会计师的关系紧张等。

附录三

美国的 Coopers & Lybrand 列举 17 个重要的舞弊警讯

1. 现金短缺、负的现金流量、营运资金及信用短缺，影响营运周转。

2. 融资能力（包括借款及增资）减低，营业扩充的资金来源只能依赖盈余。

3. 为维持现有债务的需要必需获得额外的担保品。

4. 订单显着减少，预示未来销售收入的下降。

5. 成本增长超过收入或遭受低价进口品的竞争。

6. 对遭受严重经济压力的顾客，收回欠帐有困难。

7. 发展中或竞争产业对新资金的大量需求。

8. 对单一或少数产品、顾客或交易的依赖。

9. 夕阳工业或濒临倒闭的产业。

10. 因经济或其它情况导致的产能过甚。

11. 现有借款合约对流动比率，额外借款及偿还事件的规定缺乏弹性。

12. 管理阶层严格要求主管达成预算的倾向。

13. 迫切需要维持有利的盈余记录以维持股价。

14. 管理阶层不提供审计人员为澄清及了解财务报告所需的额外资料。

15. 主管有不法前科记录。

16. 存货大量增加超过销售所需，尤其是高科技产业的产品过时的严重风险。

17. 盈余品质逐渐恶化，例如折旧由年数总和法改为直线法而欠正当理由。

附录四

根据 V·B·Heiman–Hoffman，K·P·Morgan，and J · M · Patton 对美国注册会计师的广泛调查，最常见的 15 个舞弊信号

1. 公司经理对注册会计师撒谎或过分回避其询问。

2. 凭注册会计师的经验，预示着管理当局存在一定程度的不诚实。

3. 管理当局过分强调达到利润预算或数量目标。

4. 管理当局经常与注册会计师存在争执，特别是有关会计原则的应用上显得过于激进。

5. 客户存在购买会计原则的倾向。

6. 管理当局对财务报告的态度出乎意料的激进。

7. 客户的内部控制系统非常薄弱。

8. 管理当局报酬的实质部分对数量性目标的实现程度。

9. 管理当局表现出对公司的外部管理机构非常不屑的态度。

10. 管理经营或财务决策是由一个人或由极少的几个人在会议上裁决。

11. 客户经理对注册会计师表现出敌意。

12. 管理当局表现出要冒意外风险的倾向。

13. 难以审计的交易频繁且比较重要。

14. 重要岗位的经理人员被认为在生活或做事方式上很不合情理。

15.客户的组织结构分散且缺乏充分的监控。

附录五

中国《审计技术提示第一号——财务欺诈风险》所列示的舞弊风险因素

中国注册会计师协会于2002年7月颁布了名为《审计技术提示第一号——财务欺诈风险》的审计指导性原则。这份技术提示总结了9大类54种可能导致公司进行财务欺诈或表明公司存在财务欺诈风险的因素，特别强调了注册会计师在执行公司会计报表审计业务时，应当从这些因素出发，保持应有的职业谨慎，充分关注各种财务欺诈及其风险的存在。

一、财务稳定性或盈利能力受到威胁

1. 因竞争激烈或市场饱和，主营业务毛利率持续下降。

2. 主营业务不突出，或非经常性收益所占比重较大。

3. 会计报表项目或财务指标异常或发生重大波动。

4. 难以适应技术变革、产品更新或利率调整等市场环境的剧烈变动。

5. 市场需求急剧下降，所处行业的经营失败日益增多。

6. 持续的或严重的经营性亏损可能导致破产、资产重组或被恶意收购。

7. 经营活动产生的现金流量净额连年为负值，或虽然账面盈利且利润不断增长，但经营活动没有带来正的现金流量净额。

8. 与同行业的其它公司相比，获利能力过高或增长速度过快。

9. 新颁布的法规对财务状况或经营成果可能产生严重的负面影响。

10. 已经被证券监管机构特别处理（ST）。

二、管理当局承受异常压力

1. 政府部门、大股东、机构投资者、主要债权人、投资分析人士等对公司获利能力或增长速度的不合理期望。

2. 管理当局对外提供的信息过于乐观而导致外界对其产生不合理的期望。

3. 为了满足增发、配股、发行可转换债券等对外筹资的条件。

4. 可能被证券监管机构特别处理（ST）或退市。

5. 急于摆脱特别处理（ST）或恢复上市。

6. 为了清偿债务或满足债务约束条款的要求。

7. 不良经营业绩对未来重大交易事项可能产生负面影响。

8. 为了实现设定的盈利预测目标、销售目标、财务目标或其它经营目标。

三、管理当局受到个人经济利益驱使

1. 管理当局的薪酬与公司的经营成果挂钩。

2. 管理当局持有的公司股票即将解冻。

3. 管理当局可能利用本公司股票价格的异常波动谋取额外利益。

四、特殊的行业或经营性质

1. 科技含量高，产品价值主要来源于研发而非生产过程。

2. 市场风险很大，很可能在投入了巨额研发支出后却不被市场接受。

3. 产品寿命周期短。

4. 大量利用分销渠道、销售折扣及退货等协议条款。

五、特殊的交易或事项

1. 不符合正常商业运作程序的重大交易。

2. 重大的关联交易，特别是与未经审计或由其它注册会计师审计的关联方发生的重大交易。

3. 资产、负债、收入、费用的计量涉及难以证实的主观判断或不确定事项，如八项减值准备的计提。

4. 尚未办理或完成法律手续的交易。

5. 发生于境外或跨境的重大经营活动。

6. 母公司或重要子公司、分支机构设在税收优惠区，但不开展实质性的经营活动。

六、公司治理缺陷

1. 董事会被大股东操纵。

2. 独立董事无法发挥应有的作用。

3. 难以识别对公司拥有实质控制权的单位或个人。

4. 过于复杂的组织结构，或涉及特殊的法人身份或管理权限。

5. 董事、经理或其它关键管理人员频繁变更。

七、内部控制缺陷

1. 管理当局凌驾于内部控制之上。

2. 有关人员相互勾结，致使内部控制失效。

3. 内部控制的设计不合理或执行无效。

4. 会计人员、内部审计人员或信息技术人员变动频繁，或不具备胜任能力。

5. 会计信息系统失效。

八、管理当局态度不端或缺乏诚信

1. 管理当局对公司的价值观或道德标准倡导不力，或灌输了不恰当的价值观或道德标准。

2. 非财务管理人员过度参与会计政策的选择或重大会计估计的确定。

3. 公司、董事、经理或其它关键管理人员曾存在违反证券法规或其它法规的不良记录，或因涉嫌舞弊或违反法规而被起诉。

4. 管理当局过分强调保持或提高公司股票价格或盈利水平。

5. 管理当局向政府部门、大股东、机构投资者、主要债权人、投资分析人士等就实现不切实际的目标作出承诺。

6. 管理当局没有及时纠正已发现的内部控制重大缺陷。

7. 管理当局出于逃税目的而采用不恰当的方法减少账面利润。

8. 对于重要事项，管理当局采用不恰当的会计处理方法，并试图将其合理化。

九、管理当局与注册会计师的关系异常或紧张

1. 频繁变更会计师事务所。

2. 在重大的会计、审计或信息披露问题上经常与注册会计师发生意见分歧。

3. 对注册会计师提出不合理的要求，如对出具审计报告的时间作出不合理的限制。

4. 对注册会计师施加限制，使其难以向有关人士进行询证、获取有关信息、与董事会进行有效沟通等。

5. 干涉注册会计师的审计工作，如试图对注册会计师的审计范围或审计项目小组的人员安排施加影响。

致 谢

岁值严冬，拙著终于完稿。时钟又一次平静地走到凌晨2点，但我却毫无睡意。此书的完成，凝结着许多领导、老师、同事、同学和亲友的关心、支持与帮助。饮水思源，回首往事，我心中充满了感激：

首先，衷心感谢我大学的班主任**刘玉森**教授、硕士导师**翟文莹**教授、博士导师**段兴民**教授以及本科、硕士和博士期间诸多教授的不吝赐教！可以说，没有恩师们的倾心栽培，就没有我今天的成绩。师恩深重，无以回报；感激之情，无以言表。唯有在今后的工作中更加努力，方能不负恩师的教导与关怀。

感谢北京交通大学博士生导师、首都经济贸易大学校长**王稼琼**教授、石河子大学博士生导师、新疆生产建设兵团教育局局长**高继宏**教授、北京科技大学博士生导师、副校长**武德琨**教授、北京物资学院**王志鸣**副校长，他们对我学业和工作的理解、支持、帮助和鼓励一直让我感怀于心，不敢懈怠！

在本书写作过程中，参阅了大量国内外不曾相识的学者们的研究成果，他们的研究成果对本书有很大启发意义，不仅开拓了我的眼界，而且激起了我不少灵感，文中的许多观点都得益于参考他们的研究文献，这些大部分皆已在参考文献中列出，但由于篇幅关系和本人的粗心和遗忘，可能会有所遗漏，也对这些**不曾谋面的诸多学术文献的原创作者**（已列出和未列出的）深表谢意!

最后，我特别要感谢我的**家人**，他们承担了许多本应由我承担的生活责任和负累，为我腾出了许多宝贵的时间和精力，使我毫无后顾之忧地集中精力悉心投入学术研究。感谢他们多年来对我默默无闻的奉献、无怨无悔的支持和无微不至的关爱。

谨以此书献给他们所有给与我关心、支持与帮助的领导、老师、同事、同学和亲友！谨以此书献给所有爱我的人和我爱的人。

秦江萍

2013 年 10 月